权威·前沿·原创

皮书系列为
"十二五""十三五""十四五"时期国家重点出版物出版专项规划项目

B

BLUE BOOK

智库成果出版与传播平台

甘肃蓝皮书
BLUE BOOK OF GANSU

甘肃文化和旅游发展分析与预测（2024）

ANALYSIS AND FORECAST ON CULTURAL AND TOURISM DEVELOPMENT OF GANSU (2024)

主　编／董积生　戚晓萍

社会科学文献出版社
SOCIAL SCIENCES ACADEMIC PRESS (CHINA)

图书在版编目（CIP）数据

甘肃文化和旅游发展分析与预测 . 2024 / 董积生，
戚晓萍主编 . --北京：社会科学文献出版社，2024.1
（甘肃蓝皮书）
ISBN 978-7-5228-2967-8

Ⅰ.①甘… Ⅱ.①董… ②戚… Ⅲ.①文化发展-研
究报告-甘肃-2024②旅游业发展-研究报告-甘肃-
2024 Ⅳ.①G127.42②F592.742

中国国家版本馆 CIP 数据核字（2023）第 243780 号

甘肃蓝皮书
甘肃文化和旅游发展分析与预测（2024）

主　　编 / 董积生　戚晓萍

出 版 人 / 冀祥德
组稿编辑 / 邓泳红
责任编辑 / 张　超
责任印制 / 王京美

出　　版 / 社会科学文献出版社·皮书出版分社（010）59367127
　　　　　　地址：北京市北三环中路甲 29 号院华龙大厦　邮编：100029
　　　　　　网址：www.ssap.com.cn
发　　行 / 社会科学文献出版社（010）59367028
印　　装 / 天津千鹤文化传播有限公司

规　　格 / 开本：787mm×1092mm　1/16
　　　　　　印张：19.75　字数：256 千字
版　　次 / 2024 年 1 月第 1 版　2024 年 1 月第 1 次印刷
书　　号 / ISBN 978-7-5228-2967-8
定　　价 / 158.00 元

读者服务电话：4008918866

主要编撰者简介

董积生 甘肃省社会科学院党委委员、副院长。公开发表论文15篇，主持完成省社科规划项目2项，参加完成省级以上科研项目7项。获得甘肃省第14次哲学社会科学优秀成果奖二等奖、首届甘肃省精神文明建设"五个一工程"奖、中国图书馆学会第二届图书馆学情报学学术成果论文三等奖以及甘肃省图书馆学会优秀会员等奖项和荣誉称号。

戚晓萍 文学博士后，甘肃省社会科学院文化研究所副研究员。主要研究方向为民俗学、民间文学，尤其着力于歌谣学。在此方向主持完成国家社科基金、国家社科基金重大委托课题子课题各1项，于《民俗研究》《民族文学研究》等期刊发表专业论文多篇，出版专著1部。参与"中国民间文学大系"编撰工作，出版《中国民间文学大系·歌谣·甘肃卷·汉族分卷》。

总　序

2022 年 10 月 16 日，中国共产党第二十次全国代表大会在北京召开。这次会议是在全党全国各族人民迈上全面建设社会主义现代化国家新征程、向第二个百年奋斗目标进军的关键时刻召开的一次十分重要的大会。我们高举中国特色社会主义伟大旗帜，全面贯彻习近平新时代中国特色社会主义思想，弘扬伟大建党精神，自信自强、守正创新、踔厉奋发、勇毅前行，在甘肃省委省政府的正确领导和有关部门、单位的大力支持下，倾力打造"甘肃蓝皮书"品牌。

"甘肃蓝皮书"作为甘肃经济社会各领域发展的年度性智库成果，从研究的角度记录了甘肃经济社会的巨大变迁和发展历程。2006 年《甘肃经济社会发展分析与预测》《甘肃舆情分析与预测》面世，标志着"甘肃蓝皮书"正式诞生。至"十一五"末，《甘肃社会发展分析与预测》《甘肃县域和农村发展报告》《甘肃文化发展分析与预测》相继面世，"甘肃蓝皮书"由原来的 2 种增加到 5 种。2011 年，我院首倡由陕西、甘肃、宁夏、青海、新疆西北五省区社会科学院联合编研出版《中国西北发展报告》。从 2014 年起，我院加强与省直部门和市州合作，先后与省住房和城乡建设厅、省民族事务委员会、省商务厅、省统计局、酒泉市合作编研出版《甘肃住房和城乡建设发展分析与预测》《甘肃民族地区发展报告》《甘肃商贸流通发展报告》《甘肃酒泉经济社会发展报告》。2018 年，与省精神文明办、平凉市合作编研出版《甘肃精神文明发展报告》《甘肃平凉经济社会发展报告》。2019年，与省文化和旅游厅、临夏回族自治州合作编研出版《甘肃旅游业发展报告》《临夏回族自治州经济社会发展形势分析与预测》。2020年，与兰州市社会科学院合作编研出版《兰州市经济社会发展形势分析与预测》，与沿黄九省区（青海、四川、甘肃、宁夏、内蒙古、陕西、山西、河南、山东）社会科学院合作编研《黄河流域蓝皮书：黄河流域生态保护和高质量发展报告》。2021年，与省人力资源和社会保障厅合作编研出版《甘肃人力资源和社会保障发展报告》。2022年，与武威市、肃北蒙古族自治县合作编研出版《武威市文化与旅游发展报告》《肃北蒙古族自治县经济社会发展报告》。2023年，与国网甘肃省电力公司合作编研出版《甘肃能源发展报告（2024）》，至此"甘肃蓝皮书"的编研出版规模发展到20种，形成"5+2+N"的格局，涵盖了经济、社会、文化、生态、能源、舆情、住建、商贸、旅游、民族、人力资源和社会保障等领域，地域范围从酒泉、武威、临夏、平凉、兰州等省内市州拓展到"丝绸之路经济带"、黄河流域以及西北五省区等相关区域。

十八年筚路蓝缕，十八年开拓耕耘。如今"甘肃蓝皮书"编研种类不断拓展，社会影响力逐渐扩大，品牌效应日益凸显，已由院内科研平台，发展成为众多省内智库专家学者集聚的学术共享交流平台和省内外智库研究成果传播转化平台，发展成为社会各界全面系统了解甘肃推进"一带一路"建设、西部大开发形成新格局、黄河流域生态保护和高质量发展等国家战略实施，以及甘肃经济发展、生态保护、乡村振兴、文化强省等领域生动实践和发展成就的重要窗口，成为凝结甘肃哲学社会科学最新成果的学术品牌，体现甘肃思想文化创新发展的标志品牌，展示甘肃有关部门、行业和市州崭新成就的工作品牌，在服务省委省政府重大决策和全省经济社会高质量发展中发挥了越来越突出的重要作用。

2023年"甘肃蓝皮书"秉持稳定规模、完善机制、提升质量、扩大影响的编研理念，始终融入大局、服务大局，始终服务党委政府决策，始终坚持目标导向和问题导向，坚定不移走高质量编研之路。在编研过程中遵循原创性、实证性和专业性要求，聚焦省委省政府中心工作和全省经济社会发展中的热点难点问题，充分运用科学方法，深入分析研判全省经济建设、社会建设、生态建设、文化建设总体趋势、进展成效和存在的问题，提出具有前瞻性、针对性的研究结论和政策建议，以便更好地为党委政府决策提供事实依据充分、分析深入准确、结论科学可靠、对策具体可行的参考依据。

2024 年，甘肃省社会科学院以习近平新时代中国特色社会主义思想为指导，认真学习贯彻党的二十大精神和省第十四次党代会精神，全面贯彻落实习近平总书记对甘肃重要讲话和指示精神，坚持为人民做学问，以社科之长和智库之为，积极围绕国家发展大局和省委省政府中心工作，进一步厚植"甘肃蓝皮书"沃土，展现陇原特色新型智库新风貌，书写好甘肃高质量发展新篇章，为加快建设幸福美好新甘肃、不断开创富民兴陇新局面贡献社科智慧和力量。

此为序。

李兴文

2023 年 11 月 22 日

摘　要

2022～2023 年，受疫情防控政策优化调整和市场复苏政策利好的影响，甘肃抢抓机遇，克服困难，谋求发展，在宣传思想文化建设、文化传承发展、文化旅游产业提质增效等方面稳步发力。针对上述新动态，本报告围绕甘肃文化强省建设大局，着眼甘肃省文化和旅游业发展中的重点和难点问题，加以研究、阐释、应对、宣传。

为了在后疫情时代，推动文化和旅游业提质、提速、提效的高质量发展，甘肃省开展了系列重点工作。一是坚定文化自信，踔厉推动宣传思想文化工作。持续提升社会主流价值观的引领，加强对文化遗产的传承发展，不断提升文化惠民的服务效能，在有序推进对外文化交流的过程中构建优良的甘肃文旅形象。二是打造文旅品牌，推动甘肃文化旅游产业高质量发展。多措并举激发文化旅游市场活力，持续推进文化旅游产业招商引资，持续推进文化旅游产业重大项目建设，持续优化文化旅游产业营商环境。三是丰富旅游产品供给，精心开发旅游消费专项市场。转化优良的特色文化资源赋能旅游产品创新，通过多种途径提升旅游服务质量。另外，本报告为了对甘肃文化强省建设进行科学的量化研究，还设计构建了文化强省评价指标体系。又以大事记的方式，对甘肃文化和旅游业发展的年度大事进行了记录。

着眼当下，在甘肃的文化和旅游业发展领域，新冠疫情余虐尚存。本书分报告在研究中对此都有所反映，并从不同角度进行了梳理和反思。归纳而言，可以概括为两个方面。第一，就经济运行全局而言，甘肃的文化和旅游业发展水平与疫情前同期相比还有差距。第二，就人民群众的个体生活而言，人们在文化和旅游业发展领域的消费意愿和消费能力都有待提振。放眼未来，本报告认为，我们需要立足实际，强化自身优势，凸显地方特色，密切结合甘肃所负载的中华文明的突出特性，在文化传承发展实践中，担当新时代文化使命，共建中华民族现代文明。其中有四个发力点，可供我们筹谋甘肃文化和旅游业发展的长远文章。一是依托民族根脉，写好文化和旅游业发展的认同文章；二是依托地方特色，写好文化和旅游业发展的创新文章；三是依托科学评价，写好甘肃文化和旅游业发展的对标文章；四是依托省会兰州，写好甘肃文化和旅游业发展的辐射文章。

关键词： 文化传承　文化旅游　文化强省　甘肃

Abstract

From 2022 to 2023, influenced by the optimization and adjustment of epidemic prevention and control policies and favorable market recovery policies, Gansu has seized opportunities, overcome difficulties, sought development, and made steady efforts in publicity, ideological and cultural construction, cultural inheritance and development, and quality and efficiency improvement of cultural tourism industry. In view of the above new developments, this report focuses on the overall situation of the construction of Gansu Province with strong culture to study, explain, respond to and publicize, focusing on the key and difficult issues in the development of culture and tourism in our province.

In order to promote the high-quality development of culture and tourism in the post-epidemic era and improve the quality, speed and efficiency, Gansu has carried out a series of key work. Firstly, we strengthen our cultural confidence, promote publicity of ideological and cultural work with full vigour. We continue to improve the guidance of mainstream social values, strengthen the inheritance and development of cultural heritage, constantly improve the service efficiency of cultural benefits to the people, and build an excellent image of Gansu cultural tourism in the process of orderly promoting foreign cultural exchanges. Secondly, we build cultural tourism brand and promote the high-quality development of Gansu's cultural tourism industry. We take a number of measures at the same time to stimulate the vitality of the cultural tourism market, continue to attract investment in the cultural tourism industry, continue to promote the construction of major projects in the cultural tourism industry, and continue to improve the business environment of the cultural tourism industry. Thirdly, we enrich the supply of tourism products, carefully develop special markets for tourism consumption, transform the excellent characteristic cultural resources to enable the innovation of tourism products, and improve the quality of tourism services through various ways. In addition, in order to conduct scientific and quantitative research on the construction of Gansu Province with strong culture, the report has also designed and constructed the evaluation index system of Gansu Province with strong culture. What's more, in the form of chronicle, the annual events of the development of culture and tourism in Gansu are recorded.

Looking at the present, COVID−19 epidemic remains a scourge in the field of cultural and tourism development in Gansu. The sub reports in the book have reflected this in the research, combing and reflecting on it from different angles. To sum up, it can be summarized in two aspects. On the one hand, in terms of the overall economic operation, the development level of culture and tourism in Gansu is still far from that of the same period before the epidemic; on the other hand, in terms of people's individual lives, people's willingness and ability to consume in the field of cultural and tourism development need to be boosted. Looking to the future, the report believes what we need to do is to base on reality, strengthen our own advantages, highlight local characteristics, closely combine with the outstanding characteristics of the Chinese civilization carried by Gansu, assume the cultural mission of the new era in the practice of cultural inheritance and development, and jointly build the modern civilization of the Chinese nation. There are four strength points for us to plan for the long-term development of culture and tourism in Gansu. The first one is to write well positive articles on the development of culture and tourism, relying on the national roots; the second is to write well innovative articles on the development of culture and tourism, relying on local characteristics; the third is to write well benchmark articles on the development of culture and tourism, relying on scientific evaluation; the fourth is to write well radiation articles on the development of culture and tourism in Gansu, relying on Lanzhou city, the provincial capital.

Keywords: Cultural Inheritance; Cultural Tourism; Culturally Strong Province; Gansu

目 录 ◣

Ⅰ 总报告

Ⅱ 文化篇

Ⅲ 文旅篇

附　录

皮书数据库阅读**使用指南**

CONTENTS ↖↘

I General Report

II Culture Reports

Ⅲ Culture-Tourism Reports

Appendix

总报告

B.1

2023~2024年甘肃文化和
旅游业发展分析与预测

戚晓萍*

摘　要： 受疫情防控政策优化调整和市场复苏政策利好的影响，2022~2023年甘肃抢抓机遇，在宣传思想文化建设、文化传承发展、文化旅游产业提质增效等方面稳步发力。全省文化和旅游市场加速恢复发展，总体呈现"稳开高走、持续回暖"的良好势头。为了在后疫情时期，打好文化和旅游业的"翻身仗"，甘肃省推行了系列重点工作，面对困难勇于应对，进一步推进文化自强自信，努力向建设文化强省迈进。放眼未来，为了进一步做好文化和旅游业发展的长远工作，甘肃需要立足实际，密切结合陇原文化所负载的中华文明突出特性，在文化传承发展实践中，担当新时代文化使命共建中华民族现代文明。

---

* 戚晓萍，博士，甘肃省社会科学院文化研究所副研究员，主要研究方向为民俗学、甘肃地方文化。

关键词： 文化和旅游业 文化强省 甘肃

一 2022~2023年甘肃文化和旅游业的总体现状

2022~2023年，甘肃在文化和旅游业发展领域全省上下铆足干劲，积极融入、主动服务"一带一路"大局，打造文化制高点，构建旅游枢纽站，持续放大文化旅游业综合效应，大力推进地方发展，铸就社会主义文化新辉煌。

（一）坚定文化自信，踔厉推动宣传思想文化工作

1. 持续提升社会主流价值观的引领

在社会价值观多元化的当下，社会主流价值观代表了我们这个时代的风向标。甘肃省通过宣传社会主义核心价值观，实施公民道德建设工程，弘扬中华传统美德，推动家庭家教家风建设等工作的开展，提升社会主流价值观，引领人民群众共建文明社会。全省依托"全国文明城市"创建活动，在各地统筹推动文明培育、文明实践、文明创建，不断增强人民群众的获得感、幸福感和安全感。

2. 不断加强对文化遗产的传承发展

2022~2023年，甘肃省不断加强对文化遗产的传承发展，在文物保护和非物质文化遗产保护领域开展了形式多样的工作。比如在兰州成功举办文化和自然遗产日全国主场城市活动，有序推进河西走廊国家文化遗产线路建设以及甘肃段的长城、长征、黄河国家文化公园建设。以长城国家文化公园建设为例，甘肃是长城国家文化公园重点建设区段之一，境内长城资源丰富，分布广泛。全省境内有3个市8个县分布着战国秦长城，全长超400千米；境内的汉长城主要分为5

段——兰州段、武威段、金昌段、张掖段、酒泉段，分布在 5 个市 15 个县，总长 1500 余千米；境内的明长城分布在 9 个市（州）24 个县（区），总长超 1700 千米。近年来甘肃还对革命文物实行集中连片保护利用，革命文物的辨识度和影响力明显增强。在非物质文化遗产保护领域，文化生态保护区工作顺利推进，全省已认定 8 家省级文化生态保护区；非物质文化遗产项目和传承人的保护工作持续加强。这些文化遗产保护传承工作得到了人民群众的欢迎和认可，为党和国家守护好了民族文化根脉。①

3. 不断提升文化惠民的服务效能

进入新时代以来，甘肃文化事业持续健康发展，服务效能不断提升。以全省书香社会建设为例，甘肃省通过建设全民阅读平台、丰富创新全民阅读载体、立体打造"书香陇原"品牌、构建全民阅读体制等途径，倡导全民阅读，建构学习型社会，为实现中华民族伟大复兴夯实基础。2023 年，甘肃省的"完善阅读体系、金川书香满城"活动被中宣部、文旅部、国家发改委评选为"基层公共文化服务高质量发展典型案例"。

除了"书香陇原"以外，2022~2023 年甘肃省还开展了其他系列特色文化惠民活动，比如"村晚""春绿陇原"等惠民演出，以及各市州形式多样的夜间文化活动。2023 年甘肃省有 9 个节目入选国家公共文化云 100 个优秀"村晚"节目，有 12 个村（社区）被确定为全国"四季村晚"示范展示点。2023 年还举办了"大地欢歌"等省级示范活动 5 场、文化惠民演出 5 场、"四季村晚" 5 场。2022 年疫情期间甘肃省采取了云端"春绿陇原"文艺惠民演出展播模式，展播剧目和文艺演出 140 部，播放收视量达 6788 万人次；2023 年采

---

① 数据来源于"甘肃文化和旅游发展分析与预测（2024）"课题组梳理、统计。

取线下现场演出形式，演出近 1.37 万场次，惠及观众近 1298 万人次。① 全省各地的夜间文化惠民活动各具特色，兰州有"聚焦六夜联动·点亮金城夏夜"文化活动，嘉峪关有"雄关大舞台"群众文化活动，金昌有"大地欢歌"乡村文化活动，酒泉有第六届丝绸之路（敦煌）国际文化博览会活动，张掖有"彩虹丝路·乐游甘州"惠民演出，武威有夜间民俗集市惠民活动，白银有"唱响铜城"文艺演出，天水有"我们的中国梦——文化进万家"惠民演出，庆阳有"群文迎春——公园广场文化月"活动，定西有文化嘉年华主题活动，陇南有乞巧节民俗文化活动，甘南有香巴拉旅游艺术节活动，临夏有"同饮黄河水·共唱一台戏"文艺晚会，等等，不一而足。

4. 在对外文化交流中构建优良的甘肃文旅形象

在全球化背景下，文旅形象已经成为一个国家、一个地区的无形资产，对国家、地区的发展有重要影响。2023 年甘肃与 60 多个国家在线举办"欢乐春节"系列活动，"秦时明月汉时关·丝绸之路"云展播点击量达 4000 万；在线举办多场"敦煌文化环球连线"活动。通过组织举办在华外国青年"知行中国·相约甘肃"研学活动、首届"世界旅游联盟·丝路对话"、澳门"甘肃文旅周"、2023 年黄河海外推广季等活动，向海外进行甘肃文化旅游形象展示和宣传。在对外文旅商贸方面，全省组织非遗企业 2000 余件产品参加"中国年货节"境外在线销售活动；组织 30 家 IP 授权机构、上千件非遗文创产品参加 2023 年"中国文化和旅游 IP 授权系列活动"。2023 年"5·19 中国旅游日"期间，全省共举办各种宣传活动 131 项、惠民便民活动 140 项，推荐"中国礼物"旅游商品 132 种，其中有 9 种入选全国主会场进行布展宣传。②

---

① 数据来源于甘肃省文化和旅游厅。
② 数据来源于甘肃省文化和旅游厅。

2023 年 8 月，由甘肃省文旅厅与新华社共同运营的甘肃文旅 Facebook 官方账号"Discover Gansu"粉丝量突破 155 万大关①，标志着甘肃文旅品牌"走出去"取得重大进展。同年 5 月，"Discover Gansu"YouTube 官方频道正式亮相，甘肃文旅的国际社交媒体影响力进一步拓展。目前"Discover Gansu"已经覆盖了 Facebook、Twitter、Instagram 和 YouTube 四大海外社交媒体平台，标志着甘肃文旅国际传播社交媒体矩阵初步布局完成。

（二）打造文旅品牌，推动文化旅游产业高质量发展

1. 以重大项目为抓手，推进文旅产业强链补链

甘肃省在文化旅游产业高质量发展中，高度重视项目建设，以项目建设为抓手构筑文化旅游业态丰盈的蓄水池。2022 年甘肃实施重大文旅项目 10 个，总投资 29.95 亿元，其中由世行贷款实施的甘肃文化传承创新项目已签约子项目 7 个，签约金额达 3.8 亿元，签约项目均已落地开工。在重大项目带动下，全省储备文旅产业发展项目 457 个，完成投资 100.75 亿元。麦积山景区游客服务中心等 12 个文旅项目获得文化和旅游部、国家开发银行支持。2023 年全省文旅产业共实施重点投资项目 568 个，计划总投资额 150 亿元。1~6 月累计完成投资 80.1 亿元，完成投资额同比增长 42%，实现过半目标任务。其中，前期项目 149 个，完成投资 1.9 亿元；续建项目 200 个，完成投资 53.1 亿元；新建项目 219 个，完成投资 25.1 亿元。庆阳、陇南、定西、兰州等 4 个城市的文旅项目投资进度较快。②

2. 招商引资持续推进，打造融合产品驱动宣传

2022 年甘肃省文旅部门与浙江长龙航空合作，实现省内当日串

---

① 数据来源于"甘肃文化和旅游发展分析与预测（2024）"课题组梳理、统计。

② 数据来源于甘肃省文化和旅游厅。

飞；与平凉市政府、兰铁局联合开通运营"环西部火车游·崆峒号"品牌列车，助力市场恢复；整合资源在北上广等 9 个重点客源地扩大宣传；组团参加 2022 中国—东盟博览会旅游展等，举办"欢乐春节"等线上展播交流活动，在五大洲 30 多个国家集中宣传甘肃文旅。

2023 年甘肃省文化旅游产业招商引资大会，邀请全国 80 多家央企、商会和省属企业参加，现场签约项目 12 个，签约金额 58.9 亿元。在浙江、福建等地建立招商引资联络站，聘任文旅产业招商大使，推介文旅招商项目 300 多个。其中上半年甘肃文旅产业领域共开展招商活动 120 多场次，累计签约项目 59 个，签约金额 116.8 亿元，开工率 55.93%，已完成投资 7.6 亿元。[①]

二 甘肃文化和旅游业打好"翻身仗"的重点举措

2022~2023 年，受省内新冠疫情影响，全省文化和旅游市场运行环境严峻复杂。一方面，疫情导致民众收入锐减，从而使民众的文化消费、旅游消费整体降低；另一方面，文化企业收入亏损，文化旅游产业产值下滑。与文旅产业密切相关的交通、餐饮、住宿、购物、娱乐产业链均受到冲击，文化和旅游消费市场整体受到严重影响。2022年，甘肃共接待游客 1.35 亿人次，实现旅游综合收入 665 亿元，两项指标较 2021 年分别下降 51.2% 和 63.9%。全省重点旅游景区的游客接待量大幅下滑，其中 7 家 5A 级旅游景区的接待量分别为：平凉崆峒山 166.5 万人次，敦煌鸣沙山月牙泉 53.8 万人次，天水麦积山大景区 45.9 万人次，嘉峪关关城 42.9 万人次，张掖七彩丹霞景区 32.5 万人次，临夏炳灵寺世界文化遗产旅游区 19.5 万人次，陇南宕

---

① 数据来源于甘肃省文化和旅游厅。

昌官鹅沟景区 10.7 万人次。① 为了打好"翻身仗",甘肃克服重重困难,多措并举大力推进陇原文旅市场回暖,强化重点工作,在后疫情时期谱写了一曲重振陇原文化和旅游业雄风的时代华章。

(一)着力助企纾困,稳定文旅市场向好发展

文旅企业是文旅市场的主力军。在后疫情时期,甘肃积极谋划回温陇原文旅市场,关注、关怀本地文旅企业的健康发展。2022 年甘肃省印发《关于进一步提振发展信心加快全省文旅行业复工复产的通知》等,出台 10 个方面 32 条一揽子措施,召开"文化进万家 旅游迎新春"百日攻坚行动动员大会等,着力加快文旅产业复工复产。该年度甘肃省推荐申报文旅领域设备购置与更新改造贷款贴息项目 60 个,总投资 45 亿元的 30 个项目入选国家发改委、文化和旅游部贷款清单。全省实施文旅产业奖补项目 44 个,补助金额 800 万元。落实 2021 年度旅行社"引客入甘"及纾困帮扶补贴资金 488.8 万元,协调开展质量保证金试点工作,暂退、缓交质保金 1.78 亿元。②

2023 年甘肃省文旅厅与省银保监局联合召开金融支持甘肃文旅产业高质量发展现场推进会,协调筹措 600 万元,奖补 42 个优质项目,文旅项目新建、续建开工率达 85%。启动全省文旅消费促进活动,陆续开展 300 余项文旅促消费系列活动。举办甘肃省第二届文化和旅游行业创新创业大赛,征集涵盖文旅融合、数字文化产业发展、文创成品等文旅领域项目 120 余个,评选一二三等奖 18 个、优秀奖 9 个,在线直播观看参与人数突破百万。组织文创产品参加中国旅游商品大赛、

---

① 数据来源于甘肃省文化和旅游厅。

② 数据来源于甘肃省文化和旅游厅。

敦煌非遗展等系列活动，取得2银2铜的好成绩。① 培育酒泉乐动敦煌文旅综合体、金昌大剧院演艺公司等一批文旅企业。

（二）产业促进提质，多措并举激发市场活力

一方面，稳步提升文旅市场营商环境。"智慧文旅"持续发力。2023年上半年"一部手机游甘肃"平台累计服务超200万人次，分时预约平台累计预约190万人次。积极拓建文旅市场的新媒体领域。"今年的春节怎么过"等系列网民互动活动，累计访问参与25.8万人次；敦煌行·丝绸之路国际旅游节完成分项活动视频直播4场，观看超过2095万人次，曝光量超过5736万次，发布短视频160多条，累计观看量超过2650万次。微游甘肃头条号位居2月全国省级文化和旅游新媒体传播力指数榜单第2名，澎湃号1~3月连续居澎湃政务指数旅游月榜第1名，综合传播力指数位居全国前列。加大执法力度，为文旅市场优质运行保驾护航。2022年，全省共出动执法人员82746人次，检查各类经营场所30132家次。2023年上半年甘肃各级执法机构共出动执法人员35472人次，检查各类文旅企业（场所）12962家次，立案调查146件，当场处罚115家，责令改正203家，办结案件233件。办理主体审批事项74件，办理主体设立27件、变更14件、延续25件、注销3件；办理涉外、涉港澳台演出活动36件。完成1581个市场主体信用等级评定工作。②

另一方面，认真搞好文旅市场的质量建设。甘肃省景区质量等级提升工作稳步开展。2022年，陇南官鹅沟景区创建为国家5A级旅游景区，全省新评定全国4A级旅游景区14家、省级全域旅游示范区6家、省级旅游休闲街区6家、省级旅游度假区3家。2023年，甘南

---

① 数据来源于甘肃省文化和旅游厅。
② 数据来源于甘肃省文化和旅游厅。

冶力关景区于 6 月参加文旅部 5A 级旅游景区景观质量评审，兰州新区文曲湖、陇南市康县阳坝古街等 7 家单位获评省级旅游休闲街区。2023 年 1~6 月，全省 7 家 5A 级旅游景区和敦煌莫高窟共接待游客 495 万人次，较上年同期增加 322 万人次。以乡村文化旅游产业振兴，统筹推进乡村全面振兴。坚持将"陇上乡遇"做成乡村旅游亮点品牌，2022 年全省有 9 个村入选全国乡村旅游重点村（镇），实施民宿项目 23 个、乡村旅游提质升级和促进消费项目 42 项。创建省级乡村旅游示范县 6 个、文旅振兴乡村样板村 60 个，培育乡村旅游合作社 89 家。①

（三）以丰富的产品供给，打造甘肃本土文化旅游目的地

2022 年玉门红色旅游景区创建国家工业旅游示范基地，天水青鹃山体育旅游休闲公园等 6 家单位成功创建为"甘肃省体育旅游示范基地"。2023 年甘肃持续打造惠及西部、联通陆海丝路的"环西部火车游"等铁旅融合王牌旅游产品，"好客山东·如意甘肃"双向游、"我和四季有个约会"、"陆丝牵手海丝·甘肃邀约福建"、2023 全球徒友家族见面会、2023 中国西北旅游营销大会、第十九届中国西部国际博览会等旅游主题推广活动成效显著，除此之外还推出春季乡村旅游 30 条精品线路产品。举办全球旅行商大会、敦煌行·丝绸之路国际旅游节、第十三届千人走戈壁国际商界精英戈壁体验之旅，开展文旅产品推介、文艺演出、市场洽谈、招商引资等系列活动。2023 年 10 月，迭部县扎尕那村入选联合国世界旅游组织评选的"世界最佳旅游乡村"。2023 年上半年，全省共接待游客 1.43 亿人次，初步测算实现旅游综合收入 814.5 亿元；其中全省乡村旅游接待

---

① 数据来源于甘肃省文化和旅游厅。

7562.5 万人次，较上年增长 43.6%，占到全省旅游接待人数的 53%。①

就文旅企业和文旅行业的市场运营主体来看，它们也通过自身努力，奋力坚守固有市场，积极开发全新市场。以与文旅产业息息相关的餐饮业发展为例，甘肃现有国家级餐饮老字号 3 家，分别是 2006年获得第一批"中华老字号"称号的兰州景扬楼餐饮有限责任公司，以及 2011 年获得第二批"中华老字号"称号的兰州悦宾楼餐饮娱乐有限责任公司、兰州马子禄牛肉面有限责任公司。新冠疫情期间，景扬楼推出线上送餐服务，一方面让兰州市民居家享用景扬楼美食，另一方面也让景扬楼这个老字号顺利度过了疫情期。2023 年 7 月，景扬楼搭乘"东方甄选看世界"甘肃行活动的快车，讲述了品牌故事，展示了特色美食，不但产生了较好的经济效益，也起到了正向的主流社会价值引导作用。悦宾楼自进入兰州市场以来，多年来在老一辈名厨的带领下，培养了一大批优秀的中青年厨师。他们不但继承和发扬了京派菜肴，还挖掘、恢复了许多西北和兰州的传统菜肴。这支厨艺高超、结构合理、阵容庞大的团队，是悦宾楼餐饮长盛不衰的原因所在，也是其今后发展的根基。相比于当下甘肃牛肉面馆的快速商业版图扩张，马子禄牛肉面的扩张并不迅速，其遵循的是一贯求稳的经营方式，使用真材实料，不随便降低成本。也正是这份坚持，使马子禄牛肉面能够历经百年岁月，成为"中华老字号"。

三　加强甘肃文化和旅游业未来发展的对策建议

着眼当下，在甘肃的文化和旅游业发展领域，新冠疫情余虐尚存。归纳而言，可以总地概括为两个方面。第一，就经济运行全局而

---

① 数据来源于甘肃省文化和旅游厅。

言，甘肃的文化和旅游业发展水平与疫情前同期相比还有差距。第二，就人民群众的个体生活而言，人们在文化和旅游业发展领域的消费意愿和消费能力都有待提振。放眼未来，甘肃如何应对挑战，以文化和旅游业发展拉动经济增长，提高人民福祉？本报告认为，我们需要立足实际，强化自身优势，凸显地方特色，密切结合甘肃所负载的中华文明的突出特性，在文化传承发展实践中，担当新时代文化使命，共建中华民族现代文明。

中华文明8000年，这悠久而绵长的发展历程在陇原甘肃得到有力证明。中华文明之所以能够成为世界上唯一连续不断的人类文明，是因为中华民族根深叶茂，面对生存发展中华民族做到了兼容并蓄、吐故纳新、和而不同、美美与共，从而培基固本绵延不绝。位于中华民族的母亲河——黄河上游的陇原甘肃，因其在参与中华文明历史构建中的源头性地位，成为中华民族的发祥地之一。生发于陇原大地的陇原文化，不但生动展现了中华文明突出的连续性，更蕴含着中华文明连续性的文化基因。这是当下甘肃在后疫情时期，应对诸般变局沉稳写好文化和旅游业发展大文章的优势所在，也是甘肃进行文化和旅游业发展规划调控的根基所在，需要我们进行认真思考和筹谋。

（一）依托民族根脉，写好文化和旅游业发展的认同文章

在中国的神话人物谱系中，伏羲和女娲作为我们的人文始祖，是中华民族主要的创世神祇，伏羲女娲神话展示着人文始祖在陇原开创中华文明的神迹。中华民族口头传统中的神话叙事，描绘了人文始祖在陇原大地开创文明的历史。与之相应，考古发掘证实了甘肃先民早在8000年前，就在这里开始谱写中华民族的文明史。著名的甘肃大地湾遗址，是截至目前在中国发现的新石器时代最早的遗址之一，距今4800~7800年。大地湾遗址出土的考古文物，不仅说明甘肃历史悠久，更是对伏羲和女娲神话中受过中华文化滋养的"人"，其人文

特点的最好注解。从考古成果来看，甘肃天水的大地湾一期文化和师赵村一期文化，将中华文明的起源上溯到新石器早期。

甘肃有 8000 年文明肇始的资源优势，中华民族根脉文化在甘肃有着丰厚的历史积淀。不论是非物质的人类口头传统，还是物质的考古资料实证，都说明陇原甘肃具有深厚的根脉文化底蕴，对中华儿女可以产生强烈的根脉文化归属认同。在下一步的发展中，甘肃需借助现有文化传承平台，如伏羲祭礼大典、女娲祭祀大典、周祖祭典等传统活动，深入开展中华根脉文化认同活动，强力推进甘肃在中华民族认同、铸牢中华民族共同体意识中的文化影响力。挖掘根脉文化资源，做好中华民族文化认同的甘肃文章。以此为契机，为游客入甘和"甘味"地方特色产品宣传打造良好的基础。

（二）依托地方特色，写好文化和旅游业发展的创新文章

甘肃位于中国西北部，自古以来就是多族群杂居区，不同的文化相互影响和融合，为甘肃奠定了多元文化共生共存的基础。南佐疙瘩渠遗址挖掘出很多令人叹为观止的出土文物，如水稻、白陶、绿松石等。这些文物的出现证实了陇原大地上的中华民族祖先在发展的初始阶段，存在南北方部族间密切而深入的文化交往和融合。历史时间在其之后的马家塬遗址，则证实了陇原大地上的中华民族祖先在发展的初始阶段，存在东西方部族间密切而深入的文化交往和融合。其遗址中心区发掘出的大量金银饰件，特别是饰品中格里芬形象的出现，说明在当时斯基泰文化对陇原先民产生了影响。丝绸之路开通后，位于这条商路核心地带的甘肃，吸引了来自不同国度、不同文明的商人、政客、旅行家、冒险家、艺术家、学者等汇聚此地，带来新一轮的文化繁荣。他们在文学、艺术和技术层面留下了许多宝贵的文化遗产，甘肃成为多种文化交融统一的集散地。

追古溯今，进入新时代以来，甘肃各族民众在生产、生活以及生

存发展领域,大家既各有特色,又相互尊重和包容。这种良好局面的形成,大致有以下几方面原因。一是长期以来共同的生存环境,决定了甘肃各族民众产生了相同的生活方式,以及基于此的精神文化建设。大家虽然民族成分不同,但历来生活在同一片地域,早已形成你中有我、我中有你,像石榴籽一样紧紧抱在一起的文化格局。二是我国实行的民族政策是民族平等、民族团结、民族发展。在甘肃民众的日常生活中,各族人民共同构筑共有精神家园。

这种多种文化交融统一的发展历程,形成了甘肃与众不同的文化风景,为甘肃当下在文化消费品创新、文旅产业创新等领域积累了宝贵的地方特色文化财富。如何对其加以科学地开发利用,是值得我们深思的。2022年疫情期间甘肃省博物馆以镇馆之宝马踏飞燕为原型,创新研发的"绿马"系列产品获得了空前的市场热捧。假设我们以南佐遗址的王族白陶,或马家塬遗址的格里芬饰件,或五凉文化的中原士族器具,或关陇集团的隋唐旧物,或元代色目人用品等甘肃历史上具有代表性的民族文化典型器物为原型,进行文化消费品的创新研发,是否也可以产生如"绿马"般的市场热度?其市场前景终究是令人期待的。

(三)依托科学评价,写好甘肃文化和旅游业发展的对标文章

甘肃实施文化强省建设,不仅能够丰富人民的精神生活,更能提升地方经济软实力。在文化强省的进程中,我们需要通过科学的评价机制,量化地进行问题查找,用对标数据来评判发展现状,谋划前瞻布局。目前,甘肃省在文化强省建设中,虽然一些领域已经开展了专项工作评估,但是缺乏宏观的、系统的文化强省评价机制。对于长期从事甘肃文化发展研究工作的学术人员而言,其已经敏锐地发现了这个问题。目前的难点在于,我们首先需要建立起一个这样的评价机

制，它包括但不限于以下几个要素：一个适用于甘肃文化强省建设工作现状的科学评价体系，一整套采集自甘肃文化强省建设工作实际的统计数据，一支擅长从事甘肃文化强省建设评价的人才队伍。其中最难的是采集甘肃全省各地、各部门从事文化强省建设的统计数据。从甘肃文化强省建设的评价内容来看，其指标体系的建立体现在六个一级指标，即文化人才队伍、文化事业、文化产业、知名文化品牌、文化市场体系、文化功能发挥，每个一级指标又包含数个二级指标。

对标，是通过对比业界最好水平找差距。因为这样那样的原因，当下甘肃在文化和旅游业发展的某些方面处于落后局面，但我们有信心和底气迎难而上。创建一流是我们的目标，业界对标是我们的举措，这一环节是我们在进行后发赶超、确保优而更优的高质量发展过程中所不可或缺的。

（四）依托省会兰州，写好甘肃文化和旅游业发展的辐射文章

近年来甘肃在进行高质量发展的进程中，一直强调"强省会"建设。就文化和旅游业的未来发展而言，兰州作为甘肃的省会城市具有得天独厚的发展优势条件，蕴藏着巨大的发展辐射潜能。同时，也面临诸多发展不利、资源缺失，需要与全省其他各地方互通有无、互补发展。当下，我们需要集各方之力，依托招商引资和项目投产，将兰州的文化旅游产业的蛋糕先做大，使其能够提供更多的岗位、吸纳更多的人口，铸就足够长远、足够强劲的上下游产业链。

甘肃东西狭长，自然风光类型丰富、布局分散。在此基础之上，各类独特而宝贵的文化资源在甘肃各地星罗棋布，等待有缘人。以甘肃特有的长城文化资源展示为例。甘肃区段内的长城文化遗址、文物和资源十分丰富，囊括了墙体、关堡、壕堑、烽燧和自然天险等全部长城类型。境内不仅有大量战国、秦、汉、明四代长城遗存，而且还

存有晋、宋、西夏和元代的城障，以及沿古长城分布的大量关隘城堡等，但是这些资源零散地分布在全省各地。对于普通游客来说，由于缺乏对甘肃地理位置的了解、旅行时间有限、专业知识欠缺等，很难欣赏到这些在甘肃随处可见的绝美风景、极易错失对绝佳民族文化的鉴赏，入宝山却空手而归。类似的资源、类似的案例，还有很多。假如兰州在文旅产业发展中，可以利用区位优势将其他市州的上述自然风光、人文风貌、地方特产等进行集中的数字化、微缩化展示、引导，那将激发极大的文旅市场消费需求。从而辐射带动甘肃其他各市州发展，为推动甘肃的整体经济社会发展、提高民众的物质和精神生活水平贡献力量，真正实现文化强省。

参考文献

陈卫中、陈富荣等：《甘肃文化和旅游发展报告（2022）》（上下册），社会科学文献出版社，2022。

马廷旭、戚晓萍：《甘肃文化和旅游发展分析与预测（2023）》，社会科学文献出版社，2023。

文 化 篇 ⊃⊃

B.2
甘肃省文化强省评价指标体系构建

吴旭辉*

摘　要：　文化强省的建设不仅丰富了人民的精神生活，更能提升经济软实力。根据甘肃文化强省构建的内涵，研究认为，甘肃文化强省指标体系的建立体现在六个方面，一是文化人才，二是文化事业，三是文化产业，四是知名文化品牌，五是文化市场体系，六是文化功能发挥。文化人才的建设体现在文化人才储备、文化人才培养、文化人才创造力、文化教育效应四个方面；文化事业的发展体现在经费投入、公共文化服务体系、文物和文化遗产保护三个方面；文化产业的提升体现在文化产业实力、文化产业结构、传统文化产业、数字文化产业、文化旅游市场五个方面；知名文化品牌影响力的提升体现在知名文化企业、地域特色文化品牌两个方面；文化市场体系的完善体现在文化市场体系培育、文化市场体系管理、文化消费市场建设三个方面；文化功能发挥体现在引领风尚、推动发展两个方面。为提升甘肃省文化

---

* 吴旭辉，甘肃省社会科学院杂志社编辑，主要研究方向为经济计量及其应用。

强省水平，甘肃首先应传承和弘扬优秀传统文化，其次鼓励创新性文化产业发展。

关键词： 甘肃文化强省　文化人才　文化产业　文化市场

一　引言

习近平总书记非常重视文化建设，自党的十八大以来，习近平总书记发表了一系列重要论述，这些论述为推进新时代文化建设提供了根本指导。党的二十大从全面推进中国式现代化的战略高度出发，对铸就社会主义文化的新辉煌、促进文化事业和文化产业的繁荣发展作出了全新的部署。这些部署将有助于我们更好地推进文化建设，为实现中华民族伟大复兴的中国梦奠定坚实基础。

甘肃省位于中国西北部，是一个历史悠久、文化底蕴深厚的省份。甘肃拥有丰富的文化遗产和传统艺术，以敦煌莫高窟为代表的甘肃壁画艺术享誉世界，被誉为"东方艺术宝库"。近年来，甘肃省政府积极推进文化强省建设，加强了对文化事业的投入和管理，取得了显著成效。甘肃在文化强省建设方面的主要举措包括：加强文化产业发展，积极推进数字文化建设，鼓励发展文化旅游等。其中，文化产业是甘肃发展文化强省的重点方向之一，近年来，甘肃省加大了对文化产业的扶持力度，鼓励文化创意产业、数字文化产业等新兴产业的发展，取得了显著的成效。因此，设置合理的评价指标体系对甘肃省文化强省发展水平进行评价是有必要的，这将会对探索甘肃文化强省发展水平的实现路径提供较强的理论支撑。

二 文化强省构建的研究进展

（一）全国其他地区研究进展

对文化强省构建的研究主要集中在两个方面，一是从理论出发，研究文化强省实现的路径；二是通过构建评价指标体系，借助统计学方法研究文化强省发展水平。首先，从理论研究来看，不同学者针对不同省份的文化特征提出了不同的发展路径。曾艳研究认为，文化强省的构建，促使云南各族群众文化获得感幸福感不断增强，云南文艺百花齐放、精品迭出。李敬研究认为，河南省在文化强省构建中，应该做好顶层设计，全局谋划文化产业发展，以科技发展来推动新兴文化产业的发展。李娇杨研究认为，陕西省在建设文化强省过程中，应深入挖掘历史文化遗产、做好文化自信自强宣传，优化文化繁荣环境，促进文化产业创新发展。陈萍研究认为，在文化强省建设过程中，应多效并举，推进文化产业高质量发展，加强人才培养，推进优秀八闽文化发展。张玉荣研究认为，广东省文化强省构建过程中，成效颇多。为了用好红色文化，广东省出台了《广东省革命遗址保护条例》；为提升社会文化程度，出台了《广东省文明行为促进条例》。郭建晖研究认为，江西省在加强文化强省建设过程中，应巩固奋进思想基础、提高社会文明程度、推进文化传承创新、提升公共文化服务、加强文化产业发展。张欣和张立志研究认为，加强特色志愿服务，推动黑龙江文化强省建设。邵颖萍研究认为，江苏省应该探索文旅融合发展的新路径，全面实现文化强省建设新的跃升。充分利用本区域文化特色，加强人才培养，应用创新技术，助推文化产业高质量发展，在文化强省建设过程中意义重大。其次，从指标体系构建的研究成果来看，根据研究目的不同，指标体系的构建层次存在差异。部分研究认为，文化强省的构建应该包括文化事业、文化产业、文化品牌、文化市场、文化人才等，于泽和朱学义研究认为，除了以上维度之外，文化强省的建设还应包括文化效应、特色项目。刘玉堂和刘保昌研究认为，中西部文化强省的构建应该包含文化事业、文化产业、文化市场消费和文化队伍建设四个层面。可见，在研究中指标体系的构建存在略微差异，但是文化事业、文化产业、文化人才、文化市场是文化强省构建的共性。

（二）甘肃省研究进展

对甘肃文化强省的构建，现研究取得了较大成就。张永霞研究认为，甘肃省文化强省构建过程中，应该扩大优质文化供给、发展壮大文化产业、促进文旅深度融合、丰富文化交流合作。史晓寰等研究认为，通过优势文化资源，借助"一带一路"建设的机遇，科学制定文化强省建设规划，进而实现甘肃文化强省构建的目标。王志宏等研究认为，通过中医药文化的建设，突出甘肃文化强省建设的特色。周静茹研究认为，文化强省指标体系的构建应该从文化事业、文化产业、文化市场、文化队伍四个维度进行，且甘肃文化强省建设的路径选择应从文化体制改革、加强特色文化发展、借助新兴技术为文化产品发展提供支撑等方面进行突破。

可见，对甘肃省文化强省构建的路径实现方面的研究较多，而从指标体系构建方面的研究较少，因此设置合理的指标体系对甘肃省文化强省构建进行评价仍具有研究意义。在已有研究基础上，本文从文化人才、文化事业、文化产业、知名文化品牌、文化市场体系、文化功能发挥六个维度衡量甘肃文化强省的构建程度，这会对甘肃文化强省发展水平的评价提供较强的支撑。

三 甘肃省文化强省指标体系构建原则

（一）文化强省构建内涵

甘肃文化强省的构建是一个全方位、多层次、宽领域的系统过程，在此过程中要将文化的力量充分发挥出来，让文化在推动社会进步、增强经济软实力、提升人民生活质量等方面发挥重要功能。因此，文化强省构建的内涵，可以从四个层面展开讨论。

第一，文化强省的构建是以提升文化软实力为核心，应强化文化自信，坚持文化自觉。甘肃省拥有丰富的历史文化资源和独特的地域文化，这不仅包括丰富的物质文化，也包括非物质文化。文化软实力的提升，有利于提高甘肃的整体影响力和竞争力。

第二，文化强省的构建是以培育文化创新为重点，发展现代文化产业。在新发展格局下，甘肃要以文化创新为主线，倡导创新精神，鼓励文化创新，尤其是新媒体、数字文化等新兴领域的文化创新，这有助于推动文化产业发展，提升文化产业的经济效益和社会效益，提高文化产业在经济社会发展中的地位，使之成为推动经济社会发展的新动力。

第三，弘扬社会主义核心价值观，提升公民文化素质，加大文化传承力度。甘肃要通过深入开展社会主义核心价值观教育，提升公民文化素质，弘扬社会主义文化，构建和谐社会。社会主义核心价值观的建立，能让更多的人了解和认识本土文化，弘扬优秀传统文化，有利于增强社区的凝聚力，增强甘肃人民的文化自信。

第四，文化强省的构建是以推动文化普惠为目标，加强文化保护，推动文化旅游。通过文化教育、文化活动等方式，能让更多的人有机会接触和参与文化，享受文化带来的快乐和启迪，提升居民的文化素质和生活质量。甘肃是丝绸之路的重要节点，拥有丰富的文化遗产资源，需要加强对这些文化遗产的保护，同时，利用这些资源，推动文化旅游业的发展，使之成为经济社会发展的新亮点。

（二）文化强省构建维度

文化强省指标体系构建，要突出文化强省发展的内涵，根据该内涵，本文认为文化强省的构建要从六个方面展开，一是丰富文化人才队伍，二是提升文化事业发展水平，三是大力发展文化产业，四是加强知名文化品牌建设，五是突出文化市场体系功能，六是激励文化功能充分发挥（见表1）。

表1　文化强省指标体系构建

一级指标	二级指标	三级指标
文化人才	文化人才储备	文化人员从业数
		文化文物业高级职称专业技术人才数
	文化人才培养	人均文化培训费
		文化人才引进专项资金
	文化人才创造力	科技成果数
		专利申请数
		发明专利数
	文化教育效应	公民素质水平
		组织精神文明活动数量
		爱国主义教育示范基地数量
文化事业	经费投入	文化事业费支出强度
		人均文化事业费
	公共文化服务体系	公共文化服务设施覆盖率
		每万人图书拥有量
		文物业参观人次
		农家书屋覆盖率
		文化活动下乡场次、参与人数
	文物和文化遗产保护	文物保护维修费用
		非物质文化遗产机构数

续表

一级指标	二级指标	三级指标
文化产业	文化产业实力	人均文化产业产值
		文化产业增加值占国民经济的比重
		文化产业万元资产利税率
		民族文化产业与特色文化产业总产值
	文化产业结构	内外资对文化产业的投资总额比
		国家级文化产业园区(基地)数
		高科技文化企业占文化企业数量的百分比
		国有或国有控股大型文化企业占文化企业的百分比
		文化产业出口总额
	传统文化产业	广播影视业发展总产值
		电影放映收入
		艺术表演团体演出收入
		艺术表演场所业务收入
		文化部门艺术表演团体经费自给率
		娱乐产业总产值
		会展直接收入总额
		广告经营总额
	数字文化产业	数字出版产业总产值
		移动多媒体产业总产值
		动漫游戏产业总产值
		网络内容生产和服务骨干企业数
	文化旅游市场	接待旅游者人数
		文化旅游总收入
知名文化品牌	知名文化企业	中国出版、印刷、传媒、影视、演艺、网络、动漫百强企业数
		知名文化企业上市数
	地域特色文化品牌	世界文化遗产数量
		中国历史文化名镇(村)数
		全国重点文物保护单位数
		国家4A级以上旅游景区数

一级指标	二级指标	三级指标
文化市场体系	文化市场体系培育	文化市场经营机构营业利润
		大型文化流通企业、文化产品物流基地、文化产权交易所数
	文化市场体系管理	文化市场执法机构从业人员数
		每百万人口文化作品版权登记量
	文化消费市场建设	城乡家庭年人均教育娱乐文化服务消费支出
		各类文化产品的丰富程度
文化功能发挥	引领风尚	全国文明城市（区、县）的数量
		文明城市、村镇、行业创建覆盖面
	推动发展	文化产业对 GDP 的贡献率
		文化产业对就业的贡献率
		文化共同富裕指数

1. 文化人才

文化人才与文化强省之间是相互促进、相互依赖的，两者之间的良好互动将推动文化强省建设取得更大成功。一是文化人才是文化强省建设的关键。文化强省的建设离不开文化人才的支持。他们具有深厚的文化素养和专业知识，能够推动文化创新，提高文化产业的发展水平。二是文化强省的建设促进文化人才的发展。文化强省的建设为文化人才提供了更广阔的发展空间和更好的发展环境。这不仅可以吸引更多的人才加入，也能够激发已有人才的潜能，进一步提升他们的专业水平。三是文化人才是文化强省的重要资源。文化人才的存在和发展对提升甘肃的文化软实力、塑造良好的文化形象、提升文化影响力等起到了关键作用。四是文化人才的培养是文化强省的重要任务。文化强省的建设需要大量的文化人才，因此，如何培养和吸引文化人才，提高文化人才的素质和能力，成为文化强省建设的重要任务。甘肃省可以从提高文化教育质量、创新人才培养模式、提供良好的就业环境等方面加强文化人才的建设。本文研究中，文化人才的建设通过文化人才储备、文化人才培养、文化人才创造力、文化教育效应四个维度反映。

2. 文化事业

文化事业与文化强省之间有着密切的关系。一方面，文化事业是实现文化强省的重要基础。只有发展壮大文化事业，才能满足人民日益增长的精神文化需求，提高全民族的文化素质和精神风貌，从而为实现文化强省提供强大的精神动力。另一方面，文化强省的建设也为文化事业的发展提供了广阔的空间和良好的环境。文化强省的建设需要大力发展文化产业，推动文化创新，这为文化事业的发展创造了良好的市场环境。文化事业对文化强省构建的影响，具体体现在，第一，提升文化软实力。文化事业的发展可以提升甘肃的文化软实力，增强其在全国的影响力。通过文化产业的发展，可以展示甘肃的文化特色和优势，吸引更多的人才和资源。第二，促进经济发展。文化事业可以带动相关的产业发展，如旅游业、影视业、出版业等，从而促进经济的发展。同时，文化事业的发展也可以创造更多的就业机会，提高人民的生活水平。第三，提升社会文明程度。文化事业的发展可以提高社会的文明程度，推动社会的进步。通过文化教育和传播，可以提升人民的素质和修养，促进社会和谐稳定。第四，保护和传承文化遗产。文化事业的发展有利于保护和传承各地的文化遗产，促进文化的多元化发展。同时，也可以通过文化遗产的保护和传承，提升人们对传统文化的认识。第五，增强省份凝聚力。文化事业的发展可以增强省份的凝聚力，提升人民的归属感和认同感。通过共享文化资源和活动，可以增加人民的团结和协作，促进社区的和谐发展。

可见，甘肃要坚持以人民为中心的发展思想，大力发展文化事业，推动文化强省的建设，以优秀的文化成果满足人民群众的精神文化需求，提升全省的文化素质和精神风貌，为实现中华民族伟大复兴提供强大的精神支撑。本文研究中，文化事业的发展体现在经费投入、公共文化服务体系、文物和文化遗产保护三个维度。

3. 文化产业

甘肃文化产业的发展对文化强省的影响是多方面的，包括经济、文化传承和交流等。文化产业的发展为文化强省建设提供了重要支撑，而文化强省的建设目标也为文化产业发展提供了机遇。在文化强省的建设过程中，应该充分发挥文化产业的作用，推动文化产业的健康发展，实现文化与经济的良性互动。第一，文化产业是文化强省的重要组成部分。文化强省的建设要求在传统文化保护与创新发展、文化市场繁荣、文化产业集群形成等方面取得重大突破。而文化产业正是实现这些目标的重要手段和路径，通过培育文化创意产业、推动文化旅游等方式，提升本地区的文化软实力和竞争力，从而推动整个省域的文化强省建设。第二，文化产业的发展为文化强省提供了经济支撑和增长动力。文化产业作为新兴的经济增长点，可以带动相关产业的发展，创造更多就业机会，提高地方居民的收入水平。同时，文化产业的发展还能够吸引外部投资，推动本地区的产业结构转型和升级，促进经济的可持续发展。第三，文化产业的发展也有利于传承和弘扬优秀的本土文化。文化强省的建设强调传承和弘扬优秀的中华文化传统，通过发展文化产业，可以更好地保护和传承本土文化，将其转化为可持续发展的资源和优势。同时，通过文化产业的推动，本地区的文化创意与市场需求相结合，创造出更多具有本土特色和时代内涵的文化产品和服务。第四，文化产业的发展还能够促进文化交流与融合。文化产业的国际化发展，可以推动本地区与其他地区以及国际社会之间的文化交流与融合，拓宽视野、增进相互了解和友谊，提高本地区的国际影响力和竞争力。本文研究中，文化产业的提升体现在文化产业实力、文化产业结构、传统文化产业、数字文化产业、文化旅游市场五个维度。

4. 知名文化品牌

甘肃拥有丰富的文化资源和深厚的历史底蕴，在发展过程中，形成的品牌文化也较多，比如敦煌文化、丝绸之路文化、黄河文化等，这些文化品牌的发展，使甘肃在文化领域有很大的影响力。文化强省的构建需要有自己鲜明的文化特色和优势，而甘肃的知名文化品牌就是这些特色和优势的具体体现。第一，知名文化品牌可以提升甘肃的文化影响力。通过推广和发展这些品牌，可以使更多的人了解和认识到甘肃的文化，从而提升甘肃的文化影响力。第二，知名文化品牌可以带动甘肃的文化产业发展。文化产业是文化强省建设的重要组成部分，发展知名文化品牌可以带动相关的文化产业链的发展，促进甘肃的文化产业发展。第三，知名文化品牌可以增强甘肃的文化自信心。有了自己的知名文化品牌，甘肃人民会对自己的文化有更多的自信，这对文化强省的建设极为重要。本文研究中，知名文化品牌影响力的提升体现在知名文化企业、地域特色文化品牌两个维度。

5. 文化市场体系

文化市场体系与文化强省的关系是相辅相成的。首先，文化市场体系是文化强省的重要组成部分。甘肃要想成为文化强省，必须具备完善的文化市场体系。这包括丰富多样的文化产品供应、健全的文化设施和服务，以及公平公正的文化市场环境。这样的文化市场体系能够满足人们多元化的文化需求，推动文化产业的发展，从而为文化强省的建设提供有力的支撑。其次，文化强省的建设促进文化市场体系的发展。一方面，文化强省的建设需要大力发展文化产业，这将带动文化市场的繁荣；另一方面，文化强省还需要通过提升文化软实力，增强文化的吸引力和影响力，推动文化市场体系的进一步完善和发展。

建设完善的文化市场体系对甘肃建设文化强省具有重要的推动作用。文化市场体系对文化强省的影响主要体现在，第一，提升文化产业发展水平。良好的文化市场体系可以推动文化产业的繁荣发展，为甘肃建设文化强省提供重要支撑。例如，发展电影、音乐、动漫等行业，可以带动文化创新，提升文化产值。第二，丰富民众文化生活。一个完善的文化市场体系可以提供丰富多样的文化产品和服务，满足民众的文化需求，提高民众的文化消费水平，从而提升甘肃的文化软实力。第三，弘扬优秀文化。甘肃拥有丰富的历史文化遗产，通过文化市场体系的运作，可以更好地传播和弘扬这些优秀文化，提升甘肃的文化影响力。第四，促进旅游业发展。甘肃省拥有丰富的文化旅游资源，通过文化市场体系的建设，可以推动文化旅游业的发展，带动相关产业链的发展，对甘肃经济的发展具有积极影响。第五，提高国际影响力。通过文化市场体系的运作，可以将甘肃省的优秀文化传播到国际上，提高甘肃省在国际上的影响力，为甘肃省在全球化进程中占据有利地位提供支持。本文研究中，文化市场体系的完善体现在文化市场体系培育、文化市场体系管理、文化消费市场建设三个维度。

6. 文化功能发挥

作为一种社会现象和生活方式，文化在社会发展中起着重要的作用。文化功能的发挥，在一定程度上能够推动甘肃的经济发展，提升甘肃的社会地位，促进甘肃的全面发展，从而实现甘肃构建文化强省的目标。文化功能的发挥对甘肃文化强省建设的影响主要体现在，第一，提升地域文化认同感。甘肃地处中国西部，历史文化底蕴丰厚，文化功能的发挥可以增强甘肃人民对本土文化的认同感，为甘肃文化强省建设提供精神动力。第二，提升社会文明程度。文化功能的发挥可以提升甘肃社会的文明程度，通过文化教育、公共文化服务等方式，提升公民的文化素养，形成良好的社会风尚。第三，引导社会主义核心价值观。文化功能的发挥可以通过各种形式，将社会主义核心价值观融入日常生活，为甘肃文化强省建设提供价值支撑。本文研究中，文化功能发挥的形式体现在引领风尚、推动发展两个维度。

四　结语

随着中国新发展格局的形成，文化软实力对经济高质量发展的贡献越来越大。在中国式现代化的道路上，文化建设扮演着至关重要的角色。因此，在甘肃省的文化强省指标体系构建后，结合发展数据，应用统计学方法可以对甘肃的文化发展水平进行测度，根据测度结果，可以对甘肃文化强省的发展方向做出较为准确的判断及预测。为进一步提升甘肃省的文化强省水平，可以从传承和弘扬优秀传统文化以及鼓励创新性文化产业发展这两个方面加以推进。

第一，传承和弘扬优秀传统文化是实现文化强省的重要基础。甘肃省应该加大对传统文化的保护、研究和传播力度。通过加强传统文化教育，鼓励人们深入了解和研习传统文化，使其与现代社会生活相融合。这不仅能够增强人们的文化认同感和自豪感，也能够促进文化传承与创新的良性循环。同时，通过开展各类传统文化和节庆活动，可以增进人们对传统文化了解的兴趣以及参与度，这会进一步推动优秀传统文化的传承与发展。

第二，鼓励创新性文化产业发展是提升甘肃省文化强省水平的重要举措。文化创意产业作为现代化发展的重要支撑，在推动经济增长、提高就业率和增加文化产品出口等方面具有巨大潜力。为培育文化创意人才，甘肃省可以提供政策和资源支持，如建立专门的艺术学院或培训机构，为人们提供系统的文化创作培训。同时，还需积极引导企业加大对文化产业的投资力度，并鼓励企业进行技术创新和市场营销。通过这些举措，可以促进文化与科技、经济的融合，催生更多具有甘肃特色、富有创意和市场影响力的文化产品和服务，从而打造具有核心竞争力的文化品牌。此外，在推进甘肃文化强省建设过程中，还需加强相关配套措施的建设。例如，要完善文化产业政策法规体系，建立健全文化市场监管机制，增强对文化产业的金融支持和税收优惠政策，为文化创意企业提供更好的发展环境。同时，还需要加大对文化基础设施建设的投入，提高文化设施的质量，为人们提供更多元化、便捷化的文化消费场所。

参考文献

曾艳：《坚定文化自信建设文化强省》，《创造》2023 年第 8 期。

李敬：《河南文化强省视域下文化产业竞争力提升路径选择》，《办公室业务》2023 年第 4 期。

李娇杨：《树立文化自信助力陕西文化强省建设》，《新西部》2022 年第 10 期。

陈萍：《文化强省战略下推动优秀八闽文化传承发展路径研究》，《福建农林大学学报》（哲学社会科学版）2022 年第 6 期。

张欣、张立志：《以龙江特色志愿服务为抓手　助推文化强省建设》，《经济师》2022 年第 5 期。

邵颖萍：《推进文旅融合创新　赋能文化强省建设》，《群众》2022 年第 9 期。

构建文化强省（市）指标评估体系研究课题组等：《文化强省（市）指标体系：逻辑演进抑或多维评估》《改革》2011 年第 11 期。

张玉荣：《前景动人的文化强省"广东实践"》，《小康》2022 年第 26 期。

郭建晖：《加快建设更具创造力创新力竞争力影响力的文化强省》，《当代江西》2022 年第 5 期。

河南省社会科学院课题组等：《文化强省内涵与指标体系研究》，《中州学刊》2008 年第 1 期。

李卓卓、卫潇、刘志伟：《文化强市战略内涵与评价指标体系研究》，《改革与开放》2014 年第 20 期。

于泽、朱学义：《文化强省评估指标体系研究》，《统计与决策》2014

年第 5 期。

刘玉堂、刘保昌：《中西部文化强省的基本目标、内涵和指标体系》，《黄冈师范学院学报》2010 年第 4 期。

张永霞：《增强历史主动建设文化强省为铸就社会主义文化新辉煌贡献甘肃力量》《党建》2023 年第 1 期。

史晓寰、伏广彬、雷兴长：《新时代甘肃文化强省构建的思路与选择》，《社科纵横》2020 年第 2 期。

王志宏、云立新、马得汶等：《甘肃省地域中医药文化与中医药文化强省的对策研究》《西部中医药》2012 年第 9 期。

周静茹：《甘肃特色文化与文化强省建设的关联性研究》，《甘肃行政学院学报》2017 年第 1 期。

B.3
甘肃倡树主流价值共建文明社会调查研究

谢 羽*

摘 要： 在社会价值观多元化状态下，确立社会主流价值观的重要地位、提升社会主流价值观的引领作用就显得尤为必要。甘肃省采取了宣传社会主义核心价值观，实施公民道德建设工程，弘扬中华传统美德，加强家庭家教家风建设，统筹推动文明培育、文明实践、文明创建，完善志愿服务制度和工作体系等举措共建文明社会。本文针对倡树主流价值共建文明社会的情况，从主流价值观念传播、共建文明社会群众参与度、社会文明程度、共建文明社会满意度等四个方面，采取问卷调查与实地考察相结合的方式提出问题。通过分析问卷的相关信息，提出传播和普及主流价值观念、创新参与形式、推动文明行为的持续养成、多方面合力保障基本公共服务等建议，推动共建文明社会。

关键词： 主流价值 文明社会 甘肃

社会主流价值观是指在一个社会的价值观念体系中占据主流、起着引领作用的价值观。社会主流价值观是社会发展的灵魂，代表

---

* 谢羽，博士，甘肃省社会科学院丝绸之路研究所副研究员，主要研究方向为社会史。

了一个时代的风向标，是一个政党、一个国家、一个民族赖以生存和维系的思想道德基础。在我国社会主流价值观的主要内容是以马克思主义价值观为灵魂，以中华优秀传统价值观为底蕴，以社会主义核心价值观为根本，以世界文明中优秀价值观为借鉴。

在社会价值观多元化状态下，确立社会主流价值观的重要地位、提升社会主流价值观的引领作用就显得尤为必要。目前，我们积极地培育、传播、弘扬社会主流价值观，有利于凝聚社会共识、营造良好的社会风气，使之成为全体人民持续而稳定的共同价值追求。

提高全社会文明程度是建设社会主义文化强国的重要任务，也是全面推进中华民族伟大复兴的基础与前提。甘肃省在社会主义核心价值观的指导下，积极实施公民道德建设工程，旨在弘扬中华传统美德，强化家庭家教家风建设，完善志愿服务制度和工作体系，全面推动文明培育、文明实践和文明创建。甘肃省依托"全国文明城市"的创建，取得了阶段性的成果。2015年，金昌市取得了"全国文明城市"的称号，并且连续三次荣获这一称号，这充分展示了金昌市在文明城市建设方面的成就。金昌市设定了更高的目标，将争创全国文明典范城市作为一项系统长久的利民惠民工程，旨在通过提升城市文明程度，进一步提高市民的生活质量和城市的整体形象。这意味着金昌市不仅要继续深化文明城市建设，还要在城市建设、管理、服务等各个方面进行改革和创新，以适应现代化城市发展的需求。2017年嘉峪关市在166个参评城市中脱颖而出，成功摘得第五届全国文明城市桂冠。自2005年以来，兰州市政府及相关部门紧紧围绕提高市民文明素质、提升城市文明程度这一核心任务，全面推进文明创建工作。在过去的15年里，兰州市通过不懈努力，终于在2020年荣获了"全国文明城市"的称号。2022年3月，兰州市印发了《兰州市2022年争创全国文明典范城市实施方案》。在全国文明城市争创中，兰州市建立"全面创建、全域创建、全民创建、全城创建"的长效机制，不断增强人民群众的获得感、幸福感和安全感，推动文明城市建设守正创新、提质升级。在2021~2023年创建周期得到全国文明城市提名，地级市有白银市、庆阳市、天水市、武威市、张掖市，县级市有崇信县、敦煌市、合作市、康县、陇西县、清水县、肃南裕固族自治县、永靖县、玉门市。

提高全社会文明程度是一个长期、重大而复杂的工程，必须坚持系统观念、绵绵用力、从容推进、久久为功，形成"滴水穿石"的效应。从新时代中国特色社会主义事业的整体来看，全社会文明程度的提高要始终与社会发展密切联系。

一 甘肃倡树主流价值共建文明社会调查

针对甘肃省倡树主流价值共建文明社会情况，课题组发出问卷进行调查，并结合实地走访。本次问卷调查共完成700份，调查问卷回收率在100%。调查对象男性324人，占46.29%；女性376人，占53.71%。年龄分布为：18~35岁314人，占44.86%；36~55岁328人，占46.86%；56岁及以上58人，占8.29%。在职业分布上，党政机关人员94人，占13.43%；事业单位人员101人，占14.43%；军事武警人员16人，占2.29%；企业单位人员87人，占12.43%；专业技术人员55人，占7.86%；进城务工人员79人，占11.29%；下岗失业人员17人，占2.43%；离退休人员49人，占7%；在校学生138人，占19.71%；其他64人，占9.14%。在地域分布上，兰州市139份，占19.86%；金昌市119份，占17%；嘉峪关市77份，占11%；平凉市92份，占13.14%；庆阳市93份，占13.29%；天水市72份，占10.29%；陇南市51份，占7.29%；武威市57份，占8.14%。样本分布基本合理，具备较强代表性。

（一）主流价值观念传播的调查

1. 群众能否说出社会主义核心价值观的具体内容的调查

社会主义核心价值观内容被明确为"三个倡导"、24个字、12个主题词。嘉峪关市始终秉持将社会主义核心价值观贯穿于文明城市创建的各个环节，以道德模范、雄关好人以及新时代嘉峪关好少年为榜样，引领社会文明风尚。在此基础上，嘉峪关市不断深化精神文明创建活动，涵盖文明交通、文明旅游、文明上网、文明用餐等多个方面，通过开展"小手拉大手"等活动，全面提升市民的文明素养，形成全社会的文明自觉，形成了全市上下同心同德、同向同行的良好局面。[①]对于能否说出社会主义核心价值观的具体内容，调查显示，336人表示"能"，占48%；69人表示"不能"，占9.86%；295人表示"只能说出部分内容"，占42.14%。

2. 社会主义核心价值观对于共建文明社会影响的调查

调查显示，660人表示有"积极意义"，占94.29%；4人表示有"消极意义"，占0.57%；36人表示"不知道"，占5.14%。大多数人认为社会主义核心价值观对于共建文明社会影响有积极影响（见图1）。

3. 所在的生活或工作区域中有无开展社会主义核心价值观的宣传教育活动的调查

调查显示，465人表示"非常多"，占66.43%；202人表示"有时"，占28.86%；25人表示"很少"，占3.57%；8人表示"没有"，占1.14%。

4. 通过哪些媒介了解的社会主义核心价值观的调查

调查显示，502人选择"报纸"，占71.71%；545人选择"书

---

① 《嘉峪关市持续深化文明城市创建》，《嘉峪关日报》2023年9月14日，http://www.godppgs.gov.cn/system/2023/09/14/030874327.shtml。

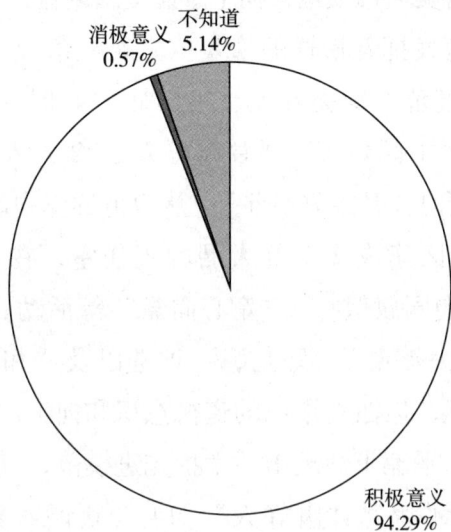

图1　社会主义核心价值观对于共建文明社会影响的调查

刊"，占77.86%；491人选择"广播"，占70.14%；648人选择"网络"，占92.57%；432人选择"教师授课"，占61.71%（见图2）。

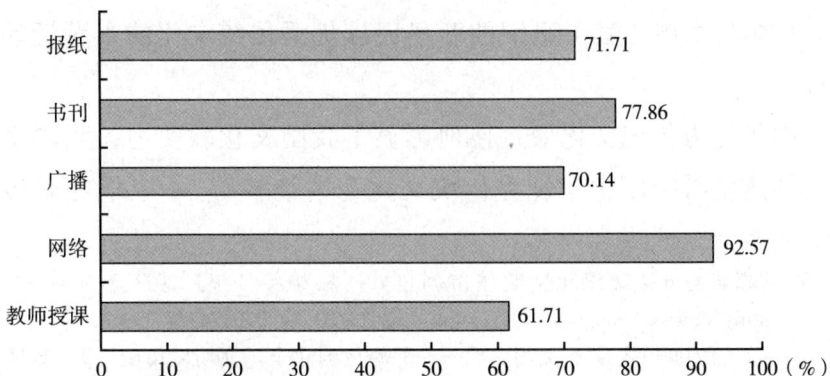

图2　通过哪些媒介了解的社会主义核心价值观的调查

5. 对甘肃省各类道德模范人物了解程度的调查

各类道德模范发挥着榜样的力量。嘉峪关市 2022 年选树身边好人、新一届道德模范、雄关好人、第四届"新时代嘉峪关好少年"66 名，7 人上榜"中国好人""甘肃好人"，2 人入选甘肃省道德模范，2 人获评"新时代甘肃好少年"。从模范群体中聘任 27 名"文明监督员"，依托社区建成 2 个好人品牌工作室，在未成年人中开展"清明祭英烈""向国旗敬礼""童心向党"等活动。① 平凉市始终将身边好人评选、"好婆婆""好儿媳"评选以及"和谐五星"评选作为常态化工作来抓，以激发市民的道德意识和向上向善的动力。在这样的评选活动中，平凉市涌现出一大批先进模范，其中，全国道德模范 7 人，10 人被评为"甘肃好人"，14 人获评"新时代甘肃好少年"。② 对甘肃省各类道德模范人物了解程度的调查显示，222 人表示"非常熟悉"，占 31.71%；200 人表示"比较了解"，占 28.57%；231 人表示"了解一些"，占 33%；47 人表示"没听说过"，占 6.71%。

（二）共建文明社会群众参与度调查

1. 参与本市（县）组织的弘扬民族优秀传统文化的主题活动的调查

中华优秀传统文化最直接地彰显了我国文化软实力，我国文明社会的建设必须以中华优秀传统文化为精神基础。③ 中华优秀传统

---

① 《嘉峪关市持续深化文明城市创建》，《嘉峪关日报》2023 年 9 月 14 日，http://www.godppgs.gov.cn/system/2023/09/14/030874327.shtml。

② 《开启创城模式 共赴文明之约——平凉市创建全国文明城市纪实》，新甘肃，2023 年 7 月 3 日，http://www.godppgs.gov.cn/system/2023/07/03/030807148.shtml。

③ 杨姝：《传统文化在文明社会构建中的作用与反思》，《重庆社会科学》2021 年第 10 期。

文化，是夯实全社会文明根基、提高全社会文明程度的宝贵资源，孕育着社会主义核心价值观的思想精髓，继承与发扬中华优秀传统文化对加强家庭家教家风建设、提高广大人民群众道德水准和文明素养仍发挥着重要作用。参与本市（县）组织的弘扬民族优秀传统文化的主题活动的调查显示，311 人表示"经常参加"，占 44.43%；261 人表示"有时参加"，占 37.29%；100 人表示"没有参加"，占 14.29%；28 人表示"想参加但没人组织"，占 4%（见图 3）。

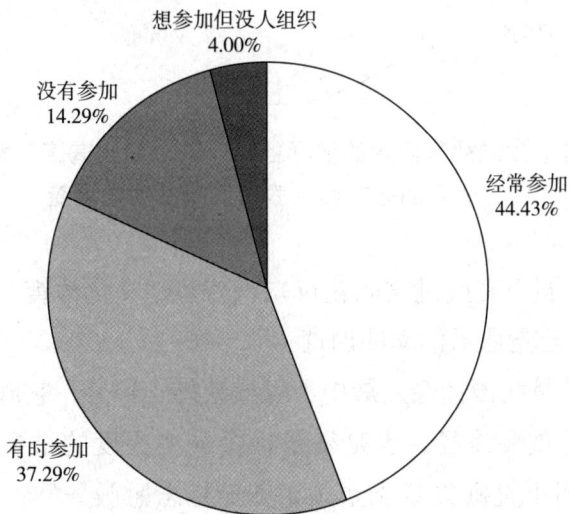

**图 3　参与本市（县）组织的弘扬民族文化优秀
传统的主题活动的调查**

2. 参与单位或社区组织的倡导社会公德、职业道德、家庭美德、个人品德方面的教育实践活动的调查

调查显示，280 人表示"都参加过"，占 40%；303 人表示"部分参加过"，占 43.29%；92 人表示"没有参加"，占 13.14%；25 人表示"想参加但没人组织"，占 3.57%（见图 4）。

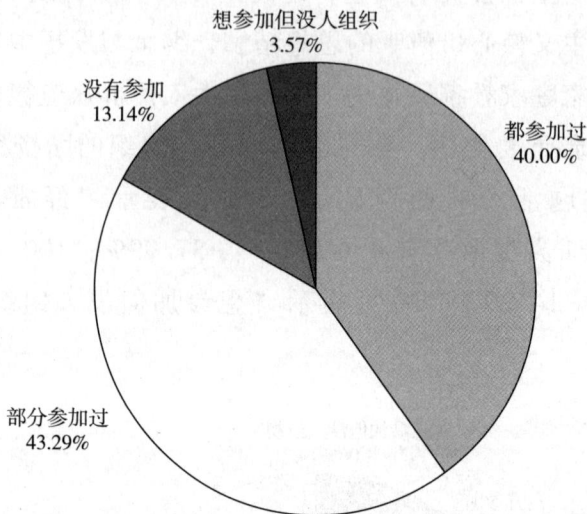

图 4 参与单位或社区组织的倡导社会公德、职业道德、家庭美德、个人品德方面的教育实践活动的调查

3. 本市（县）开展过文明礼仪知识普及、文化体育、网络文明传播等关爱社会志愿服务活动的调查

志愿服务是我国社会发展中不可或缺的一部分，它既是广大志愿者表达爱心的重要途径，也是衡量社会文明程度的重要标准。截至2023年，兰州市直机关共成立246支青年志愿服务队，以"关怀社会、服务群众、促进发展、构建和谐"为主题，把社会主义核心价值观体系建设贯穿青年志愿服务活动的全过程，以建设青年发展型城市为契机，让广大青年更加自觉地参与到志愿服务活动中来。① 平凉市积极组织各类人群参与志愿服务，通过中国志愿服务网进行登记注册，截至2023年，该市已拥有4200多支志愿服务分队和22.4万名注册志愿者。为了进一步推动新时代文明实践志愿服务的发展，平凉

---

① 《兰州市直机关成立246支青年志愿服务队日期》，文明兰州，2023年5月10日，http://www.godppgs.gov.cn/system/2023/05/10/030774506.shtml。

市积极建设新时代文明实践中心、所、站三级组织体系。目前，平凉市已建成县级新时代文明实践中心 7 个、乡镇（街道）新时代文明实践所 112 个、村（社区）级新时代文明实践站 1537 个，文明实践主题公园 6 处，实践广场 14 处，实践基地（点）84 个。这些文明实践阵地遍布城乡，为新时代文明实践志愿服务提供了广阔的平台，让更多人有机会参与到志愿服务中来。在新时代文明实践志愿服务的推动下，平凉市民的道德素质和城市文明程度得到了显著提升。① 本市（县）开展过文明礼仪知识普及、文化体育、网络文明传播等关爱社会志愿服务活动的调查显示，421 人表示"经常开展"，占 60.14%；215 人表示"偶尔开展"，占 30.71%；64 人表示"不清楚"，占 9.14%（见图 5）。

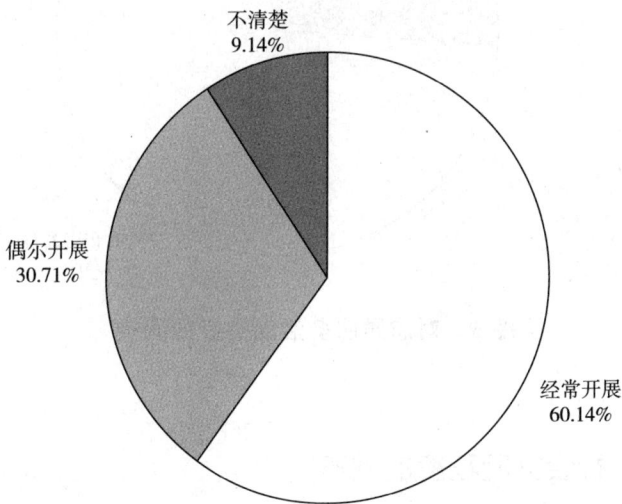

不清楚
9.14%

偶尔开展
30.71%

经常开展
60.14%

图 5 市（县）开展过文明礼仪知识普及、文化体育、网络文明传播等关爱社会志愿服务活动的调查

---

① 《开启创城模式 共赴文明之约——平凉市创建全国文明城市纪实》，新甘肃，2023 年 7 月 3 日，http：//www.godppgs.gov.cn/system/2023/07/03/030807148.shtml。

4. 对志愿服务活动态度的调查

对志愿服务活动态度的调查显示，518 人表示"支持并积极参与"，占 74%；159 人表示"支持但很少参与"，占 22.71%；22 人表示"理解但不参与"，占 3.14%；1 人表示"不支持"，占 0.14%（见图 6）。通过不同群体的对比可以发现，参与最积极的群体是公职人员、学生。

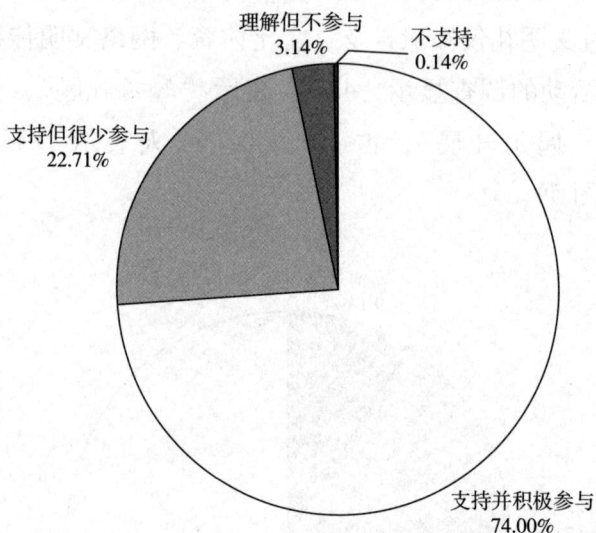

图 6　对志愿服务活动态度的调查

（三）社会文明程度的调查

1. 社会文明程度的调查

关于社会文明程度的调查显示，372 人表示"很好，称得上是一个文明社会"，占 53.14%；256 人表示"好，社会公德好的方面多于坏的方面"，占 36.57%；56 人表示"一般，社会公德不好也不坏"，占 8%；16 人表示"差，社会公德令人担忧"，占 2.29%（见图 7）。

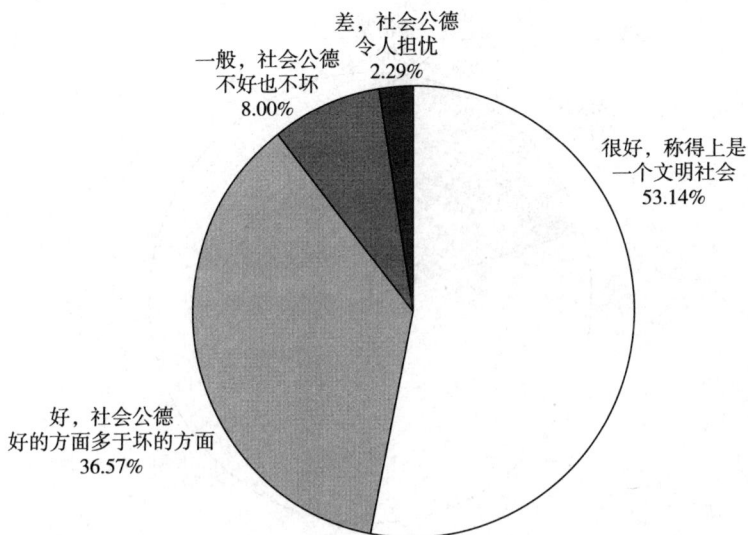

图7 社会文明程度的调查

2. 本市（县）开展文明交通、文明出行宣传活动效果的调查

调查显示，559 人表示"有效"，占 79.86%；121 人表示"偶尔有效"，占 17.29%；6 人表示"无效"，占 0.86%；14 人表示"不清楚"，占 2%（见图 8）。

3. 对身边不文明的现象（乱扔垃圾、随地吐痰等）的调查

调查显示，230 人表示"没有"，占 32.86%；392 人表示"偶尔有"，占 56%；64 人表示"较多"，占 9.14%；14 人表示"非常多"，占 2%（见图 9）。

4. 身边市民在候车、上车时自觉排队，给老弱病残孕主动让座的现象的调查

调查显示，338 人表示"非常普遍"，占 48.29%；303 人表示"比较普遍"，占 43.29%；50 人表示"偶尔有"，占 7.14%；9 人表示"没有"，占 1.29%（见图 10）。

无效
0.86%

不清楚
2.00%

偶尔有效
17.29%

有效
79.86%

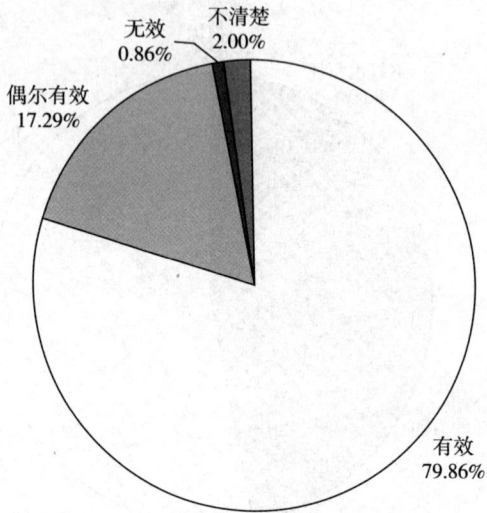

图8　本市（县）开展文明交通、文明出行宣传活动效果的调查

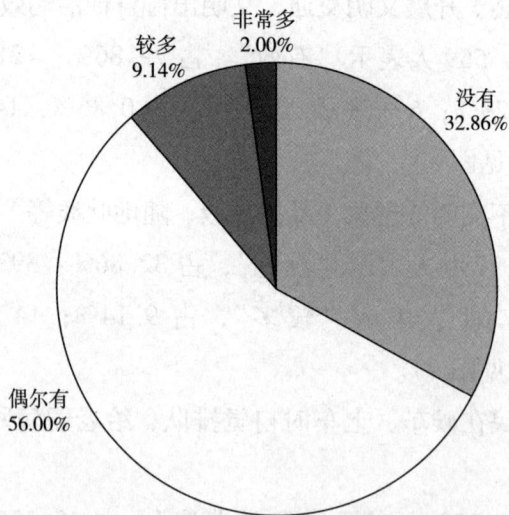

较多
9.14%

非常多
2.00%

没有
32.86%

偶尔有
56.00%

图9　对身边不文明的现象（乱扔垃圾、随地吐痰等）的调查

没有
1.29%

偶尔有
7.14%

非常普遍
48.29%

比较普遍
43.29%

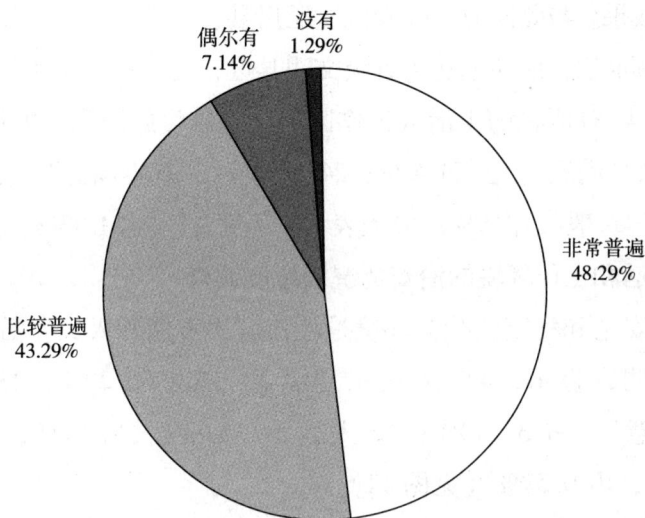

**图 10　身边市民在候车、上车时自觉排队，给老弱病残孕
主动让座的现象的调查**

（四）共建文明社会满意度的调查

1. 对所在的生活或工作区域中基础设施满意度调查

基础设施的改善既是群众需求，也是文明程度的具体表现。金昌
市统筹推进棚户区、老旧小区改造项目和道路维修改造工程，持续推
进农村水、电、路、房等基础设施建设，坚持开展"包街包帮""逢六
上街"志愿服务活动，持续推进农村人居环境整治及全域无垃圾行
动。① 平凉市努力打造"会呼吸"的海绵城市，一个山清水秀、绿色宜
居的魅力之城正展露新姿。平凉市不断完善城市基础设施建设，解决了
一大批民生难题，城市管理水平不断提升。在 2021 年初，崇信县荣获全
国文明城市县级提名城市的荣誉，这标志着该县在城市文明建设方面取

---

① 谢晓玲、莫亚红、蒲瑞华、刘欢欢：《金昌：奋进在高质量发展的大路上》，
《甘肃日报》2022 年 9 月 23 日。

得了显著成果。与此同时，崆峒区、泾川县、华亭市、灵台县和庄浪县也纷纷脱颖而出，成功创建为省级文明县区，为全省的文明创建工作树立了榜样。① 对所在的生活或工作区域中基础设施满意度的调查显示，381人表示"满意"，占54.43%；246人表示"基本满意"，占35.14%；63人表示"一般"，占9%；10人表示"不满意"，占1.43%。

2. 生活和工作环境的治安情况满意度调查

一个安全和稳定的社会环境是城市健康发展和人民生活幸福的首要基础，调查显示，422人表示"满意"，占60.29%；232人表示"基本满意"，占33.14%；42人表示"一般"，占6%；4人表示"不满意"，占0.57%（见图11）。

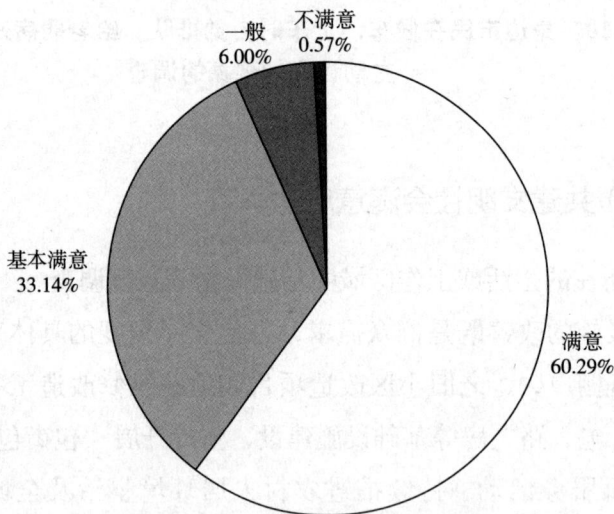

图11　生活和工作环境的治安情况满意度调查

3. 求学、就业和经商等的公平公正情况的调查

公平和正义是社会主义核心价值体系的重要内容，同时也是社会

---

① 《开启创城模式 共赴文明之约——平凉市创建全国文明城市纪实》，新甘肃，2023年7月3日，http://www.godppgs.gov.cn/system/2023/07/03/030807148.shtml。

法治建设的灵魂所在。调查中，365 人表示"满意"，占 52.14%；
231 人表示"基本满意"，占 33%；73 人表示"一般"，占 10.43%；
31 人表示"不满意"，占 4.43%（见图 12）。

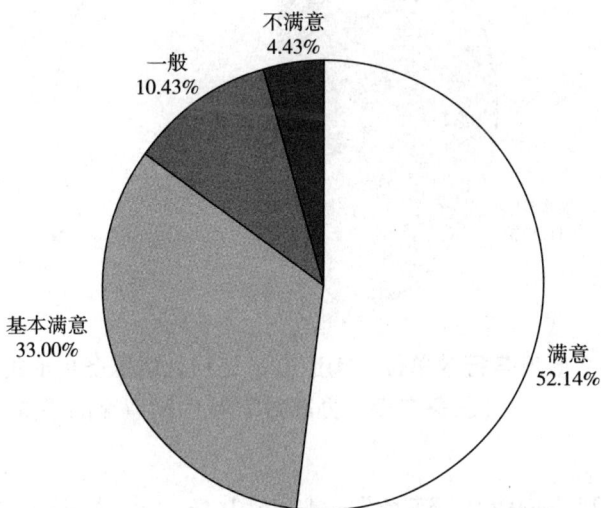

图 12 求学、就业和经商等的公平公正情况的调查

4. 政府各行政单位、街道办事处和社区服务中心的工作（服务态度、办事效率等）满意度的调查

调查显示，366 人表示"满意"，占 52.29%；289 人表示"基本满意"，占 41.29%；28 人表示"不满意"，占 4%；17 人表示"不清楚"，占 2.43%（见图 13）。

5. 各"窗口"行业（如供电、供水、供气、物业、银行、邮政、医院、公交车、出租车等）服务满意度的调查

城市作为一个地区的政治、经济和文化中心，扮演着配置社会资源和行使管理权力的关键角色。对于一个具有较强综合竞争力的城市来说，高效的政务环境无疑是其关键因素之一，同时也是城市实现可持续发展的必要条件。该项调查显示，325 人表示"很满意"，占

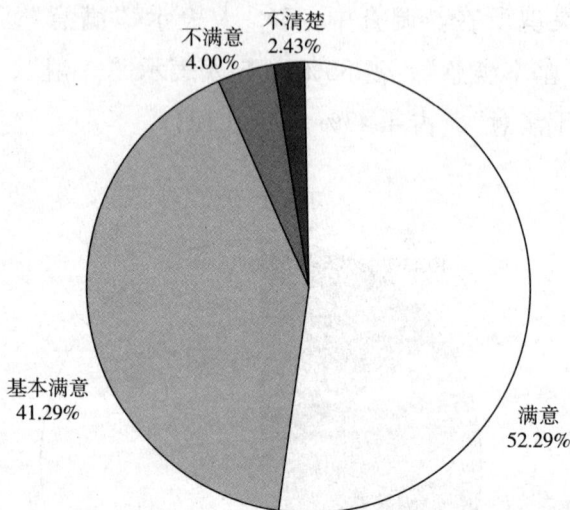

图13 政府各行政单位、街道办事处和社区服务中心的工作

（服务态度、办事效率等）满意度的调查

46.43%；323人表示"满意"，占46.14%；35人表示"不满意"，占5%；17人表示"不清楚"，占2.43%（见图14）。

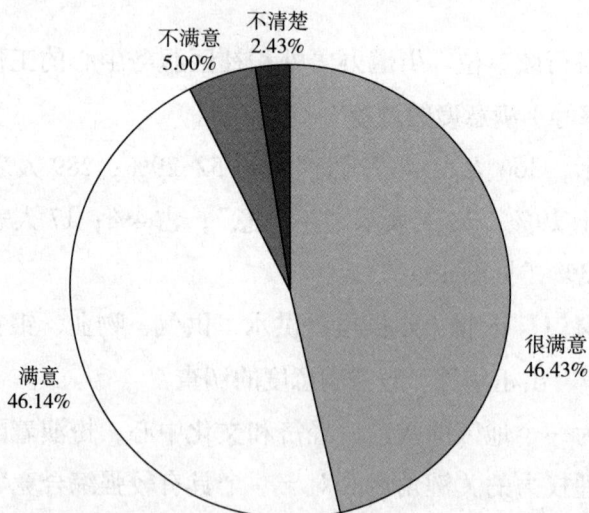

图14 各"窗口"行业（如供电、供水、供气、物业、银行、邮政、

医院、公交车、出租车等）服务满意度的调查

二 甘肃倡树主流价值共建文明社会存在的问题

在综合了问卷调查和实地调查的结果后，在甘肃倡树主流价值共建文明社会的过程中，可以看到虽然取得了一定的成果，但仍存在一些问题和挑战。

（一）主流价值观念的传播和普及力度有待加强

问卷调查结果显示，群众对24字"社会主义核心价值观"还是不熟悉，有48%的被访者表示能说出社会主义核心价值观的具体内容，42.14%的被访者只能说出部分内容，还有9.86%的被访者表示不能。从知晓人群来看，公职人员（含事业单位）、社区干部的知晓率较高，学生知晓率次之。尽管政府和相关部门在宣传社会主义核心价值观等方面付出了很多努力，但在一些偏远地区和基层群众中，主流价值观念的认同度仍有待提高。另外，通过调查了解到，主流价值的宣传方式与群众的接受之间存在一定程度的偏差，有部分被调查者反映政策宣传活动形式老旧。一些社区工作不主动，群众性宣传活动策划缺乏声势和吸引力，群众评价满意度不高。在通过哪些媒介了解社会主义核心价值观的调查中，有92.57%的被访者表示是通过网络渠道了解。目前短视频受众多，但是短视频平台上作品内容参差不齐，信息鱼龙混杂。要提高短视频传播主流价值观的效果，就需要发挥引领作用，制作内容精良、质量过硬的短视频。

（二）共建文明社会的参与度和覆盖面需进一步提高

经过对调研问卷的统计分析后发现，在共建文明社会的过程中，我们面临的一个主要问题在于群众的参与意识相对较弱，主要表现在对于文明培育、文明实践和文明创建等活动的参与程度不够高。问卷调查的结果显示，群众对于全国文明城市创建工作的了解并不深入，对于如何参与城市的创建工作以及相关工作体系的了解也相对不足，导致他们的参与积极性不高。为了改善这种情况，我们需要进一步完善志愿服务制度，激励更多的人参与到志愿服务中来。通过提高群众对于文明培育、文明实践、文明创建活动的认识和理解，激发他们的参与热情，从而推动全社会文明程度的提升。在被问到是否参与单位或社区组织的倡导社会公德、职业道德、家庭美德、个人品德方面的教育实践活动时，有40%的被访者表示"都参加过"，43.29%的被访者表示"部分参加过"，13.14%的被访者表示"没有参加"，还有3.57%的被访者表示"想参加但没人组织"。在当前的教育实践活动中，我们发现有一部分受访群众对其有着更高的期待和要求，这表明我们在设计和提供参与途径以及活动形式上还有待进一步创新，以满足不同群体的需求。还有小部分群众有参与的意愿，但是没人组织，说明我们的宣传力度尚待加强，具体表现在工作过程和成效展示的不足，没有及时对相关信息进行总结提炼，并且缺乏高质量的图片用于宣传报道。参与志愿者活动的积极性有待提高，调查结果显示，74%的被访者表示"支持并积极参与"，还有22.71%的被访者表示"支持但很少参与"。可见，在引导参与志愿者方面还需加强。

（三）文明行为的实践和养成不够充分

在对社会文明程度的调查中，53.14%的被访者表示"很好，称得上是一个文明社会"；36.57%的被访者表示"好，社会公德好的方面多于坏的方面"；8%的被访者表示"一般，社会公德不好也不坏"；还有2.29%的被访者表示"差，社会公德令人担忧"。调查结果显示，社会整体的文明程度有所提升，但部分民众在日常生活中仍然存在不文明行为，如随地吐痰、乱扔垃圾、随意插队等。在文明交通方面，存在一些不合规的现象，车辆和行人不按照交通规则各行其道，导致混乱和安全隐患；部分行人无视交通信号灯，随意穿越马路；非机动车闯红灯的行为也较为常见；机动车在行驶过程中未对行人进行礼让。这反映出群众的文明素质还未完全养成，文明出行、文明旅游、文明餐桌等文明意识也还未完全形成，我们在文明行为教育和实践方面还有不足。

（四）基础设施的建设完善和维护保养有待提升

在实地调查中，我们发现甘肃省在城市建设的许多方面，尤其是在基础设施的建设和维护上，存在一些问题。一些城市基础设施建设投资仍然不足，在基础设施建设过程中，规划不合理，导致资源浪费和环境问题。部分城市基础设施维护保养工作存在不足，导致设施老化、损坏等问题，影响了城市居民的生活质量。在城市管理领域，一些方面明显存在不足，尤其是在交通道口和城乡接合部等点位的管理上，现有的措施和手段并未能完全满足实际需要，这种状况对城市精细化管理提出了更高的要求，我们需要采取更有效的措施来加强这方面的工作。

三　进一步推动文明社会的对策建议

目前，甘肃省积极倡导主流价值，示范性引领性更加凸显。在共建文明社会中，坚持为民导向，符合基层实际，开展多项文明实践活动。但是，甘肃倡树主流价值共建文明社会仍然面临诸多问题和挑战，为不断推进文明社会建设，提出如下建议。

（一）传播和普及主流价值观念

目前，传播和普及主流价值观念确实是一项重要任务。政府和相关部门应持续加大宣传力度，通过各种渠道和方式，让社会主义核心价值观深入人心。首先，结合当地实际情况，制定有针对性的宣传策略。在基层群众中，要关注他们的实际需求，用贴近生活的案例和形式，讲解社会主义核心价值观，使他们更容易理解和接受。要创新宣传方式。例如，通过短视频、直播、网络互动等方式，发挥舆论引导作用，加强主流媒体和自媒体的协同配合，让主流价值观念的传播更具吸引力，更符合年轻人的接受习惯。其次，举办丰富多样的活动，让人们在参与过程中自然而然地接受主流价值观念。例如，组织志愿服务活动、道德讲堂、文化惠民演出等活动。将主流价值观念融入教育教学、企业文化、社区服务等各个领域，形成全社会共同参与、共同传播的良好氛围。再次，继承和发扬民族精神和优秀传统文化具有重要意义，应开展一系列传统文化活动，以滋养人们的心灵。这些活动包括国学大讲堂、经典诵读、书法进校园、戏剧传唱、成语接龙以及汉服走秀等。最后，还需要注重文明家庭的建设，培育良好家风。各乡镇和街道应深入开展文明村镇创建活动，着力提升乡风文明。此外，开展人居环境整治以及文明村镇创建活动，着力打造文明美丽新农村。

（二）创新参与形式，增强群众参与意识

文明社会共建的落脚点在于着力增进民生福祉，创新群众参与形式是共建文明社会核心。为了实现这一目标，需要创新群众参与形式。首先，地方政府部门作为共建文明社会的主体力量，要在具体政策措施制定之前，广泛征询群众的建议，重视群众参与的力量。建立有效的激励参与机制，探索引进奖励机制，发挥激励作用，激发群众参与热情。其次，要注意发挥好社区的作用，社区工作者作为各项政策在基层的宣传者，其态度、行为影响着群众的参与意愿，因此要加强对社区工作者的培训。再次，重视并加强基层文体设施的建设，包括图书馆、文化馆、社区文化活动中心以及各类功能室等文化场所。

还要打造文化场所特有的吸引力，比如"网红书店"，不仅能提高群众对文化的兴趣，也能提升整个社区的文化氛围。最后，在新时代文明实践中心（所、站）中，要充分利用其资源和优势，通过组织和策划一系列高质量的志愿服务活动，发挥志愿者的作用。这些志愿服务活动涉及各个战线，将不同领域的志愿服务资源进行有效的整合。通过持续开展这类活动，能够进一步推动新时代文明实践中心的建设，使之成为提升社会文明程度的重要力量。

（三）推动文明行为的持续养成

首先，政府和相关部门可以通过各种形式的宣传，如媒体、社区活动、学校教育等，大力宣传文明行为的重要性，引导群众养成良好的生活习惯。还可以举办文明行为知识竞赛等活动，让群众在参与中学习和践行文明行为。其次，应通过法律法规对不文明行为进行规范和约束。例如，对于随地吐痰、乱扔垃圾等行为，可以进行罚款等处罚，让群众意识到不文明行为的后果。最后，培育一批文明实践新项目新品牌，持续开展爱国卫生运动，全面推进垃圾分类，深化文明劝导、文明旅游、文明餐桌、文明交通等专项行动，深化"反对浪费·崇尚节约"等文明行动，持续开展文明交通劝导志愿服务，实施公益广告整治提升行动。引导广大群众告别不文明行为，培育文明的生活方式。

（四）多方面合力保障基本公共服务

共建文明社会对基本公共服务提出了要求，目前在市政基础设施建设、城市精细化管理方面还有不足。首先，需要建立公共服务经费保障机制，确保公共服务领域的创建工作能够得到足够的资金支持。这一机制应与经济发展同步进行安排、部署和实施，以确保创建工作能够紧密跟随经济发展的步伐。各级地方政府应充分发挥公共财政的作用，为创建活动提供有力的财政保障，确保牵头部门和责任单位在开展创建活动时有足够的财力支持。还需要对创建经费的使用进行严格的监管和审计，确保经费使用得当，充分发挥其应有的效益。其次，优化城市规划工作，合理布局城市基础设施，提高资源利用效率。引进先进的城市基础设施建设管理理念和方法，提高城市基础设施建设管理水平。再次，引入市场化工具，引入公司提供公共服务，提高服务水平。最后，完善维护保养体系，建立健全城市基础设施维护保养体系，确保设施的正常运行和使用寿命。

参考文献

习近平：《高举中国特色社会主义伟大旗帜　为全面建设社会主义现代化国家而团结奋斗——在中国共产党第二十次全国代表大会上的报告》，人民出版社，2022。

杨姝：《传统文化在文明社会构建中的作用与反思》，《重庆社会科学》2021年第10期。

刘建敏：《短视频传播主流价值观的策略探析》，《传媒》2022年第21期。

符俊：《乡村振兴视角下农民社会主义核心价值观的培育》，《学校党建与思想教育》2022年第16期。

谢晓玲、莫亚红、蒲瑞华、刘欢欢：《金昌：奋进在高质量发展的大路上》，《甘肃日报》2022年9月23日。

B.4
长城国家文化公园甘肃段的
区域特色研究

陈　瑾＊

摘　要：　甘肃是长城国家文化公园重点建设区段之一，境内长城资源丰富，分布广泛。不仅现存总长城资源居全国前五，其中明长城资源更是位列全国之首。区段内文化遗址、文物和文化资源十分丰富，墙体、关堡、烽燧、壕堑以及自然天险等全部长城类型均有留存。经国家文物局认定，甘肃境内不仅有大量战国、秦、汉、明四代长城遗存，而且还留存有晋、宋、西夏和元代的城障，以及沿古长城分布的大量关隘城堡等。本报告首先概述了甘肃长城文化资源的现状、长城国家文化公园甘肃段的布局及其在全国的占位情况，在摸清家底的基础上进一步把长城国家文化公园甘肃段与有关省份做了比较分析，同时还客观分析了长城国家文化公园甘肃段的特色，最后提出了凸显自身的区域特色与优势、助推长城国家文化公园甘肃段建设保护的几点对策建议：传统现代相结合，把强大的价值功能宣传展示好；做好"四库"建设，把利国利民工程建设保护好；因地制宜，把区域特色发挥好；共建共享，把美好公园运营好；建立健全相关保障措施。

关键词：　长城国家文化公园　长城文化资源　甘肃

＊ 陈瑾，甘肃省社会科学院文化研究所助理研究员，主要研究方向为生态哲学（包括自然生态哲学和人文生态哲学）。

甘肃是长城国家文化公园重点建设区段之一，境内长城资源丰富，分布广泛。如何凸显自身的区域特色与优势、助推长城国家文化公园甘肃段建设保护，是一个十分重要的研究命题。

一 甘肃长城文化资源的现状概述

（一）境内长城文化资源总述

甘肃是长城文化资源大省，境内长城分布十分广泛，省域内11个市（州）38个县（区）均有分布。甘肃省境内现存长城总长度超3600千米，居全国前五，其中明长城1700余千米，占全国总长度的近1/5，为全国之首。区段内文化遗址、文物和文化资源十分丰富，墙体、关堡、烽燧、壕堑以及自然天险等全部长城类型均有留存。甘肃省文物局提供的资料显示：2006~2011年，国家文物局统一部署，甘肃省文物局组织开展了全省长城资源调查工作，摸清了全省长城资源情况。经国家文物局认定，甘肃长城遗存主要有战国、秦、汉、明四代长城，共计3852个编号段落，包括墙体1136段、壕堑295段、关堡153座、单体建筑2238座，与长城相关的遗存30处。甘肃境内还存有晋、宋、西夏和元代的城障，以及沿古长城分布的大量关隘城堡等，广义上它们同样也属于长城文化资源的有机组成部分。

（二）境内长城文化资源分述

甘肃境内的战国长城多特指战国秦长城，主要修筑于战国秦昭襄王时期。它西起临洮县南坪村望儿咀，经临洮、渭源、陇西、通渭、静宁，入宁夏回族自治区西吉县，经固原市原州区、彭阳县，入甘肃省镇原县，再经环县、华池县入陕西吴起境，经榆林接燕、赵长城。另据《史记·匈奴列传》等史料记载，秦始皇统一天下后，其疆域在西部有所扩展，军事前哨扩展到永靖、兰州、榆中、皋兰、靖远县一线。在进行大规模修复长城的同时，沿黄河南岸筑塞。甘肃境内的 3 个市 8 个县分布有战国秦长城，全长超 400 千米。

甘肃是秦长城西端起点及所经过的重要省份。甘肃省陈守忠、陈秉璋等学者的实地调查及考证结果显示，境内的秦长城主要西起临洮县，再由临洮县往西南至渭源县，再由渭源县往东至陇西县，再由陇西县往东南至通渭县的榜罗镇，再由通渭县的榜罗镇折向东北修筑。后代亦数有维修加固和扩展。

甘肃境内的汉长城，亦称"河西汉塞"，是随着汉武帝开发河西、设置河西四郡而分段修筑的。此代长城在甘主要分为 5 段：兰州段（主要分布在永登境内）、武威段（主要分布在天祝、古浪、凉州、民勤境内）、金昌段（主要分布在金川、永昌境内）、张掖段（主要分布在山丹、甘州、临泽、高台境内）和酒泉段（主要分布在金塔、瓜州、玉门、敦煌境内）。甘肃境内的汉长城主线起自敦煌市西北广昌燧（湾窑墩），纵贯整个河西地区，区域内的 5 个市 15 个县均有分布，总长 1500 余千米。其中的玉门关遗址和敦煌汉长城是该时期长城的突出代表。

甘肃境内的明长城，分属明代"九边重镇"之固原镇和甘肃镇，主线起自嘉峪关关城以南讨赖河北岸，省内的 9 个市（州）24 个县（区）均有分布，总长超 1700 千米，以始筑于明洪武五年（1372 年）的嘉峪关关城起，至明中后期隆庆、万历年间，形成了以墙体为主，以烽燧（线）和壕堑等形式为辅，兼有关堡、烽火台等设施的综合性军事防御体系。

二 长城国家文化公园甘肃段的布局及其在全国的占位情况概述

（一）长城国家文化公园甘肃段的布局

《长城国家文化公园（甘肃段）建设保护规划》明确提出了长城国家文化公园甘肃段的总体空间规划布局："三园、三段、八点一线"。

具体而言，"三园"指的是"陇右屏障""河西汉塞""明代雄关"三大核心展示园。其中"陇右屏障"核心展示园主要展示的是被称作战国秦陇右屏障西端起点——临洮境内的长城资源。集中展示战国秦长城特殊的建造技术与工艺、长城周围的梯田景观、战国秦时期的历史文化等，着力打造西北土质长城夯筑工艺主题展示园。"河西汉塞"核心展示园主要展示的是世界文化遗产玉门关遗址、丝路要隘阳关和敦煌汉长城。集中展示独特的芦苇夹砂石、红柳枝条夹砂石的汉代长城，烽火台碳化的芦苇、积薪、障烽关隘，以及利用自然环境、地形地貌特征形成的系统军事防御体系，地处大漠戈壁和雅丹地貌之间的长城资源，着力打造丝绸之路及边塞文化沉浸体验式展示园。"明代雄关"核心展示园主要展示的是明代长城西端起点世界文化遗产公园"天下第一雄关——嘉峪关"、万里长城第一墩、悬壁长城、酒泉肃州区边湾滩长城。集中展示嘉峪关长城的选址、地形地貌、基本布局、构筑与使用、保护与考古，以及遗产信息和文化内涵：中国长城建设史、军事史、丝绸之路发展史、早期军营和城堡建造史、古代建筑建造技术等。

"三段"是指"定西脊梁"、"居延古道"以及"甘凉咽喉"三大风景道示范段。其中，"定西脊梁"风景道示范段位于通渭县境内，该点段的战国秦长城留存比较连续、完好，计划沿线建设约45

千米风景道示范段（其中包括红色旅游胜地之一——榜罗镇长城风景道示范段），重点展示该点段的战国秦长城风貌，兼带展示周边的农业与自然风光以及红色文化。"居延古道"风景道示范段位于金塔县境内，该点段的汉长城特别是沿黑河东岸自东南向东北走向的居延塞留存比较完好，重点展示该点段汉长城风光，让游客实地感受地处沙漠、胡杨林和黑河环流自然景区的长城遗址，领略汉长城"三城一关"科学布局，以及利用自然环境、地形地貌特征形成的系统军事防御体系；多种展陈方式相结合，全方位为游客介绍遗产的各种信息，改善公众对于文化遗产内涵、价值和重要性的理解。"甘凉咽喉"风景道示范段位于古丝绸之路和现代欧亚大陆桥的必经之地、素有"走廊蜂腰""甘凉咽喉"之称的山丹县境内，该点段被誉为"露天博物馆"，重点展示该点段峡口古城的城市布局，长城与古城的相互联系，不同时代的壕堑、壕沟与长城墙体的相互关系，展示长城墙体、烽火台、敌台辅助设施的建造工艺及其布局。

"八点一线"是指长城国家文化公园甘肃段中自然风光独特的临泽、长城本体保存较完整的永昌、环境恶劣的民勤、堪称"明长城甘肃段修建简史"的古浪、艰险的雪域高原天祝、明新边长城起点的景泰、塞下边陲环县和农业景观美如画的华池8个长城资源特色展示点段。

（二）长城国家文化公园甘肃段在全国的占位

万里长城，是世界十大文化遗产之一，中央对其高度重视。在《国家"十三五"时期文化发展改革规划纲要》中首次提出了长城国家文化公园建设保护规划，在2019年7月24日的中央全面深化改革委员会第九次会议上，则正式审议通过了该规划。《长城国家文化公园建设保护规划》明确提出：整合长城沿线15个省区市文物和文化资源，按照"核心点段支撑、线性廊道牵引、区域连片整合、形象整体展示"

的原则构建总体空间格局……着力将长城国家文化公园打造为弘扬民族精神、传承中华文明的重要标志。由于甘肃省境内现存长城总量特别是其中的明长城在全国的占比优势，加之区段内文化遗址、文物和文化资源十分丰富，长城国家文化公园甘肃段在全国总体的长城国家文化公园建设保护中占据了十分重要的地位。

三　长城国家文化公园甘肃段与有关省份的比较分析

（一）资源情况比较分析

根据文物和测绘部门的全国性长城资源调查结果，长城文化资源广泛分布于我国的15个省、自治区、直辖市，横亘在崇山峻岭和戈壁荒漠之中，跨度数万里。其中，秦汉及早期长城超过1万千米，明长城总长度为8851.8千米，长成总长度超过2.1万千米。其中，总资源占据量最大的是内蒙古，占了31.5%；其次是河北，占了18.89%；列第3~5位的分别是山西（占9.74%）、甘肃（占8.79%）和辽宁（占6.86%）。

星球研究所2023年7月发布的《什么是长城?》，除了清楚显示了中国各省份长城资源的占比外，还清楚展示了中国历代长城的分布情况。全国分布最广占比最大的是明长城，其次是秦长城，再次是汉长城，战国长城和金长城也不少。甘肃的地域面积虽不如我国大多数省份，却是我国东西特别狭长的省份，境内的11个市（州）38个县（区）均有长城分布，墙体、关堡、烽燧、壕堑以及自然天险等全部长城类型均有留存。甘肃境内长城文化资源留存十分丰富，长城遗存主要有战国、秦、汉、明四代长城，共计3852个编号段落，包括墙体1136段、壕堑295段、关堡153座、单体建筑2238座，与长城相关的遗存 30 处，同时还存有晋、宋、西夏和元代的城障，以及沿古长城分布的大量关隘城堡等。特别是甘肃境内有总长度居全国之首的明长城。

（二）建设保护情况比较分析

全国 15 个长城沿线的省、自治区、直辖市，都积极响应国家号召，及时成立长城国家文化公园建设领导小组，做好各项相关工作的安排部署，组织专家学者编制出台各自的长城国家文化公园建设保护规划，并根据各自的实际情况和特色因地制宜，推动规划项目的有序开展。

同属长城资源大省的河北省，亦高度重视长城文化保护传承及旅游发展。该省主要通过深挖文化内涵、强化资源保护、打造提升长城景区、完善旅游交通等方式，努力打造长城国家文化公园"样板"。《长城国家文化公园（河北段）建设保护规划》突出以"众志成城·雄关天下"山海关、"坚韧自强·金山独秀"金山岭、"和平开放·大好河山"大境门、"自信自强·冬奥胜景"崇礼 4 个长城重点段为引领，精心构筑特色长城文化地标、文化名片。高标准启动实施系列重大标志性项目建设，并结合规划编制，制定了系列导则、专项规划、地方建设保护规划以及对标建设任务书等，形成了"标志性项目示范引领、配套支撑项目均衡布局"，分类、分级、分期实施的项目推进体系。始终坚持省市联动、部门协同，强力推进重点项目落地落实。在具体的建设过程中，河北依托长城资源，因地制宜、特色发展。重点抓好基础设施建设，并以"旅游+"模式，针对不同区域特色，整合资源，不断提升服务质量，打造高品质旅游区，实行文旅深度融合发展。[1]

---

[1] 任英文、高越：《河北努力打造长城国家文化公园"样板"》，《中国旅游报》2021 年 11 月 15 日。

同样境内长城文化资源排名前五的山西省，则主要依据《长城国家文化公园（山西段）建设保护规划》，制定了"一带、三段、六区、多点"的总体空间格局。按照与中央方案相一致的原则，以境内明长城为主线，串联沿线各类资源，营造差异化特色主题，重点建设了包括 1 个管控保护区、39 个主题展示区、20 个文旅融合区和 85 个传统利用区在内的主体功能区，力图全面展示山西段内长城文化景观和文化生态价值。其工程启动和开工建设以来，主要有以下特色做法：扎实推进长城文物保护项目，以此为《长城国家文化公园（山西段）建设保护规划》的实施提供重要支撑；同时，坚持交通先行、文化引领，旅游交通得到极大改善；接下来，山西省将持续挖掘山西长城精神价值、高质量布局建成一批标杆性带动性项目、创新性扶持培育一批文旅融合新业态新模式等。[1]

由于长城国家文化公园甘肃段在全国的占位，甘肃同样也是长城国家文化公园重点建设区段之一。在中央提出建设长城国家文化公园和出台相关方案之前，甘肃就已然长期高度重视长城保护管理工作，把长城保护工作放在全省经济社会发展全局和建设中华民族精神家园的重要位置来谋划、来推动，认真贯彻实施《文物保护法》，按照《长城保护条例》的要求，通过扎实推进长城保护基础工作、着力改善长城保存状况、不断推动长城保护科技创新、加强合理利用、不断弘扬和发挥长城文化价值等举措，不断提升长城保护、管理、研究、利用的综合水平。在中央提出建设长城国家文化公园和出台相关方案之后，甘肃省委、省政府更是高度重视、积极部署，相关单位及时行动、严格落实，成立了甘肃省国家文化公园建设领导小组，坚持规划优先，科学做好顶层设计。注重全面、准确、完整贯彻新发展理念，

---

① 《山西：推动长城国家文化公园建设高质量发展》，中国旅游新闻网，2022 年 6 月 10 日。

高标准编制出台了《长城国家文化公园（甘肃段）建设保护规划》。该规划是长城国家文化公园甘肃段建设保护任务的省级"总蓝图""总规矩"，既体现了国家方案的刚性要求，也突出了甘肃特色。甘肃省明确以紧抓国家文化公园建设保护的重点任务、目标定位、规划布局，高效率、高质量推进相关工作的思路，坚持高站位、高标准，立足彰显文化内涵、弘扬文化精神，有序推进各项重大任务的有效落实。长城国家文化公园甘肃段建设保护工程启动和开工建设已历时4年多，建设保护取得了良好成效。依据《长城国家文化公园（甘肃段）建设保护规划》，到2023年底，甘肃段长城国家文化公园初具雏形。

四　长城国家文化公园甘肃段的特色分析

（一）资源丰富，分布广泛

正如前文所述，甘肃是长城文化资源大省，境内长城资源丰富，分布广泛。不仅现存总长城资源居全国前五，其中明长城资源更是位列全国之首。区段内文化遗址、文物和文化资源十分丰富，墙体、关堡、烽燧、壕堑以及自然天险等全部长城类型均有留存。经国家文物局认定，甘肃境内不仅有大量战国、秦、汉、明四代长城遗存，而且还存有晋、宋、西夏和元代的城障，以及沿古长城分布的大量关隘城堡等。并且，甘肃还有许多出土自长城周边或者与长城历史文化有关的特殊文物——简牍。同时，在甘肃还有许多如同嘉峪关长城、悬壁长城、"长城第一墩"、玉门关遗址和阳关遗址一样留存至今的独特的长城文化遗存。从时间分布上来讲，甘肃境内长城纵贯数千年，从战国经秦汉一直到元明，似一部甘肃古代史；从空间分布上来看，甘肃境内长城横跨数千里，穿越于沟壑崾岘和戈壁荒漠间，从陇东经陇中一直到河西边陲，遍布境内的 11 个市（州）38 个县（区），似甘肃的一本地图册。

（二）不同区段特色各异

陇东段的长城主要分布在今庆阳市内，因地处黄土高原，长城的修筑方式以黄土夯筑为主。区段内以战国秦和明长城的留存为主。其中的环县和华池是长城国家文化公园甘肃段"三园、三段、八点一线"总体空间规划布局中的两个重要点段。此区段内还有许多特色文化资源值得观赏：农耕文化始地——周祖陵、中医先河地——岐黄故里、唐代石窟博览园——北石窟寺和红色文化标志地——南梁革命纪念馆等。

陇中段主要留存的是战国秦长城，其中的临洮是战国秦长城的西端起点。其中的"陇右屏障"核心展示园和"定西脊梁"风景道示范段是长城国家文化公园甘肃段"三园、三段、八点一线"总体空间规划布局中的"三园""三段"之一。"八点"之一的景泰则是明新边长城的起点。此区段内的马家窑文化、齐家文化和寺洼文化精彩纷呈。值得观赏的特色文化资源也很多：河洮岷地区的花儿、临洮的马家窑彩陶博物馆、渭河源风景区、红军长征重要落脚点——榜罗镇、中国书画之乡——通渭县等。

河西段的长城特色更多。该区段主要留存的是汉明两代长城，并且汉明两代长城的西段起点均在河西，分别是敦煌和嘉峪关。甘肃境内被称作"河西汉塞"的汉长城均是在此区段内分段修筑的。具体细分，河西走廊东中段和西段长城的构筑又有不同。前者以壕堑和山水险为主，辅以关堡和单体建筑等，墙体少见；人工构筑的长城资源以黄土夯筑为主。后者以人工筑墙和山水险为主，辅以关堡、单体建筑等，壕堑极少，部分地区墙体与壕堑同时存在，互为补充；人工构筑的长城资源构筑方式多样，材料复杂，包含有沙土堆筑、砖石砌筑、土石混合、沙石夹芦苇或红柳等，充分体现了长城修筑"因地制宜、就地取材"的特点。尤其是在金塔、玉门、瓜州和敦煌等点段，长城资源常见以沙生植物为构筑材料，更是体现了就地取材的特点，被称为"芦苇长城""红柳长城"。此区段内以长城墙体和烽火台为代表的汉长城，其构筑方式和材料的复杂程度属全国罕见。在长城国家文化公园甘肃段"三园、三段、八点一线"总体空间规划布局中，河西段属于重中之重，占了"三园"中的两园——"河西汉塞"和"明代雄关"两大核心展示园，占了"三段"中的两段——"居延古道"和"甘凉咽喉"两大风景道示范段，占了"八点"中的五点——临泽、永昌、民勤、古浪和天祝。在武威的乌鞘岭，汉、明两代长城均有分布。该区段内值得观赏的文化资源更是数不胜数：敦煌莫高窟、嘉峪关长城、玉门关遗址、阳关遗址、"长城第一墩"、悬壁长城、酒泉卫星发射中心、金塔胡杨林、张掖七彩丹霞、山丹军马场等。

（三）因地制宜科学规划

《长城国家文化公园（甘肃段）建设保护规划》是在结合时空分布、地域特色、发展需要等要素，对全省长城文化资源进行了系统梳理，对价值内涵作了准确提炼的基础上高标准编制出台的。"打造中华文化重要标志"是其总体方向，"三园、三段、八点一线"即"338"是其总体空间规划布局，"保护优先，强化传承；文化引领，彰显特色；总体设计，统筹规划；积极稳妥，改革创新；因地制宜，分类指导；整体推进，重点突破"等是其重要原则，"保护传承、研究发掘、环境配套、文旅融合、数字再现"是其着力打造的五大重点工程。

（四）建设保护困难挑战不容小觑

甘肃是长城文化资源大省，点多、量大、线长、分布广，加之自然界长年累月的风雨沙暴侵蚀和人为损毁，长城国家文化公园甘肃段的建设保护难度必然更大。建好后的可持续性保护、管理、运营、功能价值的最大化发挥等亦将面临不小的挑战。

五 凸显自身的区域特色与优势、助推长城国家文化公园甘肃段建设保护的对策建议

（一）传统现代相结合，把强大的价值功能宣传展示好

甘肃自古区位十分重要。《九边图说》言："甘肃古河西四郡也，西控西域，南隔羌戎，北蔽胡虏，实为西陲孤悬绝塞。"明孝宗亦言："盖以本朝边境惟甘肃为最远，亦惟甘肃为最重。"所以甘肃自战国秦，尤其是汉明，在境内特别是河西地区修筑了大量的长城，烽烟传信，墙堑御敌。搞好甘肃省的长城国家文化公园建设，主要目的正是为了打造良好的甘肃长城文化资源管理体系，进一步统筹和促进长城保护、研究、传承、管理、展示、弘扬和利用工作。所以我们一定要广泛运用广播电视报纸杂志等传统传媒力量与短视频、App 等现代新兴传媒力量，同各级各类文化馆、博物馆合作，特别应当利用好独具特色的甘肃简牍博物馆，以百姓们喜闻乐见的方式和形式，把甘肃长城文化资源具有的历史文化价值、建筑艺术价值、文旅价值和研学价值等，以及长城国家文化公园甘肃段建设保护的功能意义宣传展示好，提高民众的认知度和认可度，形成良好的社会氛围。

（二）做好"四库"建设，把利国利民工程建设保护好

建议甘肃可以把以下"四库"建设作为省级重大项目分别给予立项，并付之于足够的经费保障，做好相关建设。一是做好"资源库"建设。建议可以委托甘肃省文物局联合调查统计单位、高校或

社科机构等，以合法合规的方式，建成"甘肃省长城文化资源"专题数据库，把省内大量的相关资源信息录入电脑，方便使用。二是做好"资金库"建设。建议由省国家文化公园领导小组办公室负责汇总、统计好各渠道来源的可利用可动用的相关建设保护资金，建立"资金库"，科学统筹规划使用，保证财务规范，收支明细清晰。三是做好"技术库"建设。建议可以委托甘肃省文旅厅联合甘肃省文物局和敦煌研究院等单位，正规购买长城国家文化公园甘肃段建设保护中所需各项技术，包括长城保护技术、建设技术、展陈技术、管理技术和运营技术等，建成"长城国家文化公园甘肃段建设保护技术"专题数据库，把所购技术信息存入电脑，以先进的科学技术赋能长城国家文化公园甘肃段的建设保护。四是做好"人才库"建设。建议可以委托省上具备相关资质的单位，搜寻联系相关人才，包括长城的自愿守护者、保护员、导游、讲解员、技术人员、管理人员和研究人员等，建成"长城国家文化公园甘肃段建设保护人才"专题数据库，把相关人才信息录入电脑，以充足的人才资源支撑和保障长城国家文化公园甘肃段的建设保护。

（三）因地制宜，把区域特色发挥好

前文已具体分析了甘肃境内不同区段长城文化资源的特色，我们应当严格遵循中央的要求，以《长城国家文化公园（甘肃段）建设保护规划》为"总蓝图""总规矩"，紧抓国家文化公园建设的重点任务、目标定位、规划布局，高效率、高质量推进相关工作，坚持高站位、高标准，立足彰显文化内涵、弘扬文化精神，有序推进各项重大任务的有效落实。高度重视和充分结合各区段的自然环境、人文环境、资源特色，把区域特色充分发挥好，打造和树立起似敦煌莫高窟和嘉峪关长城的系列知名品牌。甘肃陇东的长城国家文化公园建设保护可以尽情融合秦明史话、农耕文化、中医文化和红色文化元素入内。甘肃陇中的长城国家文化公园建设保护则可以尽情融合马家窑文化、齐家文化、寺洼文化、河洮岷地区的花儿、渭河源的自然风光和通渭书画元素入内。甘肃河西的长城国家文化公园建设保护则可以尽情融合边塞风光、千年壁画、大汉雄威、七彩丹霞和万马奔腾等元素入内。

（四）共建共享，把美好公园运营好

建议采取"宜联尽联、能联尽联、宜融尽融、能融尽融"的方式，尽快建立起项目联动、部门联动、区域联动、省际联动和社会联动运行机制，把长城国家文化公园甘肃段真正打造成共建共享的美好公园。可以把长城国家文化公园甘肃段建设保护项目同丝绸之路建设项目、华夏文明传承创新示范区建设项目、优秀传统文化传承创新发展项目、乡村振兴项目以及其他各级各类相关项目联合起来，同探寻古文明旅游、红色旅游、研学旅游等深度融合，共同发展；政府部门、文旅部门、管理部门、保护部门、运营部门等联动起来，步调一致，各尽其职；区域之间、省与省之间联动起来，相互借鉴好的经验做法，相互提供便利帮助；同社会联动起来，可以在财力、物力、人力上向社会团体和广大群众寻求大力支持和鼎力相助。建好长城国家文化公园向社会尽情展示出自身的各项价值，最终形成双向互惠互利、互利共赢、共建共享的良好局面。

（五）建立健全相关保障措施

搞好长城国家文化公园甘肃段建设保护，建立健全相关保障措施亦十分重要。一是建章立制，即建立健全相关的法律和规章制度，包括长城保护、公园建设和管理运营等各方面的，让具体实践的开展有章可循、有法可依、权责分明。二是经费保障。建议可以采取国家专项拨款+省上配套资助+社会筹资+与相关单位合作分成等方

式，实现多渠道引资。三是人才供给。建议可以继续开办相关人才培训班，同时加强与相关单位的合作，以及诚聘离退休专业人员和长城义务保护者，做好长城国家文化公园甘肃段建设保护工作中的充足人才供给。

总之，甘肃省上下应当齐心协力、共同发力，以中央和甘肃的规划为总纲领、总要求，努力推进和保质保量完成各项建设保护任务，争取到 2025 年，长城国家文化公园甘肃段全面建成，"三园、三段、八点一线"空间规划布局重点任务全面落实，成为坚定文化自信、建设文化强省、讲好中国故事甘肃篇的重要载体。借助长城国家文化公园，让甘肃段内的长城文物和文化资源绽放出新时代的价值光芒。

参考文献

《中国长城报告》，国家文物局，2016 年 11 月。

《什么是长城？》，星球研究所，2023 年 7 月。

田锡如：《甘肃境内的长城》，《档案》2004 年第 4 期。

《甘肃境内的长城》，《党的建设》2008 年第 7 期。

陈守忠：《甘肃境内秦长城遗迹调查及考证》，《历史教学问题》1984 年第 2 期。

陈默：《关于长城国家文化公园建设的几点思考》，《文化月刊》2021 年第 4 期。

宋喜群：《甘肃长城：沉重现状下，何去何从？》，《光明日报》2013 年 10 月 8 日。

任英文、高越：《河北努力打造长城国家文化公园"样板"》，《中国旅游报》2021 年 11 月 15 日。

施秀萍、张燕茹：《加强保护传承利用 打造中华文化标志》，《甘肃日报》2022 年 3 月 16 日。

刘平安：《长城国家文化公园建设：让文物和文化资源焕发新时代风采》，《光明日报》2022 年 4 月 18 日。

曹大伟、李莉：《长城国家文化公园：中华龙跨越十五省区市气吞万里》，《深圳特区报》2022 年 11 月 22 日。

王文华：《山西：推动长城国家文化公园建设高质量发展》，中国旅游新闻网，2022 年 6 月 10 日。

B.5
甘肃省革命文物集中连片
保护利用研究

李骅 李海霞*

摘 要： 甘肃省革命文物资源丰富，革命文物集中连片保护利用共
划分为四个片区，片区辨识度和影响力明显增强，红色基因传承不
辍。推进甘肃省革命文物集中连片保护利用研究，打造全国革命文物
集中连片保护利用示范高地，联动陕甘宁新青推进甘肃省境内革命文
物集中连片保护利用，加强集中连片区不可移动革命文物环境保护，
加快革命文物集中连片保护利用数字化步伐，推动革命文物集中连片
区红色旅游创新融合发展，实施革命文物集中连片保护利用与乡村振
兴相结合，创新革命文物集中连片区革命文物传播方式等是推动甘肃
省革命文物集中连片保护利用的重要途径。

关键词： 红色文化 革命文物 甘肃省

    革命文物集中连片保护利用是集中整体传承弘扬革命文化、培养
爱国情怀、培育社会主义核心价值观的重要途径，是革命文物保护利
用工作方式方法的重大创新。党的十八大以来，革命文物保护利用得
到空前重视，国家层面出台了一系列法规措施，创新提出实施革命文

---

* 李骅，甘肃省社会科学院文化研究所副研究员，主要研究方向为哲学、伦理学；
李海霞，甘肃省文物局革命文物处处长，主要研究方向为革命文化。

物保护利用集中连片概念，使革命文物在整体保护、整合利用和融合发展方面取得了很好的效果。甘肃省革命文物资源丰富，革命文物集中连片保护利用工作扎实推进，成效显著。

一 甘肃省革命文物集中连片保护利用现状

（一）甘肃省革命文物分布数量

甘肃省革命文物资源家底已基本摸清，革命文物资源数据库基本建成，为集中连片保护利用奠定了坚实基础。截至 2022 年底，甘肃省共有不可移动革命文物 629 处（全国重点文物保护单位 10 处，省级文物保护单位 29 处，市县级及以下文物保护单位 590 处）；共有可移动革命文物 14241 件（套），其中珍贵可移动革命文物 4916 件（套）；共有革命纪念馆 62 家。资源类别从土地革命战争、抗日战争、解放战争到社会主义建设时期和改革开放以来各个历史时期一脉相承、一应俱全，地域分布广泛，片区特征明显，遍布全省 14 个市州。

（二）甘肃省革命文物集中连片保护利用片区划分

《关于实施革命文物保护利用工程（2018~2022 年）的意见》提出实施六大重点项目工程，其中之一就是实施革命文物集中连片保护利用工程。该工程要求"按照集中连片、突出重点、国家统筹、区划完整的原则，建设革命文物保护利用片区"。①

2019 年 3 月，国家四部委公布了第一批革命文物保护利用片区分县名单，共划分为 15 个片区，涉及甘肃的是陕甘片区。

2022 年 6 月，四部委公布了第二批革命文物保护利用片区分县

---

① 中共中央办公厅、国务院办公厅：《关于实施革命文物保护利用工程（2018~2022 年）的意见》，2018 年 7 月。

名单，共划分为 22 个片区，涉及甘肃的分别是长征片区、西路军片区、陕甘宁片区。

两批片区分县名单的划分主体分别是土地革命战争时期的农村革命根据地和抗日战争时期的抗日根据地，划分"坚持以革命史实为基础、以党史权威文献和中共党史研究最新成果为参考、以革命文物为依据"。① 截至目前，在国家层面，甘肃省革命文物集中连片保护利用共有四个片区（见表1）。

表1　甘肃省革命文物集中连片保护利用片区分县名单

片区名称	批次	市（州）名	区县名称
陕甘片区	第一批	庆阳市	庆城县、环县、华池县、合水县、正宁县、宁县、镇原县
陕甘宁片区	第二批	庆阳市	庆城县、环县、华池县、正宁县、镇原县
长征片区	第二批	红一方面军涉及白银市、天水市、平凉市、庆阳市、定西市、陇南市、甘南藏族自治州	白银区、会宁县、武山县、静宁县、环县、华池县、镇原县、通渭县、岷县、宕昌县、迭部县
		红二方面军涉及白银市、天水市、平凉市、定西市、陇南市	会宁县、秦州区、甘谷县、静宁县、通渭县、岷县、成县、宕昌县、康县、礼县、徽县、两当县
		红四方面军涉及白银市、天水市、平凉市、定西市、陇南市、甘南藏族自治州	靖远县、会宁县、景泰县、武山县、庄浪县、静宁县、通渭县、陇西县、渭源县、临洮县、岷县、宕昌县、临潭县、迭部县、玛曲县
		红二十五军涉及平凉市、庆阳市、陇南市	泾川县、静宁县、合水县、两当县
西路军片区	第二批	金昌市、白银市、武威市、张掖市、酒泉市	永昌县、靖远县、景泰县、凉州区、古浪县、甘州区、肃南裕固族自治县、民乐县、临泽县、高台县、瓜州县

① 李韵：《革命文物保护进入快车道》，《光明日报》2020 年 7 月 3 日。

甘肃省革命文物集中连片片区广大，区划明确，涉及甘肃省境内所有红色文化覆盖区域，也因此，革命文物保护利用涉及面广，体量巨大，加之许多县区跨片区，保护利用工作任务更为繁重。

（三）甘肃省革命文物集中连片保护利用基本状况

1. 革命文物保护利用工作保障有力

甘肃省委办公厅、省政府办公厅印发的《关于加强文物保护利用改革的实施意见》提出实施革命文物保护利用工程，统筹推进革命文物保护传承。2020年5月，又印发了《关于革命文物保护利用工程的实施意见》，提出实施革命文物集中连片保护利用工程，"重点推动以南梁陕甘边区革命政府旧址等革命文物为核心的陇东地区和以红西路军战斗旧址为依托的河西走廊两个革命文物集中连片区域的保护利用工作"。[①] 2021年，甘肃省委宣传部、省文旅厅、省文物局印发《关于进一步加强全省革命文物保护利用工作的实施意见》，进一步明确了新时期全省革命文物工作的"任务书"和"路线图"。在政策层面，可以说甘肃省革命文物（集中连片）保护利用工作得到了有力的保障。

2. 革命文物片区建设持续推进

甘肃省委、省政府持续加强革命文物集中连片保护利用工作，结合全省革命文物资源分布特征，加大革命文物整体保护力度，持续推进革命文物片区建设。全面推进黄河流域革命文物保护利用工程，重点推进具有重大影响和纪念意义的革命旧址群建设，公布实施《陕甘片区、陕甘宁片区（庆阳市）革命文物保护利用总体规划》《南梁陕甘边区苏维埃政府旧址保护规划》，启动编制《西路军片区（甘肃段）革命文物保护利用总体规划》。2020年以来投入资金6865万元

---

① 甘肃省委办公厅、省政府办公厅：《关于革命文物保护利用工程的实施意见》，中国甘肃网，2020年5月5日。

实施南梁陕甘边区革命政府旧址、西路军永昌战役遗址等革命文物保护利用工程。推动实施习仲勋旧居等 36 项陕甘片区、陕甘宁片区（庆阳市）保护利用项目，西路军永昌战役遗址保护修缮工程等 3 项西路军片区革命文物保护利用项目。坚持在保护中利用，在利用中保护，对片区革命旧址开放情况进行全面统计，不断改善片区内革命文物保护状况，逐步形成整体规划、连片保护、统筹展示、梯次利用的良好格局。

3. 革命文物集中连片保护利用成效明显

甘肃省革命文物保护利用状况持续改善，在革命文物政策保障、保护基础、保存状况、展陈水平、传播方式等方面得到有效提升，取得明显成效。[①] 加快推动革命文物集中连片保护利用，陕甘、陕甘宁片区（庆阳市）7 县累计实施文物保护项目 40 个，西路军片区（甘肃段）永昌战役遗址等 2 个省保项目正在实施。正在进行《陕甘、陕甘宁片区（庆阳市）革命文物保护利用总体规划》，衔接新疆、青海两地编制《西路军片区保护利用总体规划》。注重点面线结合，重点推动长征国家文化公园（甘肃段）建设，加快推进榜罗镇会议旧址等 30 项革命文物保护利用工程建设，初步建成以会宁、南梁为重点的甘肃特色长征文物展示体系，争取将哈达铺会议旧址打造成片区革命文物保护利用样板工程，确保长征文物的历史真实性和风貌完整性。

二 甘肃省革命文物集中连片保护利用 理论分析和实践依据

学术界对革命文物保护利用研究涉及颇多，国家层面《关于实

---

① 李海霞：《甘肃革命文物保护利用取得良好成效》，《中国文物报》2023 年 2 月 7 日。

施革命文物保护利用工程（2018～2022年）的意见》以及后续两批革命文物保护利用片区分县名单公布为革命文物集中连片保护利用提供了研究遵循。本质上，片区分县确定的依据本身就是理论和实践结合的产物。因此，从理论上研究革命文物集中连片保护利用十分重要，政策性的意见来源于实践，但更多是宏观指导，作为具体实施者，明确其背后的逻辑理路有利于实践中更好地落实。革命文物集中连片保护利用中片区划分的依据、划分的目的、基本原则是什么，对于保护利用的可能性可行性及其意义等都需要在理论上进一步研究，在实践中持续完善。

（一）甘肃省革命文物集中连片保护利用理论分析

1. 革命文物集中连片保护利用是系统思维

系统思维具有系统整体功能大于部分功能的特点，首先表现为一种整体观。就革命文物集中连片保护利用而言，这种系统思维表现在把同一或不同历史时期的革命文物整合起来，把文物本体所在地串联起来发挥整体效应，共同展示文物的历史和现实意义，这种展现不是单一的、零碎的而是整体的、连片的、跨地域的，这种展现实际上是将革命文物属性最大限度地展示出来，既最大化展现了单个文物的属性，也在系统内部将单个文物关联的信息展现出来，将革命历史事件整体面貌呈现出来，使片区内的文物价值作用及意义整体放大，在一定意义上就是融合再造，使原有事物呈现新的形式，最大限度表述一段完整的革命历史事实，表达出新的内涵。事实上，土地革命战争时期和抗日战争时期是革命文物集中连片划分主体的历史依据，同一时期革命活动互有联系，互有影响，活动地点在一定范围之内具有统一性、同一性的特点。

2. 革命文物集中连片保护利用是发展思维

发展思维是动态思维，将革命文物集中连片保护利用起来是发展思维，保护可以静态化，利用则要动态化。一是革命文物保护利用经验可复制，保护利用的措施可借鉴，为我所用，借鉴发展，可以节约保护利用成本。二是革命文物在保护利用上同呼吸共命运，成为一盘棋，能从整体上提升革命文物展示利用水平。三是能带动当地尤其是农村经济社会文化发展。众所周知，革命战争年代，革命活动主要在广大农村地区，农村地区有着广泛的群众基础，有较为有利的生存发展空间。也因此，革命文物尤其是不可移动革命文物大多地处偏僻，实施革命文物集中连片保护利用，有助于发展农村红色文化旅游产业，有助于乡村振兴战略的实施。四是符合让文物"活起来"和"火起来"的保护利用思路。

3. 革命文物集中连片保护利用是生态思维

生态保护，文物才有未来。生态思维不仅是在文物保护利用时做出文物本体的生态评估，更为重要的是对文物本体存在环境是否适宜文物保护利用进行考量，包括但不限于周边地理和空间环境。因此，生态思维将更好地优化革命文物集中连片片区的文物本体及其周边环境等，包括资源保护环境、资源利用环境、资源空间环境等。在本质上，革命文物从单一点状向线状、区域文物整体性保护利用转变取决于资源的本身承受力和生态环境的适宜程度。和其他文物保护利用类似，革命文物集中连片保护利用有可能造成生态环境破坏，生态思维要求集中连片片区内部及片区之间维系平衡、协调、联动的状态，兼顾革命文物个体，兼顾片区之间联系，改善革命文物保护利用环境，凸显革命文物所反映出来的依存属性，有序表达革命思想和革命精神。

（二）甘肃省革命文物集中连片保护利用实践依据

1. 甘肃是一片红色土地

红军长征在甘肃留下了浓墨重彩的革命事迹，长征途中的一系列重大决策都是在甘肃做出的。南梁具有"两点一存"的重要历史地位，会宁是红军主力长征胜利结束的会师地，高台是红军西路军悲壮历史的见证地。革命根据地、长征、红西路军是甘肃省革命文物集中连片保护利用的关键词。由于历史时期不同，革命对象、活动范围、对敌斗争策略等不尽相同，形成了四个片区的特征，留下了南梁革命根据地旧址、两当红色革命旧址、榜罗镇会议旧址、俄界会议旧址、腊子口战役旧址、哈达铺会议旧址、会宁红军会师旧址、岷州会议旧址、洮州会议旧址、界石铺红军长征旧址、临泽—高台红西路军旧址等重要革命文物集中地。甘肃省革命文物集中连片保护利用，要尊重甘肃是一片红色土地的历史特点和事实，尊重革命历史分期和实践，这是甘肃省革命文物集中连片保护利用最客观的实践依据。同时，也应该清楚革命历史时代，这片红色土地传承了在新民主主义革命时期产生形成发展出来的红色基因，使红色成为这片土地最亮丽的底色。

2.片区辨识度和影响力明显增强

甘肃地理地形特征以及在甘革命活动特点是甘肃省革命文物集中连片保护利用理论与实践的内在逻辑。这些革命文物是集中的，革命史实是连贯的，历史记载是可查的，遗产留存是清晰可见的，是革命活动时间地点空间的见证。南梁根据地、会宁会师、高台血战是中国革命历史进程中的重要事件，俄界会议、哈达铺会议、榜罗镇会议是决定着中国革命历史命运的重要会议，是在革命生死存亡阶段，和错误思想的斗争，力挽狂澜做出正确的决策，是载入史册、影响深远的革命事件。俄界、腊子口、哈达铺、榜罗镇、岷州三十里铺、会宁、界石铺、山城堡、高台、南梁等是鲜明的红色地标，形成了"红色革命根据地片区、北上胜利会师片区、血沃河西片区"这样的片区特征，这些片区的革命斗争的遗存物不仅有重大事件、会议、人物，以及重要电文、决议、纪要等文献，还有布告、日记、标语、红军歌谣等。片区的革命遗迹、遗址、旧址、纪念设施和重点可移动革命文物都蕴含着可歌可泣的革命故事。各片区自成特点又相互关联，是中国革命连续性特点的生动写照。

3. 片区红色基因传承不辍

集中连片就是将每个片区的革命事迹、革命文物在逻辑链条上联系起来，还原革命历史事实，以期进一步完善革命历史叙述，达到传承革命精神的目的。集中连片，才能使革命文物背后的故事更为完整，更为有血有肉、有神有魂，才能使文物说话，展现可歌可泣的峥嵘岁月，彰显中华民族伟大创造精神、奋斗精神、团结精神和梦想精神。产生于甘肃境内的长征精神、西路军浴血奋战精神、南梁精神、铁人精神、"两弹一星"精神、载人航天精神、会宁"三苦"精神、庄浪梯田精神、"人一之、我十之，人十之、我百之"的甘肃精神和以"八步沙·六老汉"为典型的新时代愚公精神薪火相传，生生不息，对于践行社会主义核心价值观、凝聚中华民族伟大复兴精神力量、推动甘肃经济社会高质量发展具有十分重要的价值和意义。"我们要讲好党的故事，讲好红军的故事，讲好西路军的故事，把红色基因传承好"。①

三 甘肃省革命文物集中连片保护利用存在的问题

（一）甘肃省革命文物文化内涵及时代价值挖掘不足

甘肃红色文化极其厚重，蕴含着丰富深厚的革命精神内涵。甘肃辉煌的革命历史和丰富的红色资源是党史研究弥足珍贵的资料，是开展红色文化内涵及时代价值挖掘的最好素材。但在时代价值挖掘方面，还存在挖掘不足、阐释不足、转换不足、传承不足等问题，

---

① 习近平：《用好红色资源，传承好红色基因，把红色江山世世代代传下去》，《求是》2021 年第 19 期。

对会师精神、根据地精神，以及西路军不畏艰险、浴血奋战的英雄主义气概，为党为人民英勇献身精神之于建党精神、革命传统教育、爱国主义教育、青少年思想道德教育等的内在关联、时代特点、精神价值、文化传承等需要进一步挖掘。还没有完全建构起与片区建设相适应的理论体系和话语体系，还未能有效阐释红色文化在新时代传承发展的规律以及推动长征精神、南梁精神等在沿线区域传承发展路径等。客观而言，这种研究现状不利于甘肃省革命文物集中连片保护利用。

（二）甘肃省革命文物集中连片保护利用措施不足

革命文物大多分布于偏僻的乡村地带，这是当年革命形势和革命活动造成的，可移动革命文物有相当部分分散在百姓手中，这需要花大力气征集。不可移动革命文物地处偏僻，受交通、通信等因素限制，需要下大力气保护。从现状看，甘肃省革命文物集中连片区面广线长片大，在如何"连起来"上措施不足，加之一些遗址保存实体受到不同程度破坏、维修次数甚少、遗址规模较小等原因，连不起、连起来的作用价值有限等问题依然存在。南梁、会宁、高台革命文物保护利用上，对周边红色线路、革命文物的辐射带动作用不足。在相对集中管理上、在文旅融合发展上，对于经济欠发达省份甘肃而言，需要更多物力财力支撑，这也将会面临许多困难。另外，近些年来，红色文化保护利用受到国家层面的重视，投入了大量的资金，发展比较快，但也存在具体实践中认识跟不上从而导致基础建设粗糙、宣传主题不鲜明、过度开发旅游、保护不足等问题，这为集中连片保护利用带来困难。

（三）甘肃省革命文物集中连片保护利用创新不足

已有的研究均集中在革命文物的保护利用上，也是将集中连片保护利用作为一种方法予以对策性研究。革命文物保护利用除了基础设施跟进外以参观为主，以实物展示、图片展示、故事叙事为主，讲解员是主角，观众参与不足。革命文物集中连片整体展示创新不足，或以重要会议、重要决策地展示，或以重要战斗地展示，但在如何整体展示、如何以片区展示上创新不足。革命文物数字化保护利用不足，数字化程度较低，资源系统分散，统筹建设系统欠缺，部门自建系统数据使用率低，体验互动技术落后，展示手段和方式与观众需求还有差距。在保护利用方面仍然走老路，而没有在集中连片后有新的发展思路，很可能使连片区成为理论上的连片区。

四　甘肃省革命文物集中连片保护利用对策建议

（一）推进甘肃省革命文物集中连片保护利用研究

注重历史文献资料挖掘整理和理论阐释，重点研究甘肃省革命文物的集中连片保护利用的时代价值、活化利用方式、文物征集渠道、文旅融合途径、馆藏革命文物保护措施等。深入研究革命文物教育作用，弄清楚国家层面和甘肃省革命文物集中连片保护利用政策性指导意见的目的、意义、作用、措施等。廓清研究领域，跟进学术演绎，加强对土地革命根据地、抗日革命根据地、红西路军的革命历史研究和革命老区的现状与未来发展研究，提炼革命精神，总结历史经验。摸清革命文物家底，建立革命文物专题数据库，对革命文物进行分级分类评估定级，持续加强对故事、口述史等革命文物资源的整理。利用高校、社科院、党校（行政学院）、党史部门等力量，深入挖掘革命史实，认真比对文献资料，严谨阐释革命文化，策划一批红色文化地标丛书，讲好革命文物故事。为革命文物进行省社科规划课题立项，进一步推动革命文物集中连片及相关研究。

（二）打造全国革命文物集中连片保护利用示范高地

坚持在保护中利用，在利用中保护，提升革命旧址展示利用水平，丰富展示展览形式，切实推进青少年教育，联合相关单位，落实"四进"活动，改变坐等上门参观的单一传播模式。强化基础设施，创新传播内容、传播媒介和途径，构建现代化传播体系，引用数字技术再现跌宕历史。实施一批具有示范效应的重大文物保护工程和重点保护项目，落实百年党史文物保护展示工程、策划创作一批红色题材文艺精品力作，高标准建设一批数字化红色文化体验馆。着力打造革命文物集中连片区红色文化线路保护利用示范段，除会宁、南梁、哈达铺、高台党员干部教育培训基地外，在革命文物集中连片区创建一批爱国主义教育示范基地、中共党史教育基地，打造革命文物集中连片研究学术新高地、革命文物集中连片传播新高地和党员干部初心教育培训新高地。立足集中连片保护利用，推动形成具有全国影响力的红色文化研究阵地和学术品牌，努力将甘肃打造成为国家红色文化学术高地。侧重对革命亲历者老红军、"五老"（老地下党员、老游击队员、老交通员、老接头户、老苏区乡干部）同志进行回忆录、民间口述史资料的挖掘和整理，从当事人、见证者角度，生动还原当地的革命历史，打造革命口述史甘肃样板。

（三）联动陕甘宁新青推进革命文物集中连片保护利用

拓宽革命文物集中连片保护利用视野和保护利用方式方法，建立跨省区市协作机制，成立跨省区革命文物集中连片区保护利用协调领导小组，建立工作联席会议制度。强化政府行政手段，加强统筹协调，联动陕甘宁新青，如陕甘宁三省文物局签署的《陕甘片区革命文物保护利用合作协议》共商共建共保护。积极推进革命文物集中连片区内外、跨省区的市县部门联动、共商共建，共同建设博物馆，共同开展革命文物资源调查合作，共同进行片区革命文化公园建设，共同开发文创产品，共同研究重要决策、重要会议、重要战斗等革命历史事件，共同建设"红色基因代代传"工程，联合举办人员培训等，跨省交叉推进红色文化进机关、进社区、进校园活动。共同推动红色主题活动，建设跨省线上红色讲堂，汇聚一批专家学者和红色文化爱好者，提供交流对话平台，打破自说自话的分割局面。将陕甘宁革命根据地、陕甘宁边区建设、红军长征、红西路军西征史实研究放进其发生、形成、发展地，从整体性上完善革命文物资料线索，助推讲好红色故事。进一步加强党史军史和光荣传统教育工作，赓续红色文化基因，最终形成上下联动、左右互动、内引外联、同频共振的片区建设工作格局。

（四）加强革命文物集中连片区不可移动革命文物环境保护

"革命文物的保护利用，最根本的还是要做好本体保护"，① 坚持革命文物保护原则，结合甘肃实际，以保护、修复功能为主，参观、教育功能为辅，对集中连片区不可移动革命文物进行保护利用。对战斗遗址、革命机构旧址、领导人故居、烈士陵园、纪念建筑本体实施严格保护措施，在外围建设参观教育功能基本设施，避免文物本体受到破坏。推进重点红色纪念场馆改造提升工程，完善红色文化公共服务与基础保障设施。注重对低级别革命文物的保护，加强市县级文物保护单位的革命文物"四有"（有保护范围、有保护标志、有记录档案、有保管机构）工作进程。推动重要工业遗产保护利用工程。对玉门油田老一井、刘家峡水电站、"新中国第一颗人造卫星、第一枚导弹发射基地"、金川公司露天老矿坑、白银火焰山国家矿山公园等

---

① 《第一批革命文物保护利用片区分县名单公布 15 个片区涉 645 县》，新华网，2019 年 3 月 19 日，https：//news. china. com/domesticgd/10000159/20190319/35463409. html。

一批承载民族复兴、国家崛起历史记忆和展现甘肃工业拓荒奠基过程的工业遗产实施综合保护，优化展示方案，全面提升开放利用水平。积极推进革命文物保护利用示范区建设，加强对革命文物的立法保护。对于道路交通、通信和水电设施不便地区，要打通不可移动革命文物保护"最后一公里"，推动革命文物从本体性保护向周边环境整体性保护转变，建设相适应的服务功能体系，提升旅游的通达性和便捷性。

（五）加快革命文物集中连片保护利用数字化步伐

数字技术是保护革命文物的有效手段，能够使集中连片区的革命文物"活"起来。利用数字技术，可以将不可移动革命文物就地保护起来，现场建立 VR 虚拟数字展示大厅，利用 3D 技术，对重点革命文物进行高精度数字影像采集、加工和展示，图文声像并茂生动直观立体展示革命文物，还原文物本体。利用数字化技术，解读还原革命文物背后的故事细节。利用数字化技术，在集中连片区建设革命文物数字化展示馆，推动互动体验，让参观者参与到场景中去，通过角色扮演、心灵冲击，深度体验艰苦卓绝的革命事业，从而思考理解革命文物的精神价值，培养爱国情怀。利用数字化技术推进革命文物走进现代生产生活，持续提升微信公众号、微信小视频、抖音、今日头条、新甘肃等数字平台科普革命文化知识的水平，使革命精神形象化。利用甘肃纪录片制作大省的优势，精心制作有关革命文化大型历史纪录片，展示革命岁月波澜壮阔的历史画卷。对红色标语类革命文物进行专项试点数字化信息采集调查，根据调查成果，组织实施红色标语类保护项目。高质量建立革命文物数字资源平台，完善革命文物资源信息，构筑革命文物历史链条和知识图谱，实现革命文物有效保护利用和资源共享，为保护利用奠定坚实基础。

（六）推动革命文物集中连片区红色旅游创新融合发展

旅游线路打造是片区内部革命文物连起来和片区之间连起来最好的途径，连点成线、连线成片的旅游格局是革命文物集中连片整体展示和保护利用的重要方式方法。甘肃是红色文化资源大省，是全国12个重点红色旅游省区之一。坚持保护和利用同时发力、互相兼顾的原则，大力推进革命文物集中连片区文旅融合发展，推进甘肃省革命文物集中连片区文化旅游融合发展，这是甘肃省革命文物集中连片保护利用的重要途径。重点培育一批红色旅游经典景区和精品线路，打造红色旅游大省形象。利用数字技术、数据要素、数字平台等数字经济推动文化旅游发展，对集中连片区的旅客需求分析、流量预测、行程规划、票务预订、企业经营管理、营销等各方面进行即时分析，得出准确信息，以利于旅游质量提升。着力落实长征国家文化公园（甘肃段）建设，依托"一条长征文化主题线"，推进红军长征在甘肃的一系列战役战斗和会议旧址等重要历史节点的保护和旅游开发。实施革命文物集中连片区文旅融合体验项目，设立"体验游"娱乐项目，让游客模拟革命年代的活动，如演讲、写标语、唱红歌、民兵训练、电台发送情报、运送弹药、炸碉堡、发射信号弹、拆除爆炸物等活动。切实落实《甘肃省黄河文化保护传承弘扬规划》中关于红色旅游经典景区和精品线路建设规划，把集中连片保护利用作为推动地方高质量发展的一项重要举措。依托全域旅游、美丽乡村建设，在片区乡村嵌入红色文化元素，建设乡村红色文化公园。面向青少年群体，推出红色研学旅游项目，开发研学旅游线路和课程，加强青少年对红色文化的认识。在革命文物集中连片区唱响《军民大生产》《绣金匾》《咱们的领袖毛泽东》等诞生于甘肃的红色经典歌曲，以及《七律·长征》《念奴娇·昆仑》《清平乐·六盘山》等彰显永久生命力的长征文化表达，助力打造甘肃红色旅游形象。

（七）实施革命文物集中连片保护利用与乡村振兴相结合

加快甘肃省革命文物集中连片区各革命遗址地旅游、文化等相关产业和经济社会发展，进一步促进红色文化弘扬。完善各个片区革命博物馆、纪念馆、党史馆、烈士陵园等党和国家红色基因库展示，集中展示以会宁会师为中心的长征革命文物、以南梁为中心的根据地革命文物、以高台为中心的西路军革命文物，在关涉地域现有文化馆、博物馆建立红色文化展览中心，整体展示连片保护的效果。加强对片区县乡革命遗迹的保护利用，努力保存红色文化传承的载体和环境。发挥文化传承和浸润作用，推动乡史、村史文化展馆（室）、乡村记忆博物馆展陈革命文物，保护和利用好县乡名人故居、纪念馆。充分利用本乡本土的红色文化资源，教育感召干部群众。依托乡村丰富的文化旅游资源，发展红色旅游，开发红色旅游产品，促进乡村人员就业。建设文化保护利用工程，助推乡村红色文化传承发展。革命老区是党和人民军队的根，要介绍中国共产党团结和带领当地人民群众在经济社会发展、城乡建设、脱贫攻坚、民族团结、生态文明、红色旅游等方面取得的伟大成就。

（八）创新革命文物集中连片区革命文物传播方式

推动革命传统教育进机关、进学校、进社区、进军营、进乡村，积极推动评选认定一批全省"大思政课"实践教学基地，推荐一批文博行业专家、业务骨干担任思政课兼职教师，组织开展"革命文物进校园""童心向党"等主题教育活动，让革命文物、革命场馆成为激发青少年爱国热情、凝聚青少年力量的生动教材和重要阵地。积极推动纪念馆高质量发展，以免费开放绩效考核为指挥棒，监督引导纪念馆做好基础服务。强化"引进来、走出去"，加强馆际横向交流，针对不同观众推出"菜单化服务"。依托革命文物资源组织开展重大纪念活动，举办甘肃省长征主题联展，多渠道丰富纪念馆精品展陈，采用更贴近群众、更有亲和力、更符合观众信息获取习惯的展示传播方式，提升传播效果。整合片区文物档案、文献资料、口述史实，完善历史内容，建设特色相对集中的博物馆。用好多媒体资源举办"红色陇上行""甘肃革命文物故事"等红色文化网上展览推介活动，拓宽革命文化宣传弘扬渠道，活化利用革命文物。

参考文献

李海霞：《甘肃革命文物保护利用取得良好成效》，《中国文物报》2023 年 2 月 7 日。

伍洲：《博物馆革命文物数字化保护利用探索与实践——以广东省博物馆为例》，《科学教育与博物馆》2023 年第 3 期。

顾军：《革命文物集中连片保护利用的相关探讨——谈鄂豫皖大别山区革命文物保护利用》，《中国文化遗产》2022 年第 1 期。

中共中央办公厅、国务院办公厅：《关于实施革命文物保护利用工程（2018～2022 年）的意见》，2018 年 7 月。

B.6
甘肃推进书香社会建设研究

朱丽洁*

摘　要： 本文从全民阅读的平台建设、阅读载体的丰富创新、"书香陇原"品牌的立体打造和全民阅读体制的建构运行等四个方面全面描述了促进全民阅读推进书香社会建设的甘肃实践，并将书香社会建设的"《读者》方案"作为讲好甘肃故事的个案作了描述和分析，从而提出了甘肃进一步推进书香社会建设的建议：一是坚持加强党的领导和专业引导，二是全方位将阅读化入日常工作生活，三是持续广泛地落实阅读的全民性，四是大力支持优秀读物的编写出版，五是不断创新推广各类阅读活动，六是深入发掘并普及地域文化内涵。

关键词： 全民阅读　书香社会　甘肃实践　读者方案　甘肃故事

　　2019年8月，习近平总书记在看望《读者》编辑部工作人员时强调："要提倡多读书，建设书香社会，不断提升人民思想境界、增强人民精神力量，中华民族的精神世界就能更加厚重深邃。"而从2014~2022年，连续9年的"全民阅读"内容都写进了政府工作报告，表明倡导全民阅读和建设书香社会已经被视为实现中华民族伟大复兴的基础工程之一，并充分体现了党和政府在国家战略规划的层面

---

　　* 朱丽洁，甘肃省社会科学院公共政策研究所馆员，主要研究方向为图书情报学与公共文化。

上实施这一伟大工程的决心。十余年来尤其是近 3 年以来，甘肃从多个层面进行了具有甘肃特色的全民阅读活动探索，"书香陇原"的立体建设成效卓著，走出了一条在西部欠发达地区建设书香社会的独特道路。

一 促进全民阅读推进书香社会建设的甘肃实践

（一）全民阅读的平台建设

1. 建设农家书屋数字化平台

甘肃曾是全国脱贫攻坚任务最重的省份之一，经过全省广大党员干部群众脚踏实地、久久为功的努力，2020 年 11 月，整体实现脱贫摘帽。如何巩固拓展脱贫攻坚成果，实现乡村振兴？全民阅读正是在这样的历史性时刻发挥其特有的精神力量。甘肃的实际情况是农村因农民工外出多而人口分散，留守儿童的教育相当困难。为此，甘肃充分运用现代化信息技术手段，实施以农家书屋提质增效为契机的数字化升级改造，建造了"百草园"——一个面向全省农民的数字化阅读平台，为建设书香陇原、助力乡村振兴提供了基础性支持。甘肃还以"农家书屋+"的形式，在 5760 所幼儿园为农村幼儿建设了"小书架"工程。[①]

2. 建设网络新媒体阅读平台

网络是信息化时代的重要阅读平台之一，甘肃充分利用网络新技术媒介推进全民阅读，代表性的有中国甘肃网和甘肃省广电总台，前者开设了网络阅读频道，后者的新闻综合广播之读书栏目，则开设了

---

① 甘肃省委宣传部：《推动全民阅读的西部实践：多元平台辐射分众人群》，《中华读书报》2019 年 12 月 11 日。

微信平台,便捷的交流使阅读不再孤独而成为悦读。这些融媒体平台的建设,使线上阅读和线下阅读相结合、读和看与听相结合,阅读的方式和意义得以拓展而更加多样化,因此也更加全民化,让全民阅读真正落到了实处。

3. 建设城乡阅读推广平台

甘肃在全省城镇的主要街道和小区以及公共场所设立阅报栏,方便群众阅读,深受群众欢迎。庄浪县开展了以"阅享新时代·书香润庄浪"为主题的"4·23世界读书日"暨"书香陇原"全民阅读推广系列活动,不断完善和创新活动载体,为深入开展全民阅读活动创造了必备条件。通渭县图书馆依托微信公众号、门户网站开设红色主题图书推荐、音频听书、公开课、新书连载、线上展览等多元化专栏。通过"有声图书馆"和乡村大喇叭不定时开展"讲书听书"播报,同时,以群众的视角、接地气的语言、听得懂的道理、讲故事的办法编排演出文艺节目,将党的方针政策翻译成"地方话""家常话",让群众在观看演出中汲取精神力量。

4. 建设公益服务阅读平台

静宁县图书馆率先实行"读者选书,图书馆买单"的自主选书模式,服务质效得到进一步提升。这并非个例,甘肃各市县均有不同形式的公益性阅读会、公益性图书馆(室)项目或阅读活动。全省各地的公共图书馆每年都要举办大量阅读推广活动,年均数千次,书刊文献外借数百万册,惠及数百万人次,形成了大众积极参与、全面建设书香社会的良好局面。[①]

5. 建设扶贫公益阅读平台

中国甘肃网启动的"大爱甘肃·启智书屋"作为面向贫困山区

---

① 《第二届陇韵书香季全民阅读系列活动正式启幕》,甘肃文明网,2022年4月24日,http://www.godppgs.gov.cn/system/2022/04/24/030538999.shtml。

小学的网络公益项目，已进入 20 所小学。[①]"我的书屋·我的梦"是一个农村少儿的暑期阅读活动，正在各县（区）普遍实施。肃南县在学校实施"图书装备工程"，并逐步从书香校园的营造向建设书香社会推进。农村是书香社会建设的"边境"或"最后一公里"，甘肃从省上到各市县开展不同形式的文化帮扶，比如读者集团在乡村建设文化驿站，有效催生了贫困地区农民群众摆脱贫困的内在动力，"最后一公里"因此而被真正打通。

（二）阅读载体的丰富创新

1.大力举办读书常规活动

甘肃以世界读书日为契机，每年都精心组织读书活动，大力夯实读书常规活动基础。近年来，甘肃省各地的世界读书日活动层出不穷，形态各异，社会各界积极举办、参与各类系列文化活动，全民读书热潮遍及陇原，既升华了人们的文化素养和思想境界，也提升了各地区文化品位，为社会主义精神文明建设奠定了良好精神基础，有力推动了"书香陇原"建设。

2.广泛掀起阅读评比活动

2022 年，"书香陇原·阅读月"首次启动，甘肃省委宣传部、省文明办、省文化和旅游厅举办了全省"书香社区""书香之家""阅读之星"评选活动；2023 年 2 月，命名了 2022 年全省 99 个"书香社区"、200 户"书香之家"、413 名"阅读之星"。[②] 2023 年 3 月，第二届"陇韵书香季"全民阅读系列活动顺利举办，全省各市

[①] 甘肃省委宣传部：《推动全民阅读的西部实践：多元平台辐射分众人群》，《中华读书报》2019 年 12 月 11 日。

[②] 《甘肃省印发〈关于命名 2022 年全省"书香社区""书香之家""阅读之星"的通知〉》，中华人民共和国文化和旅游部，2023 年 2 月 16 日，https://www.mct.gov.cn/whzx/qgwhxxlb/gs/202302/t20230216_939142.htm。

（州）、县（区）文明办、文旅部门、图书馆及相关单位积极参与和支持，省文明办、省文旅厅开展了本届活动"优秀组织奖"及"先进个人"评选活动，评出 99 个"优秀组织奖"和 193 名"先进个人"。① 甘肃持续进行的这些评选活动，在全社会形成了参与阅读、崇尚阅读的良好氛围。

3. 深入开展阅读吟诵活动

2023 年 4 月 22 日，"书香陇原·悦读静宁"首届全民读书节上，现场"千人齐诵中华经典"场面震撼，将静宁县"书香社会"建设推向了高潮。"万人吟诵凉州词"，这样的宏大场面尽显武威市书香社会建设的大气与活力。甘肃还在全省范围内组织进行了各种形式的经典诵读大赛和童年诵读等活动。省内各级学校引入不同形式的阅读公益课程，晨读、午诵、暮吟，琅琅书声不仅充盈校园，也越过学校围墙，将书香播撒到社会。

4. 积极进行图书捐赠活动

2022 年世界读书日来临之际，甘肃省委宣传部为各地农家书屋捐赠价值 40 万元的图书，助力乡村"悦"读。2023 年第 28 个"世界读书日"，静宁县首届全民读书节系列活动启动仪式上，部分企事业单位向静宁县捐赠图书 3 万册，援建农村小学图书馆 5 个；静宁县还衔接争取了"书香暖成纪"图书捐赠（流通）等捐赠活动，累计获赠（流通）图书 10 万余册；衔接担当者行动公益组织为全县 24 个乡镇学区 105 所小学的 762 个班级捐赠图书 5.38 万册、书架 705 个。② 庄浪县图书馆大力开展"七进"活动，把一批批新书送到乡镇、社区、学校、军营等离群众最近的地方，充实基层图书室。2018

---

① 甘肃省文化和旅游厅：《关于表彰第二届"陇韵书香季"全民阅读系列活动"优秀组织奖""先进个人"的通知》（甘文旅厅办字〔2023〕46 号）。

② 李芳艳、王安琪：《朗诵经典悦读时光……静宁"书式"生活花样开启》，凤凰网甘肃，2023 年 7 月 14 日，https：//gs.ifeng.com/c/8RPkawHGNe0。

年以来，甘肃为缓解基层图书短缺问题，向基层捐赠图书累计超
1000 万元。[①]

（三）"书香陇原"品牌的立体打造

1. 书香陇原：书香中国的甘肃品牌

2021 年，首届陇韵书香节在甘肃省图书馆启动，历时 8 个多月，
极大地增强了甘肃全民阅读工作的生命力和影响力。由于甘肃将每年
4 月 23 日定为"书香陇原·阅读周"，所以每年都要在这一天省市联
动隆重启动全民阅读活动。2023 年 4 月 23 日，"书香陇原·阅读周"
暨第三届"陇韵书香节"在甘肃省图书馆启动，据不完全统计，活
动期间，全省各级各类图书馆举办相关主题活动 200 多场，170 余万
人次关注参与有关的线上线下宣传推广活动，22 万余人参与网络投
票，留言跟帖超 1.3 万余条。[②] "陇韵书香节"全民阅读系列活动的
连续成功举办，营造了浓厚的阅读氛围，形成了持续有效的吸引力和
辐射力，成为全省的文化盛宴。

2. 书香之城：书香陇原的地域建设

如果说书香陇原是书香中国的甘肃品牌，那么甘肃各市州的书香
之城建设则是书香陇原的骨架。以书香陇原建设为中心，各市州建造
了各具地域文化特色而形态各异的阅读品牌，由东向西，有"陇右
讲堂·书香天水"、"阅读点亮定西"、"兰州读书节"、"书城不夜·
书香武威"、"同享读书之乐·共建书香雄关"（嘉峪关市）等。甘肃
还开展了"书香陇原"市州行活动，通过组织协调阅读推广人、阅
读专家等下沉到市（州）、县（区），指导帮助基层开展全民阅读活

---

① 甘肃省委宣传部：《推动全民阅读的西部实践：多元平台辐射分众人群》，《中
　华读书报》2019 年 12 月 11 日。

② 《甘肃：倡全民阅读活力共建"书香陇原"》，中国新闻网，https：//www.ch
　inanews. com. cn/cul/2023/04-23/9995548. shtml。

动，提升全民阅读工作水平；通过协调社会公益团体开展图书捐赠、捐建阅读设施等活动，帮助基层提高阅读服务保障能力。

3. 书香单位：书香陇原的社会基础

2023年静宁县隆重举办了首届全民读书节活动，表彰先进典型，开展图书捐赠，发布了"静宁全民阅读倡议书"，近万名干部群众和在校师生参与倡议签名活动；同时着力打造"书香陇原·悦读静宁"品牌；积极推选培育全民阅读推广人，定期在各级各类图书馆、阅览室开展领读活动，带动全社会形成浓厚阅读氛围。静宁县还将全民阅读与农家书屋、文明创建等相结合，推广"志愿+阅读"服务模式，组建阅读志愿者队伍，广泛开展耕读教育、"红色送读"等乡村阅读志愿服务活动；突出网络新媒体优势，广泛开展数字线上阅读，利用"城市音柱""乡村大喇叭"常态化播放读书节目；坚持"八位一体"统筹布局，以该县图书馆及乡镇分馆、农家书屋等阅读设施为载体，综合利用公共阅读资源，优化提升阅读环境，探索实现通借通还，推动形成覆盖城乡的全民阅读服务体系。由点窥面，可以看到，甘肃在全社会进行的"书香家庭""书香单位""书香校园"等活动已经深入社会肌理，有效引导广大群众参与全民阅读，筑牢了书香陇原的社会基础。

4. 优秀读物：全民阅读的内容供给

优秀读物始终是书香社会建设的核心。甘肃历年来探索建立了一支由社会各行业人员参与的领读员队伍。领读员是带领大众参与全民阅读的积极分子，是书香社会建设的重要力量；尤为重要的是，领读活动首先是好书的发现者和推广者，引导大众通过阅读好书而明白什么是好书，真正掌握鉴识好书的尺度。除了领读者的引导和推介，甘肃更从源头着力，大力支持出版单位出版发行精品读物。这两方面的配合与结合，可以在全社会营造出好读书而且读好书的良好习俗，保证书香社会建设的健康发展。

（四）全民阅读体制的建构运行

1. 全民阅读领导管理体制建构和完善

早在 2012 年，全民阅读工作就已经成为甘肃构建城乡文化一体化服务体系的组成部分。2013 年，"甘肃省全民阅读活动领导小组"的成立，意味着全民阅读协同推进长效机制已经形成。2019 年，甘肃出台了《关于加强和改进全民阅读工作意见》，标志着全民阅读领导管理体制和运行机制已经建立起来。近年来，甘肃省及各地各种全民阅读系列活动的顺利开展，甘肃省委宣传部、省文明办、省文化和旅游厅组织领导并得益于全省各市（州）、县（区）文明办、文旅部门、图书馆及相关单位积极参与和支持的全民阅读评选活动，充分表明甘肃的全民阅读管理体制和运行机制正有效运行而且日益成熟完善。

2. 阅读基础设施建设不断加快

甘肃是个农业大省，其阅读基础设施的建设成就也最典型地体现在农村。过去 10 年，甘肃建成了农家书屋 1.63 万个，图书总储存量已达 3100 万册，农村平均每人拥有 2.6 册；当然，书是用来读的，尤为可喜的数据是，这些农家书屋的年均借阅量在 120 册（次）左右，而年总借阅量超 200 万册（次）。[①] 农村阅读基础设施的快速建设，意味着城乡公共文化服务的标准化均等化卓有实效，有力保障了农民的基本文化权益，乡村全民阅读的推进因此有了扎实的基础。对农村人口仍占多数的甘肃来说，这是其书香社会建设的底气所在。农村之外，甘肃各市县图书馆和中小学校图书馆的建设速度，十余年来更是不断加快；基层图书馆的藏书量不断增加，流动图书馆持续增

---

① 《甘肃省委宣传部副部长、省新闻出版局局长王成勇：牢记嘱托强信念 氤氲书香润陇原》，丝路明珠网，2023 年 4 月 22 日，https://www.gstv.com.cn/kgs/592963.jhtml。

设，各类书屋大量涌现，并采取各种方便借阅的措施，以满足人民群众的各类阅读需求。

3. 阅读推广人队伍建设持续加强

"领读兰州"是一个大型的公益阅读活动，有各行各业的"领读大使"。"书香甘南"从一个由阅读爱好者自发组织的小众活动，在五年间成长发展为当地一个成熟的具有蓬勃生命力的文化品牌；从2018年的"遇见美好"到2022年的"品读经典"再到2023年的"追梦羚城"，每一名阅读推广人的力量从机关、企事业单位延伸至草原、村庄、帐篷，同时也在不断探索和进步中打开视野走向外界，多次邀请红色读物作者及文化名人现场讲座，吸引全国各地党委宣传部部长线上参与助力。"书香甘南"读书分享会的连续举办，凝聚了一大批有文化、有理想、有情怀的阅读爱好者，培养了一大批有志趣、有品位、有影响的阅读推广人。这两个例子体现了甘肃依据省情实际建设阅读推广人队伍的特点：阅读推广人或领读人首先必须是社会各行业中喜爱阅读并热心公益者，其次，他们就在基层或能够深入基层进行阅读推广活动，最后，他们应具备相关的专业能力。因此，甘肃鼓励和提倡图书馆、民间公益读书会和新时代文明实践中心等文化机构来组织建立阅读推广人队伍，并提供相关专业培训。经过探索，甘肃逐步建立起一支以图书馆员、学校师生、单位企业干部职工、农家书屋管理员和大学生村官等为主体的阅读推广人队伍。

4. 宣传推广阵地建设日益巩固

甘肃着力于既发挥传统媒介的宣传作用，也充分发挥新技术媒体的功能，线上线下深度融合营造全民阅读的良好氛围；同时结合主题教育，全面深入地开展习近平新时代中国特色社会主义思想和党的十九大、二十大精神的主题阅读活动。庄浪县强化文化宣传阵地建设，党员干部带动引领，以深入学习宣传贯彻党的二十大精神、习近平总书记致首届全民阅读大会贺信精神为主题，组织开展分众化、互动式系列阅读活动，在全社会营造了浓厚的阅读氛围。全省各市县、各行业以及各种团体的相关主题阅读活动，让正确阅读理念深入人心，有力巩固了阅读宣传推广阵地。

二　书香社会建设的"《读者》方案"：
一个典型个案分析

诞生于改革开放之初的《读者》，是甘肃一张闪亮的文化名片。2019 年 8 月 21 日，习近平总书记在读者出版集团有限公司考察时说："为人民提供更多优秀精神文化产品，善莫大焉！"读者出版集团作为甘肃文化企业的"排头兵""领跑者"和全国最具影响力的媒体之一，是甘肃书香社会建设的主力军。近年来，读者集团逐步探索构建了一个独具特色的多层次立体阅读服务网络，是为甘肃书香社会建设的"读者方案"，堪称中国书香社会建设之"甘版"品牌。

（一）"点·线·端+全民阅读"：书香社会建设的"《读者》方案"

1. 点：以新华书店为中心

2019 年 9 月，甘肃省新华书店西北书城升级改造工程启动；一年之后，一座展现了中华优秀文化的现代化书城亮相金城。这是一次融合了多种文化业态的升级，是从传统书店向综合性公共文化空间的全面转型。从此，一场遍布陇原的新华书店升级改造陆续进行，按下了实施"《读者》方案"的快进键，做强了"《读者》方案"的关键之"点"。根据"一店一策"原则，读者集团将继续改造全省所有新华书店门店，使之成为各自所在城市的特色文化地标。读者集团通过打造高品质的区域文化综合体，营造良好的阅读体验氛围，让人们爱上书店，爱上阅读，提升社会文明程度，将习近平总书记的殷切嘱托落在实处。正可谓甘肃新华全省联动，书香陇原建设加速。

2. 线: 以"读者小站"等阅读空间为网络

作为"线"的"读者小站"，采用"公共服务+经营"的全新运营模式，集公共借阅、阅读讲座、分享体验、阅读服务和文创产品销售以及咖啡茶语于一体，以读者文化和阅读服务为核心，让人们在这里休憩、阅读、交流，已成为"百姓身边的图书馆"。3年来，各种类型各种形式的"读者小站"在省内外各地累计接待读者22万多人次，举办各类主题阅读、阅读推广和文化分享活动200多场。① 作为"点·线·端+全民阅读"的重要一环，"读者小站"遍布各地，形成纵横交错的阅读网络空间，通过多种服务，有效促进了全民阅读。

3. 端: 以"读者书房"或"阅读角"为终端

"点"和"线"之外，读者集团还大力进行"端"的布局。在街区、社区、机关、学校、企业、乡村等地方，根据实际情况探索形式各异的阅读空间，于是有了金城书房、双创书院、读者书房、读者阅读角、读者乡村文化驿站等，让阅读变得便捷多样而且无处不在，并在此基础上初步形成了机关模式、企业模式、学校模式、乡村模式等整体方案，初步构成了以阅读风尚引领书香社会建设的新格局。在线上，截至2022年底，《读者》强国号订阅人数突破4700万；此外，《读者》微信公众号、头条号、百家号、喜马拉雅频道、抖音号等，其粉丝或订户、用户均数以百万计。② 由此可见，《读者》新媒体矩阵已经基本建成，从小就习惯于在手机上"读屏"的新新代年轻人，已经或正在成为《读者》的读者。

---

① 《读者传媒转型进行时:"一维出版"转向"多维运营"》，腾讯网，https://new.qq.com/rain/a/20220826A0AEWS00。

② 根据笔者在读者集团的调查并参考巩炜等《最是书香能致远》，中国甘肃网，https://baijiahao.baidu.com/s? id=17746078955911388 13&wfr=spider&for=pc。

（二）"读什么书"："读者读书会"及其"领读者"

1.《读者》品牌聚集读者

1981 年《读者》杂志正式创刊，因内容优质很快引起广大读者的关注，并快速成长，在 2006 年 4 月迎来辉煌时刻，月发行量首次超过 1000 万册；截至 2019 年 5 月，《读者》累计发行 20 亿册，稳居亚洲第一。2017 年 1 月，"读者读书会"微信公众号诞生，除推介好书，还有线上和线下阅读分享，短期即有 50 余万粉丝云集，甚至线下会员也达 10 万之众。① 借着《读者》40 多年来积累的庞大粉丝群，《读者》的官方微信公众号（视频号）、官方抖音、天猫旗舰店、京东旗舰店和拼多多旗舰店等各平台的直播吸引了大量读者。因《读者》的品牌而存在的读者出版集团，其精品图书的出版也反哺性地提升了《读者》品牌的价值。由众多的内容和作家、读者资源聚集而成的《读者》品牌，致力于全民阅读推广，其号召力可想而知，既联结聚焦读者，也为读者提供优质阅读内容，理所当然地成为甘肃书香社会建设的主力军。

2."领读者"引领阅读

促进全民阅读，"读什么"非常重要，但是，随着出版业的不断发展，时下读物越来越复杂多样，人们却往往因为书太多太杂而陷入无从读起之惑，所以，"读者方案"首先回答"读什么书"的问题。"读者读书会"在近两年精挑细选了 90 余种书推介给读者，惠及 20 万人。读者集团还建立了 300 余人的"领读者"队伍，引导人们阅读并且相互分享，读书因此成为生活的有机部分。身处甘肃的读者集团自然不会忘记农村农民，3 年多来，先后聘请 130 余

---

① 根据笔者在读者集团的调查，并参考何静等《书香社会建设的"读者方案"》，每日甘肃网，2021 年 1 月 22 日，http：//gansu. gansudaily. com. cn/system/2021/01/22/030261136. shtml。

人为"读者·乡村领读者",引导乡村全民阅读活动,有力推进了乡村文化建设。①

3. 书香社会建设的核心是优质内容

"读者"品牌为阅读而生,一直致力于为大众提供优质阅读产品和服务。一本杂志,风行近半个世纪,《读者》为什么如此深入人心?就是因为《读者》杂志坚持为大众服务的初心,每期杂志的内容包罗万象,而每篇文章都是优中选优,引领读者向真向善向美。读者集团秉持多出好书的理念,近年来策划出版了一系列品牌图书,如甘肃人民出版社的系列精品项目"读者丛书",善于小中见大,切实起到了以文化人的效果,为群众所喜闻乐见,因而社会效益和经济效益双佳。始终提供优质内容是书香社会建设的"读者方案"能够持续顺利实施的核心因素。

(三)"在哪里读书":公共文化空间的《读者》创新

1. "读者·中国阅读行动"全民阅读工程

国家新闻出版广电总局发布《全民阅读"十三五"时期发展规划》时在 2016 年底;到 2017 年初,读者集团就出台了名为"读者·中国阅读行动"的全民阅读工程方案。在网络化生活的快节奏时代,读者集团尝试着建造一个人们能够静心读书的空间。因此,回答了"读什么书"的问题,接着就是回答"在哪里读书"的问题。于是最初的"读者小站·金城书房"于 2018 年 12 月在兰州市西固区应运而生。它们布置于公园里或街区中,精品图书加安静书房加免费借读,人们坐下来安然读书不再是奢望——这是"读者方案"在碎片化的手机阅读时代为人们所提供的全新而理想的文化体验空间,是公共公

---

① 根据笔者在读者集团的调查并参考何静等《书香社会建设的"读者方案"》,每日甘肃网,http://gansu.gansudaily.com.cn/system/2021/01/22/030261136.shtml。

益而又有家庭书房的自在。"读者·中国阅读行动"全民阅读工程获得国家新闻出版署 2019 年全民阅读优秀项目奖。

2. "读者小站"：把"书房"建在公园、社区、学校和乡村

起初的 8 家"读者小站·金城书房"平均配置图书各 4000 余册，并且每年有所增补；运行两年多，受惠的读者数十万人次，还在线下举办各类文化活动数百场。① 初试的成功经验犹如催化剂，陆续在省内各地催生出"校园书房"和"行者空间"等各种形态的读者小站，并向农村延伸，3 个读者乡村文化驿站于 2020 年 4 月在镇原县落地运行，② 推动了城乡基本公共文化服务均等化。读者集团以读者读书会的形式推动设立跨地区或跨业态分会，探索多样化阅读活动模式，在学校、社区、机关、企业和农村引领读书风尚，营造了浓厚的阅读气氛。

3. "读者小站"走向全国和世界：打造街区公共文化空间

2020 年 7 月 31 日，第九届中国苏州文化创意设计产业交易博览会开幕，读者集团以"新时代·新生活·新阅读"为主题，以读者小站为主体，全方位、多维度地展示其构建"点·线·端+全民阅读"文化服务生态所取得的新成就。当年 11 月，"读者小站·江南书房"建成于苏州，这是一个"读者品牌+生活方式引领+文化创意"的新实践：既是多功能复合体的开放型街区公共文化空间，也是体验式文化沙龙，颇受当地群众欢迎。读者小站由此迈开了走向全国的第一步。到 2022 年 3 月，全国已建成落地 22 家"读者小站"、90 家

---

① 根据笔者在读者集团的调查并参考何静等《书香社会建设的"读者方案"》，每日甘肃网，http：//gansu. gansudaily. com. cn/system/2021/01/22/030261136. shtml。

② 田野：《谱写"读者"新篇 涵养书香社会》，中国新闻出版广电网，https：//www. chinaxwcb. com/2022/08/22/99817941. html。

"读者书房"。① 读者集团在推动"读者方案"走向全国的同时，也积极探索如何走向世界。2022年，读者集团与西班牙甘肃商会签订合作协议，在马德里营建"读者小站·欧洲旗舰店"，这是读者集团探索让中国文化"活起来""走出去"的重要举措；同时还达成在欧洲市场发行《读者》杂志、开展国际研学和文化交流活动等多个合作意向，以加深与各国的文化往来，让更多的人在这种主动的开放交流过程中坚定文化自信。

（四）读书之后"怎么写"："读者·新语文"推广巩固书香社会建设

1. 从"读什么""在哪里读"到"怎么写"

对学校教育来说，如果说语文是一个人生命的底色；阅读和写作，则是语文的核心。读书和写作是一个整体，读书之后"怎么写"，自然成为语文教育的重点，也是难点。"读者·新语文"为此而生。这是一个专注于阅读和写作教育的数字化融媒体平台，免费为中小学师生和家长提供参与便捷的阅读和写作学习资源。这是继"读什么书""在哪里读书"的方案之后，为"怎么写"所提供的方案，是书香社会建设的"读者方案"的有机组成部分。这个内容丰富的平台包括两部分，线上有读者·新语文、朗读大会、长尾巴月读社等各种微信小程序构成的知识矩阵，线下有贴合少年儿童特点的生动多姿的课程产品，可以系统地培养学生的阅读与写作能力。"读者·新语文"完善了"读者方案"，使之成为一个真正的整体性方案——将"怎么写"作为一个重要方面纳入促进全民阅读的方案之中，应该说是读者集团、是甘肃书香社会建设的创新。

---

① 邹明敏：《"读者"读着入了迷》，光明网，https：//difang. gmw. cn/gs/2022-03/07/content_ 35568526. htm。

2. "读者·新语文": 开放的阅读写作课程

"读者·新语文"平台上线近两年来, 制作了音视频课程 4000 余集, 线上课程播放量高达百万次; 在线下, 举办了"书香童年·阅读与成长"和"书香校园·阅无止境"等多种阅读活动数十场, 拉近了和读者的距离, 营造出浓郁的校园及家庭亲子阅读氛围。因此平台深受孩子们的喜爱, 迄今已有 6 万余名孩子成为会员。① 这个数字化融媒体平台其新有五: 全方位服务中小学师生的阅读和写作能力提升的新观念, 关注阅读和写作素质对个人成长内在作用的新高度, 利用新科技力量进行个性化读写教育的新实验, 善用网络新媒介进行读写教育跨时空传播的新方法, 着力于适应青少年思维特征而培育"故事思维"以提升读写能力的新思维。

(五)书香社会建设的《读者》方案与甘肃故事的讲法

1.《读者》品牌效应有力推进书香社会建设

习近平总书记亲临读者出版集团考察调研, 是对《读者》品牌及其效应的最好的验证和肯定; 总书记"要提倡多读书, 建设书香社会"的殷切嘱托又可以说是对《读者》品牌效应能够有力推进书香社会建设的深刻洞察和预见。三年多来, "《读者》方案"交出了一份创新发展的答卷。读者小站等形式、类型多样的公共文化空间正在省内外逐步推广。借助于《读者》的品牌效应, 读者集团的发展之路越走越宽, 建设书香社会的强烈愿望从这里传播开来, 可以说"《读者》方案"以守正创新的方式很好地讲活了甘肃故事, 以

---

① 根据笔者在读者集团的调查, 并参考何静等《书香社会建设的"读者方案"》, 每日甘肃网, http://gansu.gansudaily.com.cn/system/2021/01/22/030261136.shtml; 张国华等《氤氲书香润读者》, 法治甘肃网, https://www.gsfzb.com/content-12-76843-1.html。

至于"《读者》方案"为典型代表的书香社会建设的甘肃实践成为一个好故事，深刻启示着我们如何创新发展，如何讲好甘肃故事、讲好中国故事。

2."《读者》方案"引领一种全新的生活方式

《读者》从一本杂志成长为一个品牌，是因为其"内容为王"的价值导向坚持已经深入读者的心灵。今天的《读者》已经不仅仅是一份杂志，也不仅仅是一个商业或文化品牌，"《读者》方案"正以引领阅读新风尚而引领着一种新的价值理念，确切地说是在引领一种新的生活方式——充分发挥内容资源和特色文化品牌的优势，创造性地以"点·线·端+全民阅读"来全方位多层次建设书香社会的"《读者》方案"，已经在全省城乡构建了一个推进书香社会建设的新格局，而且影响及于甘肃省外。这个新格局的实质在于它是一种新的生活方式：阅读正在成为一种富有精神内涵和力量的生活方式。而一座城市、一个省份因为书香而闻名，因为阅读而产生力量——这是文化自信。文化自信是一种充溢着精神价值、信念和力量的生活方式。

3.塑造甘肃社会的文明形象和文化气质

《读者》以文化本有的文而化之的匠心，在中国人的阅读生活中酝酿氤氲出悠远的精神蕴含和力道，不仅不断创造着自身的辉煌历史，也持续书写着一部西部文化传奇。在守正创新之间，从最初的"博采中外，荟萃精华，启迪思想，开阔眼界"，发展为如今的"在这里，感受中华风度"，今天的《读者》尤其注重讲好传统的和现代的中华优秀文化故事，彰显中华民族的文化自信——其所塑造、所展现的中华风度，也就是"《读者》方案"所讲述的甘肃故事，或者说是在甘肃讲述的中国故事，其核心实质是甘肃在建设书香社会的历程中所体现的中华文明形象和文化气质。

三　进一步促进全民阅读推进书香社会建设的建议

（一）坚持加强党的领导和专业引导

回顾党的十八大以来甘肃建设书香社会的历程，应该说成绩显著、变化喜人，构建了一个有利于继续推进发展的良好格局。而这些成绩的基础是甘肃始终不渝地将党的建设作为高质量发展的"发动机"，根本在于习近平总书记视察甘肃重要讲话和指示精神的指路领航。因此，甘肃进一步推动书香社会建设，必须坚持和加强党的领导，把准政治方向，坚定政治立场。在方向正确、管理体制和运行机制基本完善的前提下，关键要从党员领导干部做起，把读书学习当成工作的第一支撑，深入开展主题阅读活动，引导群众读懂弄通习近平新时代中国特色社会主义思想；广泛开展"四史"阅读，引导全民在阅读中重温奋斗历程、感受国运昌盛、厚植家国情怀，引领全面学习，提高阅读质量，以文化促进经济发展和社会进步，为中华民族伟大复兴做出甘肃应有且独有的贡献。同时，专家学者和领读人也要在方向正确的前提下充分发挥其专业引导功能，善用新技术力量普及推广好书，积极推动全民阅读。领导有方和引导有力，是为书香社会建设之大道。

（二）全方位将阅读化入日常工作生活

要加强宣传书香社会建设的内涵和意义，让人们真正认识到深入开展全民阅读活动的重要性和必要性，实实在在地将读书学习作为一种生活方式，一种切己的精神成长，并落实为一种日常的工作责任。要通过各种渠道多层次全方位鼓励读书，切实做到阅读的日常性，比如在县域和基层社区、乡村乃至单位也设立读书月、读书周或读书日；鼓励各种传统媒体和网络新媒体设置读书栏目，开展读写评比奖励活动，以激发人们读书的积极性，养成全民常态化阅读的风气。要继续逐步探索多样化、个性化阅读服务形式，推动公共阅读服务覆盖城乡全民。要不断完善图书馆总分馆、图书流动站等服务机制，推动公共阅读资源下沉和高效利用，提高基层公共阅读服务质量。政府应该注入必要的资金支持相关机构、举措和活动。要规范与引导学生的课外阅读，创造吸引家长积极参与亲子阅读的条件，从娃娃抓起，从小培养读书习惯和能力——这是书香社会的起点。

（三）持续广泛地落实阅读的全民性

书香陇原建设是甘肃建设文化强省的基础工程。面对新征程新目标新要求，甘肃要不断创新实施文化惠民工程，推进城乡公共文化服务一体化建设，广泛开展以全民阅读为主要内容的群众性文化活动，让全民阅读理念根植于人民群众内心深处，成为推动甘肃经济社会高质量发展的文化根基。要主动积极适应群众网络化、数字化、智能化的阅读需求，完善智慧图书馆功能，开展公共数字阅读服务，为广大群众提供更加丰富、便捷、高效的数字阅读产品。要抓好各年龄阶段尤其是青少年和老年群体的阅读，关注偏远贫困农村儿童，发动社会各界力量着力解决农村儿童没有书读和没有好书读的困境。要不断优化阅读推广队伍，以个人带动家庭，以家庭带动社会，更加广泛地拓展书香社会建设的群众基础。

（四）大力支持优秀读物的编写出版

习近平总书记在读者出版集团考察调研时，围绕如何建设书香社会、推出更多优秀出版物，曾经作出了重要指示："要牢牢把握正确导向，在坚守主业基础上推动经营多元化，努力实现社会效益和经济效益双丰收。"读者出版集团每年出版约 4000 种图书①，应该说精品不少，但在市场与实力上，还是与国内优秀出版集团有较大距离。大量出好书是出版社的重要使命，而政府应设专项经费大力支持好书的编写出版，从物质和精神两方面奖励好书的作者和出版社，改革过度市场导向的出版管理体制，将出版社定性为注重社会文化效益兼顾经济利益的单位。现在尤其要平衡出版物的精英化小众化倾向，加大文化普及的力度，扩大受众面，为不同年龄段的各层次读者特别是视听障碍等群体提供更多更好的出版物。

（五）不断创新推广各类阅读活动

甘肃已经把全民阅读工作纳入公共文化事业发展的总体布局，现在的关键是要不断落实。因此，要加快公共图书馆总分馆制建设，继续推进农家书屋巩固、拓展和提升工程；鼓励各种单位图书馆及各种类型的专业图书馆与基层图书馆互联共享；增加各级图书馆的免费开放日，从财政上鼓励推动图书馆及其他机构的读书讲座等活动；鼓励组织学校及其他单位、机构开展读书评选奖励活动，将其纳入各自的相关评价体系；推广家庭书房建设活动；鼓励阅读爱好者组织读书小组、读书会等，努力发现、打造一批书香活动典型；鼓励城乡各地创建举办各种读书活动，以活动促阅读、以阅读促发展；鼓励民间有识之士开办书院、学馆、书房等，为少儿带读，为民众导读。

（六）深入发掘并普及地域文化内涵

悠久而厚重的历史文化是甘肃的特色优势，也是甘肃最具影响力和凝聚力的标识。甘肃书香社会建设，要立足甘肃多民族文化融合的

---

① 读者出版传媒股份有限公司：《公司简介》，参见读者出版传媒股份有限公司门户网站（duzhepmc. com）。

特色，深入发掘地域文化资源的内涵和意义。因此，需要在促进全民阅读活动中提倡广义的阅读——读文物，读风俗，读民情，读山河，读无字书。学术、教育界和出版界应立足地域优势和文化特色而有所作为，比如依托读者出版集团成立的敦煌学—丝绸之路学出版中心、藏学出版中心、简牍学出版中心、西夏学出版中心"四大中心"，先后出版了《西夏学文库》《敦煌学通论》《敦煌与丝绸之路研究丛书》等特色精品图书，以"特"与"精"引傲业界。但是这些专家之学、专业之书受众有限。从促进全民阅读推进书香社会建设出发，这些具有甘肃特色的小众之学应该也能够有其大众化版本，这需要政府、学界和社会的共同努力来达成。这也是讲好甘肃故事所必须达成的目标，因为唯有全民能够阅读属于自己的传统、自己的文化、自己的生活，才是真正的全民阅读——书香社会化才成其为书香社会，甘肃故事是甘肃全民自己的故事。

参考文献

朱丽洁：《农村公共信息服务与农民信息素养培育》，载中国社会科学情报学会编《图书馆、情报与文献学研究的新视野（7）》，中国书籍出版社，2014。

朱丽洁、宋晓琴：《"互联网+图书馆"建设刍议》，《发展》2016年第12期。

李东来主编《中国阅读报告·书香社会》，国家图书馆出版社，2008。

王京生、徐雁主编《书香中国·全民阅读推广丛书》（全四册），海天出版社，2017。

朱永新、徐雁主编《书香中国·全民阅读推广丛书》（第二辑全六册），海天出版社，2020。

李新祥：《数字时代国民阅读行为嬗变研究》，中国社会科学出版社，2014。

甘肃省夜间文化活动发展现状调查研究

李志鹏 曹建军 *

摘　要： 近年来甘肃省各地州市立足地方文化旅游资源禀赋，开展了形式多样的夜间文化活动，使其成为繁荣地方文化旅游市场、活跃群众精神文化生活的重要内容。然而结合各地州市夜间文化活动的发展现状来看，其虽然取得了一定的成效，但是在政策保障、市场开发、项目发展、资金支持和群众参与度等方面仍然存在诸多问题和不足，限制了甘肃省夜间文化活动的快速发展。因此，针对上述问题提出合理性的对策建议，进而为促进甘肃省夜间文化活动发展提供参考。

关键词： 甘肃省　夜间文化活动　文化旅游

当前我国经济社会发展已由高速增长阶段转向高质量发展阶段，强化科技、文化创新，推动经济发展质量变革势在必行。因而，借助文化创新赋能"夜间经济"和"夜间文化活动"快速发展，是保证城市经济稳步、快速发展的关键内在动力。以甘肃省会城市兰州为例，其被誉为"丝路名城、黄河之都"，是古丝绸之路上的重要通道和商贸重镇。但是，兰州的夜间文化活动未被完全开发，缺少丰富且多元化的"夜间经济"和"夜间文化活动"，没有形成带动地方经济

＊ 李志鹏，甘肃省社会科学院丝绸之路研究所副研究员，主要研究方向为区域经济史、北方民族史、丝绸之路历史文化；曹建军，临洮县第二中学语文教师，主要研究方向为地方乡土文化、中国传统文化。

发展的支柱产业，更无法满足广大市民及来兰游客对兰州夜间文旅活动的消费需求。因此，努力发展"夜间经济"和"夜间文化活动"是甘肃经济社会快速发展和实施"强省会""强县域"战略的必然选择，对于促进当地文化资源的深度开发和文化产业链的全线发展、拉动夜间经济消费增长、重塑城市文化品牌形象具有重要的影响力和现实发展价值。

本文通过深入各地州市调研和了解情况，首先，梳理各地州市主要夜间文化活动的内容和推出的新举措与新成效；其次，就发展甘肃省夜间文化活动的价值和影响进行探讨，并且分析制约甘肃省夜间文化活动发展的问题和不足，在此基础上提出合理性的对策建议，进而为促进甘肃省夜间文化活动的快速发展提供参考和借鉴。

一　甘肃省夜间文化活动的发展现状

（一）省内各地州市的主要夜间文化活动

甘肃省 14 个市州的主要夜间文化活动具体如表 1 所示。

表 1　2022~2023 年甘肃各地主要夜间文化活动

地区	活动名称	活动内容	举办单位	时间
兰州	"聚焦六夜联动·点亮金城夏夜"文化活动	打造"夜间经济"，培育"精致兰州会客厅"和"黄河之都流动窗"主题文化活动	兰州市文化旅游局、兰州市文化馆	1~12 月
嘉峪关	"雄关大舞台"群众文化活动；文化进社区、进工厂活动	弘扬和传承本土文化、传统文化，在讲好嘉峪关故事上下功夫，节目内容可以是舞蹈、歌曲、相声、小品、曲艺等老百姓喜闻乐见的节目	嘉峪关市文化旅游局、嘉峪关市文化馆	1~12 月

地区	活动名称	活动内容	举办单位	时间
金昌	"文化惠民活动"	举办"大地欢歌"乡村文化活动年,实施文化惠民项目,开展"公益性巡演""戏曲进乡村进校园""高雅艺术进校园"文化惠民活动	金昌市文化旅游局、金昌市文化馆	1~12月
酒泉	"第六届丝绸之路(敦煌)国际文化博览会活动"	欢庆"第六届丝绸之路(敦煌)国际文化博览会"召开,结合酒泉文化旅游资源开展各种文化惠民活动	酒泉市文化旅游局、酒泉市文化馆	9月
张掖	"彩虹丝路·乐游甘州"文化惠民演出;《甘州乐舞》《弱水"掖"画—八声甘州》沉浸式商业演出	围绕文化惠民演出,以歌曲、舞蹈、相声、小品、器乐演奏、曲艺等形式在公园、广场等地开展公益性文化惠民演出,丰富市民百姓文化生活	张掖市文体广电和旅游局、张掖市文化馆	1~12月
武威	武威夜间民俗集市、"文化惠民活动"	定期举办武威非遗文化旅游节等地方节会活动,以丰富多彩的民俗和非遗活动、文化演出活动丰富群众文化生活	武威市文体广电和旅游局、武威市文化馆	1~12月
白银	"唱响铜城"文艺演出;积极开展文化进社区、进工厂、进校园、下基层等惠民文艺演出活动	以丰富多样的群众文化生活为切入点,狠抓文化惠民工程落实,积极发展夜间文体娱乐活动,丰富广大市民文化生活	白银市文化旅游局、白银市文化馆	1~12月
天水	"我们的中国梦——文化进万家"文化惠民演出活动	开展"我们的中国梦——文化进万家"惠民演出暨社会主义核心价值观宣讲活动	天水市文化旅游局、天水市文化馆	1~2月

续表

地区	活动名称	活动内容	举办单位	时间
庆阳	2023年西峰区"双节""群文迎春——公园广场文化月"活动;"吹拉弹唱闹新春陇情陇味迎新年"展演	2023年西峰城区"双节""群文迎春——公园广场文化月"活动,近60场文艺演出,为群众营造喜庆祥和的节日氛围	庆阳市文化旅游局、西峰区文化馆	1~2月
定西	"定西文化嘉年华"文化主题活动	"玉湖之爱"文艺晚会、"骐骥苑"社皮影戏演出、"丰收时节"文艺晚会、"书画、文物文创产品、文化图书进景区""广场舞、太极拳、武术展演"等系列文化活动	定西市文化旅游局、定西市文化馆	8~9月
陇南	"陇南乞巧节"	西和乞巧文化是集信仰崇拜、音乐舞蹈、劳动技能等于一体的综合性节日民俗文化活动	陇南市文化旅游局、陇南市文化馆	8月
甘南	"甘南香巴拉旅游艺术节"	香巴拉旅游艺术节以旅游为载体,文化为精髓,突出群体民族文化和旅游活动两大特点,给游客展示真实的藏民俗文化和娱乐活动	甘南州文化旅游局、甘南州文化馆	8月
临夏	"同饮黄河水·共唱一台戏"2023济南—临夏东西部文化旅游协作专场文艺晚会	济南—临夏两地文艺工作者相聚临夏大剧院,为广大观众献上了具有齐风鲁韵、临夏风情的文化盛宴	临夏州文化旅游局、临夏州民族歌舞团	9月

资料来源:各地州市文化旅游局和文化馆、地方歌舞剧院等。

（二）省内各地州市推进夜间文化活动的举措和成效

第一，出台夜间文化活动发展的保障政策。近年来省内各地州市积极推进"夜间经济"和"夜间文化活动"发展。譬如，2019 年 10 月 11 日，兰州市发布发展城市"夜间经济"实施方案。方案围绕丰富夜生活、发展"夜间经济"、打造"不夜金城"主题，以夜间经济提升为突破口，以完善提升夜间消费设施、丰富夜间服务功能为重点，在"食、游、住、娱、体、演、馆"七个方面下功夫，通过提供多样化的"夜间经济"服务，不断拓展兰州市旅游产业链，持续提升居民幸福感和全市旅游品牌形象。在促进夜间文化活动发展方面，兰州市将策划组织一批戏曲、相声、电影、歌剧、音乐、读书等主题鲜明的"夜金城"文化休闲活动。融合兰州铁桥文化，以"世纪铁桥乐响金城"为主题，举办中国兰州黄河铁桥音乐周活动。鼓励兰州音乐厅等演出场馆延时开放，组织开展文创旅游商品大赛、"黄河情"全国小戏小品交流演出季、兰州地方特色美食烹饪大赛等活动，逐步实现《大梦敦煌》等精品剧目常态化演出。①

2020 年 6 月 30 日，白银市印发的《白银市发展夜间经济实施方案》围绕丰富夜生活、发展夜间经济、打造"魅力白银"主题，以培养市民夜间消费习惯、增建夜间消费设施、完善夜间服务功能为重点，在"食、游、住、娱、体、演、馆"七个方面下功夫，通过提供多样化的"夜间经济"服务，着力打造独具特色、健康时尚、业态多元的夜间消费模式，逐步增强城市的夜间活力，持续提升居民幸福感和全市旅游品牌形象。② 2020 年天水市出台《关于天水市加快推

---

① 《兰州市出台方案为城市"夜经济"发展提速》，中国甘肃网，2019 年 10 月 11 日，http：//gansu.gscn.com.cn/。

② 《白银市人民政府办公室关于印发白银市发展夜间经济实施方案的通知》，白银市经合局，2020 年 6 月 30 日，https：//www.baiyin.gov.cn/。

进夜间经济发展的实施意见》，以文体康养为导向，打造夜娱游乐型夜间经济活动区。鼓励非物质文化遗产代表性展演类精品项目张家川花儿、武山旋鼓舞、秦州黑社火、甘谷唢呐、秦安小曲、清水轩辕鼓等民俗剧目实现夜间常态化驻场演出，聚集会展、休闲、娱乐、旅游、文体、康养等多元化元素，打造多层次、全天候运营的城市经济文化圈。①

酒泉市积极发展夜间经济彰显城市活力，根据突出特色，塑造品牌。按照吃、住、行、游、购、娱等消费要素、文化消费、创新发展等夜间经济业态发展的层次性，深挖历史文化内涵，积极利用新技术，培育发展"夜餐、夜购、夜娱、夜健、夜赏"，特别是加强与阿里、京东合作，打造一批"无人餐厅""无人超市""服务机器人客栈"，打造一批全国乃至全球知名的品牌店、连锁店、专卖店，不断兴起并形成一批适合不同消费群体"夜酒泉"地标、商圈和生活圈，打响"西部夜都"品牌。② 庆阳市西峰区深入挖掘地方文化资源，大力支持夜间经济发展，在增添城市魅力、提升人民幸福感、丰富城市内涵的同时，为推动酒泉市传统服务业转型升级提供新动能。2019年，定西市正式把发展夜色经济和夜间文化活动写入政府工作报告，要求"各县城区新开发一条高品位商业步行街，打造一个高品质夜市；改造提升 30 个重点小城镇综合性消费市场"，并把这项工作作为为民办理的十件实事之一来推动。2023 年兰州市民宗委、市发展改革委、市文旅局联合印发《兰州市旅游促进各民族交往交流交融计划实施方案》，以兰州旅游业高质量发展推动各民族在空间、文化、经济、社会、心理等方面全方位嵌入，铸牢中华民族共同体意

---

① 《关于天水市加快推进夜间经济发展的实施意见》（天政办发〔2020〕8 号），天水市人民政府，2020 年 1 月 21 日，http：//www.tianshui.gov.cn/。

② 《大力培育发展夜间经济》，每日甘肃网，2019 年 10 月 31 日，http：//gs.ifeng.com/。

识，打造民族文化特色鲜明的旅游休闲街区、夜间文化和旅游消费集聚区。① 此外，省内其他地州市也积极响应国家和甘肃省关于促进夜间经济和夜间文化活动发展的政策和倡议，积极出台和制定适应于当地经济社会发展需要的夜间文化活动保障政策。在此历史发展契机下，甘肃省将抢抓创办国家级夜间文化和旅游消费产业聚集区政策发展机遇，不断加大政策资金扶持力度，多领域发展夜间经济，多要素充实文旅项目，着力发展夜游黄河、夜游敦煌、夜赏文创、夜品佳肴、夜购陇货、夜习科普、夜健体魄等旅游消费项目，努力谋划开办文化沙龙、深夜影城、驻场演出、音乐娱乐场、24 小时阅读场所等夜间服务，活跃夜间文艺产业，独特化缔造文旅产业，完善文化和旅游产业链，优化产品和服务供给端，加强公共服务，塑造甘肃夜间市场消费品牌，进一步规范文化和旅游市场经营秩序，塑造较好的消费空间，推动夜间文旅经济繁荣，促进产业聚集区消费升级，更好地满足人民大众日益增长的精神文化需要。

第二，开展多种形式的夜间文化活动。当前省内各地州市促进夜间文化活动以文化惠民工程，文化主题活动，文化进社区、进工厂、进学校和文化三下乡等服务活动形式为主。文化惠民活动和主题活动是促进夜间文化活动发展的重要形式。譬如，金昌、武威、天水市开展文化惠民活动；兰州、嘉峪关、酒泉、张掖、武威、白银、庆阳、定西等推出形式多样的主题文化活动；嘉峪关、白银市积极开展夜间文化进社区、进工厂、进学校和文化三下乡等活动；此外，各地州市利用地方节庆活动促进夜间文化活动的发展，譬如，酒泉市"第六届丝绸之路（敦煌）国际文化博览会"活动、陇南市"陇南乞巧节"、甘南州"甘南香巴拉旅游艺术节"等。各地州市立足地方文化

---

① 《兰州市旅游促进各民族交往交流交融计划实施方案》，兰州市民宗委，2023年2月17日，http：//mzw. lanzhou. gov. cn/。

生活需要，积极开展多种形式的夜间文化活动。

第三，营造夜间文化旅游活动街区和场地。夜间文旅消费园区是以地域独特文化为中心，借助各种夜间风景氛围，开展区域一体化夜间场景设计与塑造，构建文旅商深度融合发展、多业态产品富集、基础设施配套健全、消费市场环境和管理运营机制完善、服务和影响力较大、文旅消费市场辐射带动能力强的产业集群布局。譬如，敦煌沙州夜市，以名优小吃广场为中心，文化商业街、敦煌风情城、沙洲商场为辐射的集文化、旅游、休闲、购物、娱乐、餐饮于一体的综合服务市场和人文景观，业态涵盖名优特色小吃、休闲茶座、特色农产品、干果副食、手工艺及旅游纪念品等，游客在夜市以休息、进餐、购物为主要活动，夜间停留时间多在1~3小时。街区管理规范有序，先后被评为"全国文明市场"、"全国诚信示范市场"和"国家AAA级旅游景区"，于2017年10月授权敦煌文旅沙州夜市景区运营管理公司运营管理，2019年夜市景区接待游客量约180万人次，单日景区承载量最多达19201人次；2021年，文化和旅游部公布了第一批国家级夜间文化和旅游消费集聚区名单，甘肃省兰州市兰州老街、嘉峪关市嘉峪关·关城里景区、酒泉市敦煌夜市特色商业街三地顺利入榜，该三地的入榜必将成为甘肃省夜间文化和旅游休闲消费的新向标、网红打卡地。① 这些成功的文化旅游活动景区和场所为甘肃省发展夜间经济和夜间文化活动提供了借鉴和模板。

二 甘肃省发展夜间文化活动的价值与影响

夜间经济和文化活动作为广大群众休闲、娱乐、消费的一种新的

---

① 《甘肃三地上榜第一批国家级夜间文化和旅游消费集聚区名单》，甘肃省文化和旅游厅，2021年11月30日，https://wlt.gansu.gov.cn/。

亚文化体验形式,[1] 对于拉动旅游消费、带动地方经济繁荣发展、繁荣五彩缤纷的夜间文化活动具有重要的社会价值,对于补充社会公共文化活动的不足、丰富群众社会文化生活、实现人民群众对幸福美好生活需要的不断满足等方面都具有重要的意义。

(一)经济价值

作为夜间经济的重要内容,夜间文化活动具有积极的经济价值,通过对甘肃省各地州市夜间文化活动的地域分布进行分析研究可知,夜间文化活动多聚集在人口较为集中的城市社区、城市商圈周围,以文艺演出为例,除了公益性的演出和文化惠民活动之外,商业性的文化活动和演出都能带来经济效益,对于带动地方经济社会繁荣发展、活跃和丰富群众夜间文化生活都具有积极的价值。

(二)社会价值

从当前甘肃省各地州市的夜间文化活动的组织和举办来看,多是以社会公益性活动为主,主要有文化惠民活动、文化主题活动和文化进社区、进校园和下基层等活动,这些形式多样的夜间文化活动具有积极的社会价值和影响,尤其是能够很好地弥补社会公益活动的不足,能够丰富和活跃人民群众的社会文化生活。

(三)旅游价值

甘肃省拥有丰富的文化旅游资源和自然风光,当前甘肃省各地州市的夜间文化活动主要以发掘和利用地方历史文化资源、民俗非遗资源等为依托,譬如,兰州市的"黄河之都流动窗"主题文化活动,

---

[1] 朱芳雨、赵刚:《"夜经济"视域下提升兰州城市形象竞争力的策略分析》,《鄂州大学学报》2022 年第 6 期。

张掖市的"彩虹丝路·乐游甘州"文化惠民演出、《甘州乐舞》《弱水"掖"画—八声甘州》沉浸式商业演出，武威市的非遗文化旅游节，敦煌市的大型情景剧《又见敦煌》《敦煌盛典》《千手千眼》《梦幻敦煌》等演艺在旅游旺季常态化演出，演出场次数量居全国前列。截至 2023 年 8 月，累计演出 1470 场次，接待游客 83.25 万人次，比 2019 年分别增长 86.5% 和 73.3%。① 由此可见，这些丰富多彩的文化演艺活动对于拉动旅游市场具有很好的吸引力。

（四）文化价值

夜间文化活动作为群众文化生活的重要内容具有积极的影响力和价值，譬如，利用地方重大节庆赛事，开展各种夜间文化活动。酒泉市通过举办"第六届丝绸之路（敦煌）国际文化博览会"，发掘酒泉文化旅游资源，积极开展各种文化惠民活动。陇南市借助举办"陇南乞巧文化旅游节"，发掘西和乞巧文化的独特魅力，扩大陇南的文化旅游影响力。甘南州通过举办"香巴拉旅游艺术节"，以旅游为载体、文化为精髓，发掘当地少数民族文化资源，使游客得以体验甘南藏族民俗文化娱乐活动。肃北县以举办"丝绸之路那达慕文化旅游节"为契机，发掘肃北雪山蒙古族的传统文化特色，对外展现肃北县的经济社会发展新貌。此外，利用各种文化主题活动和文化惠民活动开展的文化进工厂、进校园和下基层慰问演出活动，对于弘扬社会主义正能量，推进文化育民、群众思想政治教育和宣讲党和国家政策都具有积极的文化影响。

三 制约甘肃省夜间文化活动发展的问题和不足

通过深入调研和分析制约甘肃省夜间经济和夜间文化活动发展存在的问题和不足，发现存在的问题主要为夜间文化活动政策保障相对滞后，

---

① 数据源于酒泉市文化旅游局文化产业处。

夜间文化活动市场开发严重不足，夜间文化活动项目资金支持不足，以及夜间文化活动相关人才支撑欠缺与群众参与和关注不够。

（一）夜间文化活动政策保障相对滞后

相对于广大人民群众日益增长的精神文化生活需求和甘肃省各地州市经济社会的快速发展，以及对于夜间经济和夜间文化活动发展的需要，当前甘肃省各地州市普遍存在夜间文化活动政策保障相对滞后的问题。譬如，夜间文化活动场地相对较少，政府对夜间文化活动没有整体的规划，政策性引导滞后，导致夜间文化活动不能实现常态化，达不到带动文旅经济高质量提升的效果。因此需要各级地方政府和文化旅游管理部门查缺补漏，及时出台相关政策和保障措施给予补充。

（二）夜间文化活动市场开发严重不足

夜间开放的文化场所少，夜间特色主题活动少，不能满足消费者的需求；公共文化场所免费开放内容还不够丰富。譬如，当前甘肃省各公共文化场所全部实现了免费开放，但由于受资金、人员和场所制约，开放内容还不够丰富。夜间文化旅游产品单一，消费项目少，缺乏吸引力。除正常开展晚会演出外，地域特色的文化品牌或特色活动太少，人民群众体验感不强，吸引游客消费能力不足。

（三）夜间文化活动项目资金支持不足

近年来由于受新冠疫情的冲击，甘肃省各地州市经济社会发展都受到了不同程度的影响，在复工复产和快速恢复群众生活的大环境下，政府用于开展文化活动的经费相对较少，社会力量参与度较低，开展群众文化活动资金的主要来源仅为依靠政府投入和企业赞助，杯水车薪，无法实现活动常态化，制约公共文化活动的开展。因此，对于支持夜间文化活动项目的资金不足，不能维持长远的发展。

（四）夜间文化活动相关人才支撑欠缺

当前，由于受岗位编制等客观因素制约，甘肃省各地州市普遍存在各级公共文化机构文化专业技术人员紧缺。专业文化人才较少，尤其是对外借调人员偏多、在岗职工年龄偏大，开展夜间文化活动人员不足，相关人才支撑欠缺。再者，省内各地州市丰富的民间非遗和民俗活动没有得到很好的发掘和利用，相关活动人才没有被文化部门重视，民间非遗和民俗演艺活动存在散、小、乱的问题，因此，亟须各级地方政府和文化旅游管理部门在人才支撑方面给予加强和重视。

（五）夜间文化活动群众参与和关注不够

相对于成都、西安等周边省市夜间经济和夜间文化活动火爆，地方经济和文旅市场快速发展的趋势来看，甘肃省夜间文化活动群众参与度和关注度还很不够，群众没有形成夜间消费和夜间文化生活的习惯，这是受到甘肃省经济社会发展滞后，群众公共文化生活没有得到重视和利用的影响。因此，需要各级地方政府和文化旅游管理部门共同协作，加大夜间文化活动、公共文化产品的供给与开发，不断丰富群众精神文化生活，努力提升群众的夜间文化活动参与度和关注度。

四　促进甘肃省夜间文化活动发展的对策建议

夜间经济与夜间文化活动是城市繁荣和地方经济社会快速发展的重要补充。长期以来受地域发展滞后所限，甘肃省的夜间文化活动在政策保障、市场开发、资金支持、人才支撑与群众参与和关注方面都存在问题和不足，制约着甘肃省夜间文化活动的快速发展，因此，为促进甘肃省夜间文化活动发展提出对策建议如下。

（一）加大夜间文化活动政策保障和项目支持"力度"

当前甘肃省夜间文化活动正处于起步阶段，仅有的一些夜间文化活动远远不能满足人民群众日益增长的精神文化生活需要。因此，需要各级地方政府和文化部门从顶层设计出发，首先加大夜间公共文化产品的政策保障力度；其次，各地州市要立足地方文化事业发展实际，培育一些符合大众文化消费需求的夜间曲艺演唱活动和喜闻乐见的民俗非遗活动，建议继续加大文化惠民工程的政策保障和项目支持力度，利用文化进社区、进工厂、进校园和下基层的形式开展多种形式的夜间文化活动。同时，加大夜间文化活动的项目配套支持力度，从人才、资金、场所等细节方面出发，补齐短板，突出优势，为夜间文化活动发展提供支持。

（二）提升夜间文化活动营商服务和群众关注"热度"

夜间文化活动不能仅仅由政府和公共文化事业部门提供，还需要文化企业和广大群众的参与和关注。因此，建议各级地方政府和文化旅游管理部门要在招商、营商环节中加大对文化项目的引进和培育，要为文化市场提供一些高品位的文化产品、能够弘扬社会主义正能量的夜间文化项目；鼓励群众参与和关注，利用抖音、快手、短视频等新媒体形式打造一些具有乡土气息、地方文化特色的夜间文化演唱、演艺活动，努力提升夜间文化活动营商服务和群众关注的"热度"。

（三）彰显省内夜间文化旅游活动地域特色和文化品牌"亮度"

甘肃是文化旅游资源大省，各地州市和文化旅游部门要主动作为、精心谋划，立足地方文化旅游资源禀赋和特色，发掘和打造一批富有地方文化特色的夜间文化项目和活动，如《敦煌盛宴》《丝路花雨》《甘州乐舞》《弱水"掖"画—八声甘州》等夜间文化演出活动。此外，继续提升夜间文化场所的品位和档次，各地州市要从当地的实际发展出发，深入发掘文化旅游资源，开发一些有地域文化特色的夜间民俗非遗展示和演唱演艺活动，实现夜间文化活动和旅游项目的深度融合，充实当地的文化旅游市场，吸引广大游客和群众参与。

（四）利用节庆赛事积极宣传和提升夜间文化活动"知名度"

节庆赛事活动是对外展示和宣传地方经济社会发展成果的重要窗口。因此，建议甘肃省各地州市文化旅游部门要善于利用重大节庆赛事活动，如"丝绸之路（敦煌）国际文化博览会""陇南乞巧节""甘南香巴拉旅游艺术节"等。集中推出一些富有地域文化特色的夜间文化展演、展出活动。此外，还要积极利用国家和周边省市举办的重大节庆赛事活动以及国际对外文化交流活动等平台，借助重大节庆赛事活动和文化交流活动的影响力，提升甘肃省夜间文化活动"知名度"。

（五）借鉴国内外经验提升夜间文化活动影响力与"美誉度"

当前甘肃省在夜间经济和夜间文化活动发展方面还处于起步阶段，因此，建议各级地方政府和文化旅游管理部门要"走出去""请进来"，借鉴国内外经营夜间文化活动的先进经验和模式，譬如，借鉴西安"大唐不夜城"的夜间文化展演活动，努力拓展甘肃省丝路敦煌题材的夜间文化演出活动；借鉴成都的夜间茶艺休憩文化，打造甘肃省天水、平凉等地的夜间康养文化活动。借鉴广州、上海、天津等地的现代都市夜间文化活动，打造省会兰州的"丝路名城、黄河之都"文化旅游品牌。此外，引进一些知名文化旅游企业，对本地的夜间文化活动实现跨越式提升，譬如，嘉峪关市与深圳华强方特集团合作建设的大型丝路文化主题乐园"嘉峪关方特欢乐世界"文化旅游景区，便是很好的发展模式，建议可以推出一些夜间文化演出活动，为游客和群众带来更多的文化体验，进而提升甘肃文化旅游"美誉度"。

参考文献

侯晓斌、闫琪：《太原市夜间经济发展现状及对策研究》，《生产力研究》2020 年第 4 期。

靳泓、应文：《城市夜间经济研究综述》，《灯与照明》2018 年第 1 期。

石丹丹：《兰州城市总体规划实施评价研究》，兰州大学硕士学位论文，2016。

郑自立：《文化与"夜经济"融合发展的价值意蕴与实现路径》，《当代经济管理》2020 年第 6 期。

程小敏：《中国城市美食夜间经济的消费特点与升级路径研究》，《消费经济》2020 年第 4 期。

李经龙、张小林、马海波：《夜生活与夜经济：一个不容忽视的生产力》，《生产力研究》2008 年第 1 期。

郝嘉楠：《兰州市城关区夜间经济发展现状研究》，兰州大学硕士学位论文，2021。

文 旅 篇

B.8
甘肃文化旅游龙头企业的培育建设研究

杨 波*

摘 要： 文化旅游产业就是以文化为内容，以旅游为依托的综合性产业。对于文化旅游产业来说，文化旅游龙头企业将在整个行业的发展中起到重要的带动作用，有助于文化旅游产业吸纳资金，提高产业竞争力。目前，甘肃在培育文化旅游龙头企业方面还存在数量少、质量不高、培育经验不足等问题。故需要全省文旅龙头企业通过与全国一流文旅企业战略对标，针对性地培育，打造富有创造力的企业文化，做强做优做大，提升企业核心竞争力，与其他文旅企业一起，共同推动全省文旅产业高质量发展。

关键词： 文化旅游 龙头企业 培育建设 甘肃

---

* 杨波，甘肃省社会科学院决策咨询研究所副研究员，主要研究方向为区域经济、产业经济。

一 甘肃省文旅龙头企业的综合实力

中国文旅企业 500 强™ 排行榜榜单揭晓，这是由新旅界首度发起评选，通过研究新时期中国文旅企业的综合发展实力，分析在不同地区和细分领域文旅企业的发展水平及变化趋势，为新时期文旅产业发展提供研究样本参考，为各细分行业和全国各地政府在政策制定、市场主体培育等方面提供参考。这是首次文化和旅游领域相结合，涵盖了港澳台地区文旅企业营业数据的统计分析，共有 1283 家国内文旅企业参与评选，总营收达到 1.44 万亿元，占 2022 年全国 GDP 的 1.18%。[①]排行榜兼顾企业发展规模和发展质量，从企业文旅及相关业务营收、企业总营收、企业净利润、品牌影响力四个维度综合评估后进行排名。

在榜单中，甘肃省共有 4 家企业入围，分别为甘肃省公路航空旅游投资集团有限公司、读者出版传媒股份有限公司、张掖丹霞文化旅游股份有限公司和兰州黄河生态旅游开发集团有限公司。

（一）营收能力较强，利润率有待提升

根据排行榜的各类指标分析，从总营收看，甘肃省公路航空旅游投资集团有限公司以 4368702.01 万元的营收居第 3 位，读者出版传媒股份有限公司以 129146.73 万元的营收居第 187 位，张掖丹霞文化旅游股份有限公司以 28000.00 万元的营收居第 384 位，兰州黄河生态旅游开发集团有限公司以 51049.60 万元的营收居第 312 位。

从文旅营收看，甘肃省公路航空旅游投资集团有限公司以

---

① 《2023 中国文旅企业 500 强™ 排行榜子榜单发布：国央企 VS 民企，谁主沉浮？》，https://www.lvjie.com.cn/2023/newactivity_ 0906/30369.html。全文数据均来源于此文公布数据的汇总、整理和计算所得。全国十强文旅企业和甘肃四强文旅龙头企业公司资料来源于各上市公司公布数据和官网数据。

734999.90 万元的营收居第 43 位，读者出版传媒股份有限公司以129146.73 万元的营收居第 140 位，张掖丹霞文化旅游股份有限公司以 28000.00 万元的营收居第 317 位，兰州黄河生态旅游开发集团有限公司以 30954.47 万元的营收居第 303 位。

从净利润看，甘肃省公路航空旅游投资集团有限公司以 6187.46万元的净利润居第 189 位，读者出版传媒股份有限公司以 8642.88 万元的净利润居第 164 位，张掖丹霞文化旅游股份有限公司以 1200.00万元的净利润居第 274 位，兰州黄河生态旅游开发集团有限公司以2836.24 万元的净利润居第 236 位。

不难看出，甘肃省文旅龙头企业中，甘肃省公路航空旅游投资集团有限公司总营收居第 3 位，但文旅营收居第 43 位，说明它是以综合性业务见长，从净利润上看，降至第 189 位，说明企业盘子大但盈利效果不佳。读者出版传媒股份有限公司和张掖丹霞文化旅游股份有限公司为较纯粹的文旅企业，虽业务单一，但利润位处中游。兰州黄河生态旅游开发集团有限公司则以文旅业务为主，而且净利润处于中游（见表1）。

表1　2023 年中国文旅企业 500 强甘肃入围企业营收实力与分项位次

单位：万元

公司名称	总营收		文旅营收		净利润	
		位次		位次		位次
甘肃省公路航空旅游投资集团有限公司	4368702.01	3	734999.90	43	6187.46	189
读者出版传媒股份有限公司	129146.73	187	129146.73	140	8642.88	164
张掖丹霞文化旅游股份有限公司	28000.00	384	28000.00	317	1200.00	274
兰州黄河生态旅游开发集团有限公司	51049.60	312	30954.47	303	2836.24	236

资料来源：根据新旅界"2023 中国文旅企业 500 强™榜单"资料汇总整理。

（二）品牌影响力较高，综合实力有待加强

按总营收得分看，甘肃省公路航空旅游投资集团有限公司以174.75分居第3位，读者出版传媒股份有限公司以5.17分居第187位，张掖丹霞文化旅游股份有限公司以1.12分居第384位，兰州黄河生态旅游开发集团有限公司以2.04分居第312位。

按文旅营收得分看，甘肃省公路航空旅游投资集团有限公司以58.80分居第43位，读者出版传媒股份有限公司以10.33分居第139位，张掖丹霞文化旅游股份有限公司以2.24分居第317位，兰州黄河生态旅游开发集团有限公司以2.48分居第301位。

从净利润得分看，甘肃省公路航空旅游投资集团有限公司以0.25分居第186位，读者出版传媒股份有限公司以0.35分居第159位，张掖丹霞文化旅游股份有限公司以0.05分居第265位，兰州黄河生态旅游开发集团有限公司以0.11分居第234位。

从品牌影响力得分看，甘肃省公路航空旅游投资集团有限公司以9.25分居第127位，读者出版传媒股份有限公司以12.30分居第35位，张掖丹霞文化旅游股份有限公司以8.44分居第192位，兰州黄河生态旅游开发集团有限公司以4.32分居第493位。

从总分看，甘肃省公路航空旅游投资集团有限公司以243.05分居第7位，读者出版传媒股份有限公司以28.14分居第138位，张掖丹霞文化旅游股份有限公司以11.85分居第316位，兰州黄河生态旅游开发集团有限公司以8.96分居第415位。

不难看出，甘肃省文旅龙头企业中，甘肃省公路航空旅游投资集团有限公司因体量大、总营收高跻身前十位，但净利润和品牌影响力仍有待大幅提升；读者出版传媒股份有限公司品牌影响力极高，居第35位，在体量不大、利润率不高的情况下，仍进入500强上游；张掖丹霞文化旅游股份有限公司有较好的品牌影响力，但总量不大，排

名较靠后；兰州黄河生态旅游开发集团有限公司业务整体发展较为均匀，但受品牌的极大影响，位次拉低近百位，亟待加大宣传力度，塑造品牌形象，扩大自身知名度（见表2）。

表2　2023年中国文旅企业500强甘肃入围企业综合实力与分项位次

单位：分

公司名称	总营收得分		文旅营收得分		净利润得分		品牌影响力得分		总分	
	得分	位次	得分	位次	得分	位次	得分	位次	得分	位次
甘肃省公路航空旅游投资集团有限公司	174.75	3	58.80	43	0.25	186	9.25	127	243.05	7
读者出版传媒股份有限公司	5.17	187	10.33	139	0.35	159	12.30	35	28.14	138
张掖丹霞文化旅游股份有限公司	1.12	384	2.24	317	0.05	265	8.44	192	11.85	316
兰州黄河生态旅游开发集团有限公司	2.04	312	2.48	301	0.11	234	4.32	493	8.96	415

资料来源：根据新旅界"2023中国文旅企业500强™榜单"资料汇总整理。

二　甘肃省文旅龙头企业的对标比较

企业对标管理是通过对比业界最好水平找差距，对标先进的企业文化价值、战略管理、组织管理及资源保障，优化企业自身的组织结构，提升管理能力和水平，通过革新激发企业活力和动力，确保高质量发展。

（一）一流文旅企业分布不均，地区差异明显

1. 按地理区域划分

根据 2023 年中国 500 强文旅企业榜单，按地理区域划分，上榜企业最多的是华东地区，总计 191 家；其次是华南地区，总计 64 家；第三是港澳台，总计 56 家；第四是华北地区，总计 54 家；第五是西南地区，总计 53 家；第六是华中地区，总计 32 家；第七是西北地区，总计 19 家，最后是东北地区，总计 11 家。不难看出，在 500 强中华东地区就占了近四成，华中、西北和东北地区合在一起才能与华南、港澳台、华北、西南平分了余下的六成。其中，西北和东北地区分别不及华东地区的 1/10，宁夏和青海一家上榜企业都没有，差距十分明显。

2. 按省份划分

从省份来看，上榜企业最多的是浙江省，占据榜单 12.6%，共 63 家；其次是港澳台三地，占据榜单 11.2%，共 56 家；第三是江苏省，占据榜单 10.2%，共 51 家。广东、北京紧随其后，分别占据榜单 9.8% 和 8.6%，共 49 和 43 家（见图 1）。以上合计占据了上榜企业的半壁江山，其余 27 个省份不及五成。可以看出，长三角地区和北上广始终是文旅企业头部经济重要发展区。西北地区文旅龙头企业要与之对标，必须从文化、战略、组织、资源等方面主动对标一流质效，全面革新，才能提升起企业核心竞争力，缩小与其他发达地区的差距。

（二）一流文旅对标企业样本选取和对标框架构建

1. 样本选取

对标过程中，按维度选取各项排名前十强的文旅龙头企业进行分析研究，有助于甘肃省文旅龙头企业与国内一流企业精准对标，靶向发力。

华北地区　　东北地区　　华东地区　　华中地区
华南地区　　西南地区　　西北地区　　港澳台

福建
16

山东
14

安徽
12

新疆
4

浙江
63

江苏
51

港澳台
56

陕西
11

甘肃
4

海南
6

上海
25

江西
10

吉林
3

河南
7

湖北
14

广西
9

辽宁
7

黑龙江
1

广东
49

山西
2

云南
6

湖南
11

重庆
16

北京
43

贵州
13

天津
3

四川
16

西藏
2

河北
4

内蒙古
2

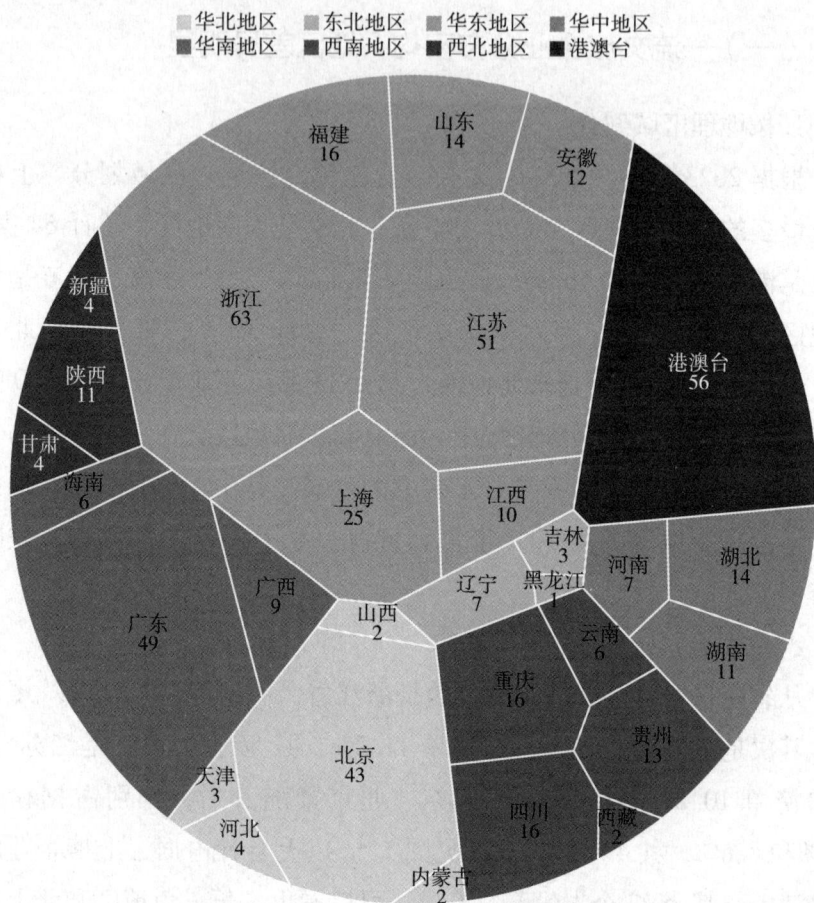

图1　中国500强文旅企业地理区域分布示意

资料来源：根据新旅界"2023中国文旅企业500强™榜单"资料计算所得。

根据排行榜榜单，按总营收、文旅营收、净利润、品牌影响力四个维度以及总分择选出各项前十强企业。中国旅游集团有限公司在五个分项中均位列前十；华侨城集团有限公司、北京首都旅游集团有限责任公司、锦江国际（集团）有限公司、携程集团有限公司4家企业除了净利润排名外，总营收、文旅营收、品牌影响力、总分四个分项全部进入十强名单；上海晨光文具股份有限公司和中原出版传媒投资控股集团有限公司进入总营收、文旅营收、总分三个分项十强名单；芜湖三七互娱网络科技集团股份有限公司进入文旅营收、净利润、总分三个分项十强名单；芒果超媒股份有限公司进入净利润、品牌影响力两个分项十强名单（见表3）。

表3 全国500强文旅企业中多项目入选十强榜单的企业

企业名称	项目分类				
	总营收得分	文旅营收得分	净利润得分	品牌影响力得分	总分
中国旅游集团有限公司	√	√	√	√	√
华侨城集团有限公司	√	√		√	√
北京首都旅游集团有限责任公司	√	√		√	√
锦江国际(集团)有限公司	√	√		√	√
携程集团有限公司	√	√		√	√
上海晨光文具股份有限公司	√	√			√
中原出版传媒投资控股集团有限公司	√	√			√
芜湖三七互娱网络科技集团股份有限公司		√			√
芒果超媒股份有限公司			√	√	
甘肃省公路航空旅游投资集团有限公司	√				√

资料来源：根据新旅界"2023中国文旅企业500强™榜单"资料汇总整理。

而甘肃省最大的文旅企业甘肃省公路航空旅游投资集团有限公司进入总营收、总分两个分项十强名单，成为甘肃文旅企业的"领头羊"。

湖北文化旅游集团有限公司、珠海九洲控股集团有限公司、广东省广告集团股份有限公司、江苏凤凰出版传媒集团有限公司、江西省出版传媒集团有限公司、厦门吉比特网络技术股份有限公司、中文天地出版传媒集团股份有限公司、乐华娱乐集团、山东出版集团有限公司、杭州市商贸旅游集团有限公司、电视广播有限公司、同程网络科技股份有限公司、华住集团有限公司和万达电影股份有限公司进入单项十强企业（见表4）。

表4 全国500强文旅企业中单项入选十强榜单的企业

项目分类	企业名称
总营收得分	湖北文化旅游集团有限公司
	珠海九洲控股集团有限公司
文旅营收得分	广东省广告集团股份有限公司
净利润得分	江苏凤凰出版传媒集团有限公司
	江西省出版传媒集团有限公司
	厦门吉比特网络技术股份有限公司
	中文天地出版传媒集团股份有限公司
	乐华娱乐集团
	山东出版集团有限公司
	杭州市商贸旅游集团有限公司
品牌影响力得分	电视广播有限公司
	同程网络科技股份有限公司
	华住集团有限公司
	万达电影股份有限公司

资料来源：根据新旅界"2023中国文旅企业500强™榜单"资料汇总整理。

2.对标框架构建

从文化价值、战略管理、组织管理及资源保障四个维度构建对标系统的一级指标，结合管理评价体系、文旅企业评价体系构建二级指标体系，结合全国一流文旅企业的现代化的管理体系，构建三级指标体系。通过甘肃文旅龙头企业与之管理实践进行对标，找出与全国一流文旅企业管理差距，以求奋勇追赶、缩小差距，打造甘肃文旅龙头企业的核心竞争力，为甘肃高质量发展保驾护航（见图2）。

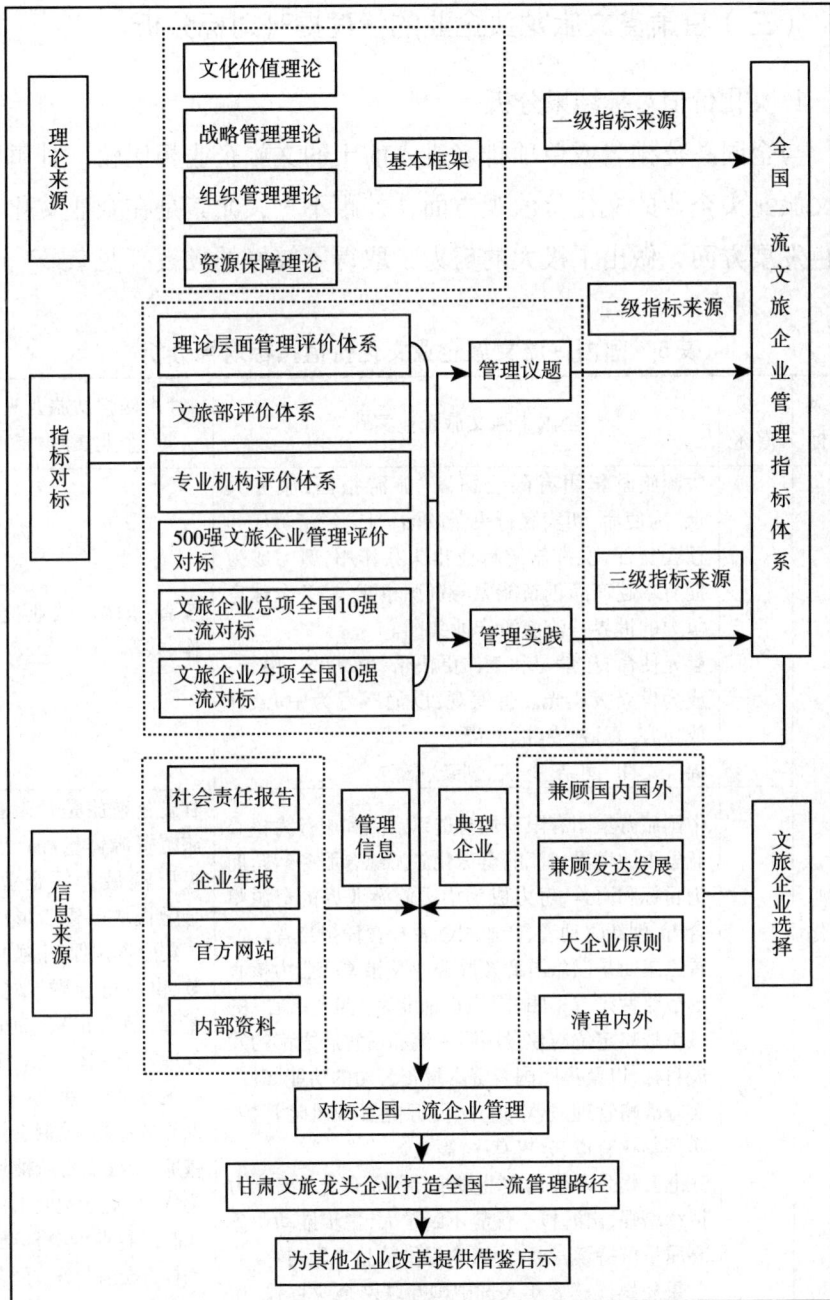

图2 对标全国一流文旅企业管理框架构建

（三）甘肃省文旅龙头企业的管理提升对标分析

1. 文化价值对标结果分析

与全国总分排名或单项排名进入前十的文旅企业相比较，甘肃四强文旅龙头企业的文化价值观方面，差距不大，尤其是在企业文化和绿色发展方面，做出了极大的努力，取得了较好的成效（见表5）。

表5 国内一流文旅企业文化价值指标对标分析

二级指标	三级指标	全国十强文旅企业实践	甘肃四强文旅龙头企业实践
企业文化	企业文化	中国旅游集团有限公司以"旅游报国，服务大众"为使命，切实履行央企政治责任、经济责任和社会责任，发挥旅游行业排头兵作用，努力成为拥有卓越产品创新能力与资源禀赋，具备全球竞争力的世界一流旅游产业集团。晨光使命：让学习和工作更快乐、更高效。愿景：成为世界级晨光。价值观：以消费者为中心、开放包容、真诚、专注、共赢。锦江集团：团结、务实、创新、廉洁	读者：创新、敬业、合作、共享
	国家形象	中国旅游集团有限公司打造以产品和服务为核心竞争力的世界一流的全球化旅游综合服务运营商为目标和愿景，努力成为中国旅游业界的资源整合者、创新驱动者、产业引领者和责任担当者。首旅集团是以旅游商贸服务业及相关产业为核心的战略性投资集团，围绕首都北京"四个中心"的城市战略定位与建设国际一流和谐宜居之都的发展目标，以及集团国有资本投资公司的功能属性，实施战略管理、资本运作、资源配置和风险管控，实现集权有道、分权有序、高效运转。三七互娱公司聚焦主业发展，精品游戏产出能力持续增强，出海核心优势不断扩大，稳步推动业务高质量可持续发展，为大众提供精品文化内容。芒果超媒连续五年入选中国互联网企业百强，连续六年入选"世界媒体五百强"	甘肃公航旅是甘肃省旅游资源体量和产业投资额最大的企业。金融板块已逐步形成了集融资担保、小额贷款、供应链金融、私募基金、融资租赁、商业保理等于一体的综合金融服务平台，建成中国西北最先进的金融仓储基地；产权交易所被评为AAA级交易机构，牵头制定行业业务标准，物权类交易业务位列全国前三，综合实力全国排名第九、西北第一

二级指标	三级指标	全国十强文旅企业实践	甘肃四强文旅龙头企业实践
绿色发展	低碳消费	万达公司将环保理念充分融入项目建设和运营发展、消费场景等各方面，大力实施节能减排，创造绿色购物环境，提升人们休闲生活消费品质，引领绿色低碳生活	甘肃公航旅建成全省首个低碳产业园，促进绿色路用新材料研发应用

资料来源：根据上市公司和公司官网资料汇总整理。

2.战略管理对标结果分析

与全国十强文旅企业相比较，甘肃四强文旅龙头企业战略国际化的脚步有些滞后，只有甘肃公航旅有所接触，在战略执行能力和战略单位指标方面，正在努力缩小差距（见表6）。

表6　国内一流文旅企业战略管理指标对标分析

二级指标	三级指标	全国十强文旅企业实践	甘肃四强文旅龙头企业实践
战略单位	环境分析	中国旅游集团有限公司以"旅游报国，服务大众"为使命，切实履行央企政治责任、经济责任和社会责任，发挥旅游行业排头兵作用，努力成为拥有卓越产品创新能力与资源禀赋，具备全球竞争力的世界一流旅游产业集团。中国旅游集团认真贯彻落实对标世界一流管理提升行动要求，持续完善和优化品牌架构体系，以"一个中旅，一个声音"向行业释放更体系化、专业化的信号，努力打造一个更具向心力、凝聚力的集团品牌，进一步擦亮中国旅游集团品牌形象。首旅集团树立"立足首都，辐射全国，品牌引领，资本助力，智慧赋能"的集团新使命。华侨城集团有限公司以"主题公园领导者、旅游产业领军者、城镇化价值实现者、互联网创新实践者"为战略定位	甘肃公航旅是在"公路促民航、交通带旅游"这一创新型集群发展战略思想主导下建立的，集公路、航空、旅游、金融于一体，负责全省高等级公路、通用航空、文化旅游等事业的投融资建设、管理运营和培育开发

二级指标	三级指标	全国十强文旅企业实践	甘肃四强文旅龙头企业实践
战略单位	内部判断	中原出版传媒集团高举习近平新时代中国特色社会主义思想伟大旗帜，深入贯彻习近平总书记关于社会主义文化建设重要论述和视察河南重要讲话重要指示，立足新发展阶段，完整、准确、全面贯彻新发展理念，紧抓构建新发展格局战略机遇，自觉承担起"举旗帜、聚民心、育新人、兴文化、展形象"的使命任务，以守正创新实现高质量发展，呈现良好的气势、趋势、态势	甘肃公航旅集聚了一批优质旅游资源，形成景区、酒店、营地、汽车运输、旅行社、研学等多种旅游业态跨界协同发展的经营模式，已成为全省旅游资源体量和产业投资额最大的企业。并全面推进内部资源整合，合理调整组织结构。持续深化管理层级压缩、法人数量精简、低效企业治理等工作，划转甘肃信瑞丰投资有限公司股权，管理层级压缩至3级以内；清理注销未实际运营分支机构9家；紧跟业务发展实际，整合担保集团区域分公司等10家业务单元，科学调整人员布局，实现人力资源配置进一步优化
战略国际化	国际化深度	锦江集团围绕"深耕国内、全球布局、跨国经营"战略，加快传统业态创新转型，着力提升品牌、质量、效益。集团先后收购法国卢浮酒店集团、铂涛集团、维也纳酒店集团并战略投资法国雅高酒店集团、丽笙酒店管理集团。加快打造"一中心三平台"，即：锦江酒店全球创新中心和WeHotel全球旅行产业共享平台、全球统一采购共享平台、全球酒店财务共享平台，推进全球酒店资源整合，对标国际一流，努力建设世界知名酒店管理集团。 芒果超媒作为海外市场拓展的先锋旗舰，芒果TV国际业务集平台运营、版权销售、项目合作、活动推广、产业开发于一体。芒果TV国际App于2018年上线，覆盖195个国家近2200万华语用户，内容涵盖综艺、剧集、纪录	甘肃公航旅的国际业务开拓不是战略重点，要打造国内一流文旅企业，需要今后加快开展国际技术、管理、创新领域的交流

二级指标	三级指标	全国十强文旅企业实践	甘肃四强文旅龙头企业实践
		片等多种类型,支持 18 种语言字幕,是地方广电自有平台出海的第一家;同时拥有 YouTube 平台目前订阅人数最多的华语视频内容官方频道,订阅用户已突破 530 万,总观看量超 12 亿次;独家代理湖南卫视、芒果 TV 海量自制综艺节目和优秀影视剧集的海外版权发行,与全球多家运营商、OTT 服务商、通信运营商和硬件厂商建立良好的合作往来	
战略引领	战略执行能力	中原出版传媒投资控股集团有限公司紧密结合集团发展战略,开设政治责任与意识形态安全等九个专题课程,涵盖战略推动、业务运转、内部管理等多板块,为新任经理提供了一份内容翔实、标准规范的"作业指导书"。针对关键环节和重要节点,讲政策、明方向,通流程、树规范,分享经验教训和心得感悟。特邀授业老师通过典型案例分享,深入浅出、生动形象地讲解了 3.0 时代实体门店的营销场景、运营逻辑、经营策略和线上线下融合发展的新模式、新思路,帮助新任经理更新知识,开阔视野,创新思维。首旅集团通过"品牌+资本+技术"三大核心能力的打造,实施"调结构、促协同、育先机"的经营策略,优化产业布局,形成"文娱、商业、住宿、餐饮、出行"五大战略业务单元。三七互娱公司持续推进"研运一体"战略,坚持"精品化、多元化、全球化"战略,重视研发投入及人才培养,自研产品具有高产出、高成功率和长周期等特性,在 MMORPG、卡牌、SLG 等多个细分市场形成专业化布局。公司研发团队不拘泥于舒适圈,积极布局多元品类,以全球化视野研发产品,在玩法设计、美术品质、音乐效果等细节上进行精细打磨,在选	甘肃公航旅在战略规划方面,注重战略研究、战略管理和战略运用,按照公航旅集团战略定位,制定突出主业优势的多元化增长战略和中长期发展规划,并以规划为引领激励经理层通过向世界一流企业的全面、长期、动态对标,推动公司经营业绩追赶提升。读者集团 2015 年 12 月 10 日在上海证券交易所成功挂牌上市,公司的成功上市,实现了甘肃省文化企业上市零的突破,成为西北地区首家在国内主板上市的出版传媒类企业,也是 A 股中唯一拥有出版行业品牌的概念股,对完善国内上市企业地区分布、促进甘肃省地方经济发展有着积极的带动作用;同时,有力提振了甘肃省文化产业发展的信心,对甘肃省文化领域继续深化改革、加快繁荣发展起到积极示范和引领带动作用

二级指标	三级指标	全国十强文旅企业实践	甘肃四强文旅龙头企业实践
		代、用户体验等方面持续投入，坚守"用匠心精神，做精品游戏"的追求，成为业内高质量精品游戏研发标杆。 芒果TV作为湖南广电"双核驱动"战略主体之一，与芒果互娱、天娱传媒、芒果影视、芒果娱乐等公司整体打包注入快乐购，正式成为国内A股首家国有控股的视频平台，快乐购正式更名为"芒果超媒"	

资料来源：根据上市公司和公司官网资料汇总整理。

3. 组织管理对标结果分析

与全国十强文旅企业相比较，甘肃四强文旅龙头企业在现代企业治理体系、组织创新、数字化转型和运营能力等方面都有长足进步，但质效不足。以甘肃公航旅和读者集团为代表的甘肃龙头企业正在赶超（见表7）。

表7　国内一流文旅企业组织管理指标对标分析

二级指标	三级指标	全国十强文旅企业实践	甘肃四强文旅龙头企业实践
现代企业治理体系	加强董事会建设，持续优化法人治理结构	万达电影：股东大会是公司的权力机构，下设监事会、董事会、委员会（提名委员会、审计委员会、战略委员会、薪酬与考核委员会）	甘肃公航旅全面推进规范型、决策型、战略型、协同型和高效型"五型"董事会建设。 读者集团：股东大会是公司的权力机构

二级指标	三级指标	全国十强文旅企业实践	甘肃四强文旅 龙头企业实践
组织 创新	创新 驱动	晨光坚持自主研发和设计创新，每年投入超 1 亿元用于技术研发和产品创新，目前已拥有专利 1000 余项。产品设计包揽国际四大工业设计奖，彰显了晨光国际一流的设计实力。其中，新产品"磁悬浮缓冲中性笔"，首创性在笔握处加入"同极相斥"磁力缓冲装置，缓解书写压力并保护笔头，并凭此创新设计斩获 2021 德国 iF 设计奖。 同程旅行致力于开发并应用先进科技，从在线旅游平台转型为智能出行管家	甘肃公航旅按照现代企业建设要求，不断完善董事会建设、精简法人机构数量、强化总部职能发挥，形成了科学合理的组织架构体系及运转高效的决策、激励和约束机制，公司治理能力持续提升，创新机制正在形成
数字化 转型	数字化	三七互娱数字赋能正向价值传播。三七互娱积极响应《数字中国建设整体布局规划》《关于推进实施国家文化数字化战略的意见》等政策要求，创作优质数字文化产品，助力中华优秀传统文化和社会正向价值的创新传播。 同程旅行作为科技驱动型公司，借助大数据及人工智能，更好地了解用户偏好和行为，向用户提供定制化产品及服务	甘肃公航旅自主开发设立了具备全国性的电子交易中心，搭建了招标采购数字化、规范化平台
运营管理	运营能力	芒果的核心优势在于工业化的内容生产能力。好莱坞的工业化制作能力代表了持续的优质 IP 电影输出，以及围绕 IP 衍生变现，芒果在综艺领域同样具备类似能力，剧集方面也在快速补齐短板。	兰州黄河生态旅游开发集团有限公司主要负责黄河兰州段国有经营性资产和非经营性资产整合、黄河生态产业投资建设与资产管理、黄河生态旅游开发保护与文化发掘、城市建设经营及城市管理服务等工作，

二级指标	三级指标	全国十强文旅企业实践	甘肃四强文旅龙头企业实践
运营管理	运营能力	此外,湖南台资源赋能也帮助公司形成了良好的内容竞争力、成本管控能力以及人才优势,收购了湖南广电旗下金鹰卡通,进一步对内容实力和 IP 运营能力进行补充。 同程旅行利用其多元化的流量渠道、产品的创新能力及灵活的运营策略,重点布局中国下沉市场并抓住机遇。透过对用户体验及先进技术能力的深入了解,彻底改变消费者对在线旅游行业的期望,使旅游过程更方便、更具个性化及更愉快。 中国旅游集团有限公司聚焦品牌架构优化,助力公司深化改革高质量发展。经营理念秉承"以客户为中心"的原则,以团队间紧密无缝的合作机制,以一丝不苟的敬业精神、真实诚信的合作理念,建立多赢的伙伴式合作体系,从而共同创造最大价值	业务涵盖"文旅开发、客货运营、资产管理、城市更新、路域经济"五个板块

资料来源:根据上市公司和公司官网资料汇总整理。

4. 资源保障对标结果分析

甘肃四强文旅龙头企业在服务品质方面,处于全国一流水平,尤其是甘肃公航旅和读者集团,正在加大赶超十强企业的步伐。在财务资本方面,甘肃以读者集团为代表的文旅龙头企业资产负债率较低,整体偿债能力处于国内较高水平(见表8)。

表8　国内一流文旅企业资源保障三级指标对标分析

二级指标	三级指标	全国十强文旅企业实践	甘肃四强文旅龙头企业实践
服务品质	服务能力	携程作为中国领先的综合性旅行服务公司,成功整合了高科技产业与传统旅行业,向超过2.5亿会员提供包括无线应用、酒店预订、机票预订、旅游度假、商旅管理及旅游资讯在内的全方位旅行服务,被誉为互联网和传统旅游无缝结合的典范	读者集团具有完整的期刊、图书(含教材教辅及一般图书)、电子音像出版物出版发行业务资质和业务体系,同时融合新媒体运营、文创产品开发及运营等新业态业务,年出版图书4000余种,发行近亿册;主办《读者》《飞碟探索》《甘肃教育研究》等13种期刊(报纸)。核心产品《读者》是全国最具影响力的期刊之一,发行量多年领跑中国期刊界,被誉为"中国人的心灵读本"
	服务水平	携程在在线旅行服务市场居领先地位,成为全球市值前三的在线旅行服务公司	甘肃公航旅国内主体信用评级为正面展望AAA,境外主体信用评级为BBB+。荣获"甘肃省先进企业"称号,先后11次获得甘肃省"省长金融奖";位列2022年全国地方政府投融资平台转型发展排行榜第3位;位列中国交通500强第30位,西北地区排名第一;位列2023年中国企业500强第147位、中国服务业企业500强第52位。 读者集团2015~2017年连续三年入选"全国文化企业30强"提名企业。"读者"品牌连续19次被世界品牌实验室评为"中国500强最具价值品牌",2022年品牌价值422.57亿元

续表

二级指标	三级指标	全国十强文旅企业实践	甘肃四强文旅 龙头企业实践
财务资本	净资产 收益率	三七互娱 9.54% 芒果超媒 9.00% 晨光股份 8.55% 省广集团 1.54% 吉比特 19.83% 中文传媒 4.77% 万达电影 5.77%	读者集团 1.81%
	资产负 债率	三七互娱 36.32% 芒果超媒 32.87% 晨光股份 42.13% 省广集团 43.44% 吉比特 24.11% 中文传媒 45.46% 万达电影 71.09%	读者集团 23.32%

资料来源：根据上市公司和公司官网资料汇总整理，财报数字源于2023年半年度报告。

综上，通过与国家一流文旅企业战略性对标分析，甘肃省文旅龙头企业在文化价值、战略管理、组织管理、资源保障等方面仍存在较大差距。为此，要以一流企业为标杆，参照它们的战略方向与路径，结合企业自身发展条件与资源状况，持续改善企业内部机制。通过加强企业文化价值观建设，提升战略管理的战略引领，强化数字化在组织管理上的应用，推动企业步入一流，并努力从"对标"向"创标"挺进。

三 甘肃省文旅龙头企业的培育

立足自有基础，扫描标杆企业，进行针对性的提升和目标性的培育。

（一）文旅产业基础雄厚

1. 旅游资源丰富

首先是旅游资源丰富多样。截至 2022 年 12 月底，甘肃省共有 A 级旅游景区 443 家，其中 5A 级旅游景区 7 家，4A 级旅游景区 133 家，3A 级旅游景区 233 家，2A 级旅游景区 69 家，1A 级旅游景区 1 家。甘肃拥有全国红色旅游经典景区 16 个，分为五个类别。分别为哈达铺红军长征纪念馆、岷州会议纪念馆、中国工农红军长征界石铺纪念园等三个革命历史纪念馆；腊子口战役遗址、榜罗镇革命遗址、红军西路军古浪战役遗址、山城堡战役遗址等四个革命遗址；高台烈士陵园；会宁红军长征会师旧址、俄界会议旧址和茨日那毛主席旧居、陕甘边区苏维埃政府旧址、两当兵变旧址、八路军兰州办事处旧址等五个革命旧址；玉门油田、艾黎纪念馆和舟曲特大山洪泥石流地质灾害纪念公园等三个其他类型的红色景区。拥有 11 个省级旅游度假区，为 2019 年确立的张掖市芦水湾旅游度假区、临夏州黄河三峡旅游度假区和张掖市肃南县裕固族民俗度假区；2020 年确立的兰州市兴隆山旅游度假区、定西市渭河源旅游度假区、甘肃省青鹃山旅游度假区和武威市天祝冰沟河旅游度假区；2021 年确立的天水市清水温泉旅游度假区；2022 年确立的青龙山（康县）国际旅游度假区、临夏市折桥湾旅游度假区、临夏松鸣岩旅游度假区。

其次是样板示范引领作用凸显。全省拥有国家级、省级全域旅游示范区 31 家，其中，3 家国家级全域旅游示范区，为敦煌市、嘉峪关市和平凉市崆峒区。28 家省级全域旅游示范区，首批为酒泉市玉门市、金昌市金川区、庆阳市庆城县和陇南市两当县 4 家；第二批为酒泉市瓜州县、张掖市临泽县和山丹县、武威市凉州区、白银市会宁县、天水市秦州区、平凉市泾川县和崇信县 8 家；第三批为天水市麦积区、陇南市成县和康县、酒泉市肃州区和金塔县、定西市临洮县、张掖市肃南县和民乐县、临夏州临夏市和白银市白银区10家；第四批为张掖市甘州区和高台县、平凉市庄浪县、定西市渭源县和漳县以及兰州新区6家。全省拥有全国乡村旅游重点村44家、重点镇6家。拥有14个乡村旅游示范县，120个文旅振兴乡村样板村。

再次是旅游保障措施到位。截至2022年12月底，甘肃省拥有旅行社960家，星级饭店342家，其中五星级2家，为甘肃阳光大酒店和敦煌市阳光沙州大酒店；四星级92家；三星级195家；二星级51家；一星级2家。2023年第二季度统计结果显示，甘肃省拥有旅行社已达1072家，组织国内旅游234087人次，接待420499人次；组织国内旅游849098人天，接待1717784人天。2023年前三季度，全省共接待游客3.03亿人次，较上年同期增长161%；实现旅游收入初步测算达到1910亿元，较上年同期增长234.5%，与2019年同期相比，低了11个百分点。其中，仅中秋国庆节假日期间，全省共接待游客2480万人次，较2022年同期增长172.7%，实现旅游收入148亿元，较2022年同期增长221%；游客人次分别恢复到2019年同期的105.6%和90.3%。整体来看，2023年前三季度，甘肃省文旅行业在加速复苏。全省已拥有4家甲级旅游民宿、2家乙级旅游民宿、13家丙级旅游民宿。

最后是消费市场建设逐步完善。甘肃省拥有国家级文化和旅游消费试点城市3个，为2020年确立的兰州市和张掖市，2021年确立的酒泉市。国家级休闲街区2个，省级旅游休闲街区14个。国家级夜间文化和旅游消费集聚区5个，为2021年确立的兰州市的兰州老街、嘉峪关市的嘉峪关·关城里景区、酒泉市的敦煌夜市特色商业街，2022年确立的兰州市的兰州创意文化产业园商业区和临夏回族自治州的八坊十三巷街区。

2.文化资源极具特色

公共文化服务高质量发展。据第五次《全国文化馆评估定级上等级文化馆名单》公布结果来看，全国上等级文化馆共计2734个，其中，一级文化馆 1449 个，二级文化馆 683 个，三级文化馆 602 个；分别比第四次评估定级的上等级文化馆数增长 7.22%；一级文化馆数增长 25.78%，二级文化馆数增长 1.19%，三级文化馆数下降 16.74%，可以看出，全国文化馆建设、管理、服务质量均有较大提升。其中，甘肃省第五次评估定级的上等级文化馆共有 86 个，其中一级文化馆 18 个，二级文化馆 28 个，三级文化馆 40 个；分别比第四次评估定级的上等级文化馆数增长 13.16%，一级文化馆数增长 50%，二级文化馆数增长 7.69%，三级文化馆数增长 5.26%。数据显示，甘肃省文化馆建设、管理和服务质量相较全国而言有大幅提升（见表 9）。

表 9　第四次、第五次全国文化馆评估定级上等级文化馆级别比较

单位：个，%

项目		上等级文化馆数	一级文化馆数	二级文化馆数	三级文化馆数
全国	第四次	2550	1152	675	723
	第五次	2734	1449	683	602
增长率		7.22	25.78	1.19	−16.74
甘肃	第四次	76	12	26	38
	第五次	86	18	28	40
增长率		13.16	50.00	7.69	5.26

资料来源：根据甘肃省文旅厅公布资料汇总整理计算所得。

据第六次《全国县级以上公共图书馆评估定级上等级馆名单》公布结果来看，全国上等级图书馆共计 2522 个，其中，一级图书馆 969 个，二级图书馆 519 个，三级图书馆 1034 个；分别比第五次评估定级的上等级图书馆数增长 13.09%，一级图书馆数增长 12.81%，二级图书馆数下降 18.91%，三级图书馆数增长 41.45%，可以看出，全国图书馆服务质量有了较大提升，覆盖率增加。其中，甘肃省第六次评估定级的上等级图书馆共有 74 个，其中一级图书馆 15 个，二级图书馆

17 个，三级图书馆 42 个，分别比第四次评估定级的上等级图书馆数增长 37.04%，一级图书馆数增长 36.36%，二级图书馆数增长 41.67%，三级图书馆数增长 35.48%。数据显示，甘肃省图书馆服务质量有了较大提升，覆盖率大幅提升，远超全国平均增幅（见表 10）。

表 10　第五次、第六次全国图书馆评估定级上等级图书馆级别比较

单位：个，%

项目		上等级图书馆数	一级图书馆数	二级图书馆数	三级图书馆数
全国	第五次	2230	859	640	731
	第六次	2522	969	519	1034
增长率		13.09	12.81	−18.91	41.45
甘肃	第五次	54	11	12	31
	第六次	74	15	17	42
增长率		37.04	36.36	41.67	35.48

资料来源：根据甘肃省文旅厅公布资料汇总整理计算所得。

文化传承与保护不断加强。甘肃省还拥有 7 家全国古籍重点保护单位，11 家甘肃省古籍重点保护单位。甘肃省国家级非遗名录项目 83 项、非遗传承人 68 人；省级非遗名录项目 493 项、非遗传承人 549 人。

演出市场蓬勃发展。甘肃省演出市场主体经营单位 375 家，娱乐场所经营单位 1346 家，艺术品经营单位 106 家。乡村舞台几乎全覆盖。

3. 文旅市场复苏增温

对外宣传力度加大。"聆听交响丝路、走进如意甘肃"等主题推广走向省外。借鸡下蛋，网络宣传效果显著。尤其是"跟着东方甄选看甘肃"带来了游客的"井喷式"增长。

文旅项目建设加速。甘南冶力关、临夏古生物化石景区 5A 级景区和永靖刘家峡国家级旅游度假区创建步伐加快。截至 2023 年前三

季度，全省实施了 601 个文旅项目，投资额达到了 136.3 亿元，与上年同期相比增长了 27%。

园区建设稳步推进。深化文旅融合，积极释放发展新动能。6 家文化产业园区基地进行了复核，推荐申报 12 家国家级文化产业园区基地；陇南油橄榄工业旅游景区、兰州 1929 本草世界工业旅游区获评国家工业旅游示范基地。

文旅融合、农旅融合继续深入。全省 260 个重点融合项目得以实施，打造出 30 条康养精品线路；甘南州扎尕那村入选联合国世界旅游组织"最佳旅游乡村"。

节会搭台、文旅唱戏。2023 年第六届丝绸之路（敦煌）国际文化博览会成功举办，119 家企业和 240 多名知名企业家、金融家、旅行商参会。26 个重点项目得以签约，金额达到 106 亿元。

（二）培育空间深度拓展

1. 集群空间的培育

产业集聚效应有助于拓展龙头企业生存空间、强化生存能力，文旅龙头企业的带动力最终体现在驱动地区文旅产业形成的聚集体，促使为文旅消费者提供产品和服务相关企业或机构的空间集聚，以此获得更为持续提升的竞争优势。集群空间的培育需要共生、共享，甘肃文旅产业有显著的地方特色，介入合作的企业往往在地域上相邻或相近，拥有相似的地缘文化，企业共生就必须打破原有的边界，消除区域分歧，共享资源要素，在协作中实现合作共赢。同时，甘肃文旅产业形成聚集体还需要互补性，有所需方有所求，要推动全域文化旅游资源利用融合、产品的融合创新和文旅市场的和合共生，就必须容长去短，才能形成全产业链发展新格局。

2. 资本市场的培育

树立金融强省、金融强业、金融强企的理念，建设甘肃特色的现代金融体系，为全省文旅企业发展提供优质、高效、安全的强力支撑。完善金融供给体系，灵活运用货币政策工具组合，打造良好的货币金融环境，保障文旅龙头企业的资金需求。丰富金融产品种类，加大金融服务创新力度，聚焦龙头企业发展中的重点、弱点、难点精准发力，推动直接融资和间接融资协调发展，夯实金融基础。

加快甘肃文旅龙头企业资本市场培育系统建设，进一步优化资本市场生态环境。坚持金融服务实体经济的基本要务，建立文旅上市后备企业库，对符合上市条件的龙头企业积极纳入后备库，为库内企业提供一站式的综合金融服务平台，确保服务工作流程化、业务电子化、数据可视化和管理智能化。并在信息安全的基础上，强化金融科技与资本市场深度融合，通过金融科技手段在资本市场的利用，畅通政企间信息数据整合共享，从源头提升上市企业的质量，做好龙头企业的培育工作。

3.专业人才的培育

锚定对标企业高水平人才队伍建设措施，因地制宜制定人才政策，针对性地为甘肃文旅龙头企业培育、引进人才，多方位加强人才队伍建设，激发人才干事创业的信心与激情。鼓励有条件的文旅龙头企业向"专精特新"企业转型，出台文旅行业的"专精特新"人才评定管理办法；支持企业建立研发机构，培育科研型专业人才，加快科研队伍建设，推动企业进行核心技术攻关、产业基础再造和产业链提升，为各成长阶段的"专精特新"类文旅龙头企业提供全方位服务。加大青年科研人才培养力度，以文化和旅游部《关于开展2023年度文化和旅游系统青年科研人才扶持计划的通知》为依据，通过培养与扶持青年科研人才，以此全面加强文旅系统的科研力量，提升研究工作的水平，并促进传统文化艺术资源和非物质遗产的活化、传承及传播。

4.政策空间的培育

打开政策空间，才能全力拼经济。国务院办公厅出台的《关于释放旅游消费潜力推动旅游业高质量发展的若干措施》指出，在文旅深度融合、度假休闲工程、体育旅游精品示范工程、乡村旅游提质增效、生态旅游产品发展、基础设施投入、盘活闲置旅游项目等方面通过优化消费环境、完善惠民政策、优化景区管理、完善交通服务、有序发展夜间经济、促进区域合作联动等手段激活旅游消费需求，通过政策支持、队伍建设、服务提升、秩序规范来提升行业综合能力。

文化和旅游部、国家发改委、财政部出台的《关于推动公共文化服务高质量发展的意见》，强调要深入推动公共文化服务的标准化建设、基层公共文化服务网络的完善、城乡公共文化空间的拓展、服务的提质增效、全民艺术普及品牌的做大做强、公共文化服务的数字化推进、社会资本和力量的注入、志愿者的特色服务和乡村文化治理。

甘肃省文旅厅出台的《甘肃省文化市场行政处罚自由裁量基准（2022年版）》有效保障了全省文化市场综合执法工作的全面准确性，防范自由裁量权空间过大；《文化市场综合行政执法能力提升行动实施方案》则指出要强化行政执法能力，增强执法效能，提升执法公信力；《甘肃省文化和旅游标准化工作管理办法（试行）》要求按照不同级别划分文旅标准，按照标准的约束力的等级划分为强制性标准、推荐性标准，行业标准、地方标准则是推荐性标准。

综上所述，一系列利好政策的密集出台为甘肃文旅龙头企业的培育打开了政策空间，促使企业从体制、机制上入手，激发内部潜力，充分调动企业活力，解放企业生产力，助推企业在竞争中求得发展。

5. 创新机制的培育

对标先进，创新体制机制，激发企业创造活力。文化和旅游部2023年公布了一批文旅数字化创新示范"十佳案例"和"优秀案例"，集中展示和推广文旅领域数字化创新的最新成果。案例集中在运用数字化手段促进文化表达方式的创新，在公共文化服务领域提升数字化服务水平，在文化资源数据的采集、加工、挖掘与数据服务方面进行数字化转型和升级，在文旅场景应用中搭建数字化文化体验线下场景以促进消费，提高数字化在治理能力和治理水平中的应用。通过推动数字技术与平台应用的深度融合，以科技赋能文旅融合高质量发展。

数字经济时代，数字文旅开辟了文旅融合的新领地，谁把握住数字经济的脉搏，谁就能突破传统发展的桎梏，谁就能成为行业发展的"弄潮儿"，抢得发展先机。为此，甘肃文旅龙头企业的创新一定是数字赋能下的创新，是数字动能驱使下的创新。只有抢搭上"新基建"的航母，才能确保企业乘风破浪，高质量发展。

参考文献

《2023 中国文旅企业 500 强™排行榜子榜单发布：国央企 VS 民企，谁主沉浮？》，新旅界，https：//www. lvjie. com. cn/2023/newactivity _ 0906/30369. html。

《天虹商场：第一届董事会第四十三次会议决议公告》，https：//www. doc88. com/p-7746112013932. html。

《甘肃省非物质文化遗产条例》，每日甘肃网，http：//gansu. gansudaily. com. cn/system/2022/07/13/030590867. shtml。

李楠、张陇堂：《甘肃"守艺人"竞技 非遗类文创"上新"》，中国旅游新闻网，http：//www. ctnews. com. cn/dongtai/content/2023 - 07/18/content _ 146239. html。

甘肃省非遗文创的设计与消费调查研究

王　屹*

摘　要： 从调查的总体情况来看，甘肃省非遗传承人与非遗文创设计者之间仍然存在具有结构性的交流困难问题。非遗文创设计者理念较为陈旧，由于设计能力与专业技术的限制，各个地方的非遗文创普遍表现为以平面化为特征的单维度设计，有可能导致部分文创产品的设计与质量不高，无法满足消费者群体的消费新需求，对多维度且容易产生创新的"文创功能性融合"与"融合型非遗"文创设计的探索还有待展开。非遗文创消费者消费理念则更加务实，非遗文创的功能性融入开始更加吸引消费者的青睐，但甘肃非遗文创对产品功能性融入的设计与拓展还比较欠缺，有必要进一步通过"创融+"模式推动非遗文创设计与消费的创新发展，更多体现甘肃非遗文化资源的经济动能与市场价值。

关键词： 非遗文创　融合创新　功能融入　实用消费

一　基本概念与意义

（一）概念与内涵

1. 概念界定

非遗文创的设计与消费主要体现为非物质文化遗产、文化创意

---

* 王屹，甘肃省社会科学院丝绸之路研究所助理研究员，主要研究方向为哲学、历史学。

设计与文化消费的复合型概念（其中的消费概念包含广义消费与狭义消费）；核心主要由文化资源、创新能力与消费主体等三方面构成（其中的消费主体主要是指从市场需求角度界定的消费活动主体）；运行构架包括非物质文化遗产素材、技术保证与设计、团队与个人创造能力、市场产业化运营、消费等五个层面；其目标是为广大人民群众提供优质的文化产品、弘扬与传播中华优秀传统文化、增强文化自信，实现其经济与社会效益。总体来说，甘肃省非遗文创设计与消费的基本概念主要是指：对甘肃省非物质文化遗产资源进行文创设计，体现中华民族优秀传统文化内核，满足人民群众日益提高的文化需求，发挥文化动能，实现社会效益与经济效益，激发创新活力。

2. 基本内涵

党的十九大报告中提出，要"推动中华优秀传统文化创造性转化、创新性发展"；党的二十大报告中强调，"全面建设社会主义现代化国家，必须坚持中国特色社会主义文化发展道路，增强文化自信""激发全民族文化创新创造活力，增强实现中华民族伟大复兴的精神力量"。非遗文创呼应了我国文化建设事业的发展方向，为全民族文化创新提供文化动能，以符合时代与社会发展的优秀精神文化产品体现价值引领与文化发展。

联合国教科文组织在《保护非物质文化遗产公约》（2018年版）就明确界定："某些形式的非物质文化遗产可能产生的商业活动和与非物质文化遗产相关的文化产品和服务贸易，可提高人们对此类遗产重要性的认识，并为其从业者带来收益。这些商业和贸易活动有助于推动地方经济发展，增强社会凝聚力。"需要注意的是，非遗文创的设计具有文化引领与价值导向的重要作用，在满足市场需求的同时，发挥文化引领与价值引导作用。因此，非遗文创产品的消费概念应当是正确社会价值观的弘扬与市场文化产品消费的结合。需要说明的是，非遗文创设计来源于非物质文化遗产资源，是在保护基础上对其文化元素的扩展与应用。

（二）研究意义

意义主要体现在以下七个方面：一是为甘肃省华夏文明的活态传承与发展提供文化资源与文化空间，形成甘肃文化生态保护与文化活态循环体系；二是为甘肃非物质文化资源的原生态保护与适应时代发展提供具有实践价值的方法与路径；三是为打造甘肃非物质文化遗产名片提供样本，有助于形成甘肃的整体文化展示；四是为甘肃非遗文创设计提供有现实参考价值的思路，探索"结构融合型"文创设计理念的可行性与价值；五是发现甘肃文创设计与文化产品消费之间的内在关系，发现其内在运行规律与发展方向；六是探寻甘肃非物质文化遗产的文化产业拉升动力，体现价值引领与增强文化自信；七是发现甘肃非物质文化遗产的潜在消费热点，通过应用现代科技手段与方法，推动非遗文创设计实现"元素+育成+消费吸引"的文化产品输出，满足人民群众日益提高的文化需求。

二 甘肃省非遗文创设计与消费的基本情况

（一）政策支撑与发展理念

1. 政策支撑

2022年6月2日，甘肃省第十三届人民代表大会常务委员会第三十一次会议修订通过并公布《甘肃省非物质文化遗产条例》，自2022年8月1日起施行。新修订的条例共有六章、五十八条，主要涉及保护、参与、融合、发展与法律规章等方面，具体涵盖专家参与、交流合作、社区融入、国民教育融入、乡村振兴融入与经济促进等内容。新修订的条例与近年来非物质文化遗产保护工作中新的政策法规和理念要求相衔接，并与甘肃非物质文化遗产保护现实相结合，通过地方立法的方式，将甘肃省非遗保护工作实践中所产生的行之有效的制度和措施加以推行。①

2. 发展理念与运作模式

甘肃省非物质文化遗产保护的理念是坚持中国共产党的领导，坚持以人民为中心，坚持以社会主义核心价值观为引领，坚持创造性转化、创新性发展。其运作模式体现为非物质文化遗产以"融入"为特征的传播与利用路径、方式与方法。如《甘肃省非物质文化遗产条例》指出，县级以上人民政府及有关部门应当支持社区将非物质文化遗产保护工作融入社区建设，加强社区传习展示场所建设，打造社区特色文化。中、小学校应当依法开设非物质文化遗产特色课程，可以聘请代表性传承人、民间艺人等担任兼职教师，建立工作室，组织学生开展非物质文化遗产教学实践活动。鼓励、支持将非物质文化遗产保护与"一带一路"建设，黄河流域生态保护和高质量发展，黄河、长城、长征国家文化公园建设，华夏文明传承创新区建设等有机融合，通过创新体制机制，推动非物质文化遗产保护、传承与弘扬。县级以上人民政府应当在实施乡村振兴战略和新型城镇化建设中，将非物质文化遗产保护与美丽乡村建设、农耕文化保护、传统村落保护发展、城市建设相结合，支持非物质文化遗产特色村镇、特色街区建设，发展乡村文化旅游和研学活动。②

① 《甘肃省非物质文化遗产条例》，国家法律法规数据库，2022 年 6 月 2 日，https://flk.npc.gov.cn/detail2.html？ZmY4MDgxODE4MTk1MWUxNzAxODFhOTMwNDgwMTY2MTU。

② 《甘肃省非物质文化遗产条例》，国家法律法规数据库，2022 年 6 月 2 日，https://flk.npc.gov.cn/detail2.html？ZmY4MDgxODE4MTk1MWUxNzAxODFhOTMwNDgwMTY2MTU。

（二）基本构成与发展动力

1. 甘肃非遗文创的主要构成

甘肃省文化和旅游厅数据显示，截至 2023 年 6 月，甘肃有花儿、环县道情皮影戏、格萨（斯）尔 3 个项目入选联合国教科文组织人类非遗代表作名录，有 83 项非物质文化遗产项目入选国家级非物质文化遗产代表性项目名录。目前，甘肃已设立 8 个省级文化生态保护区，认定 121 家省级及以上非遗工坊，其中 3 家企业入选国家级非物质文化遗产生产性保护示范基地，临夏砖雕、保安族腰刀锻制技艺等 15 个国家级非遗项目被列入第一批国家传统工艺振兴目录。[①]

2022 年 6 月 21 日，甘肃省文化和旅游厅、甘肃省人力资源和社会保障厅、甘肃省乡村振兴局印发《甘肃省级非遗工坊认定与管理暂行办法》（简称《办法》）的通知，《办法》"分为总则、申报与认定、建设与管理、附则四章、共十七条具体内容，细化了各级文化和旅游、人力资源和社会保障、乡村振兴主管部门工作职责，在推动省级非遗工坊加强非遗保护、促进就业增收、巩固脱贫成果、助力乡村振兴等方面，将发挥积极作用，取得显著成效"。[②]《办法》指出，"'省级非遗工坊'，是指依托非物质文化遗产代表性项目或传统手工艺，开展非遗保护传承，带动当地人群就地就近就业的各类经营主体和生产加工点。经省文化和旅游厅、省人力资源和社会保障厅、省乡村振兴局共同审核认定并予以挂牌"，目的是"省级非遗工坊要在加

---

① 《甘肃省非遗系统性保护成果展在敦煌拉开帷幕》，甘肃省文化和旅游厅网站，2023 年 6 月 26 日，https：//wlt. gansu. gov. cn/wlt/c108541/202306/169871305. shtml。

② 《甘肃省级非遗工坊认定与管理暂行办法印发实施》，中华人民共和国文化和旅游部网站，2023 年 6 月 23 日，https：//www. mct. gov. cn/wlbphone/wlbydd/xxfb/qglb/gs/202206/t20220 623_ 934059. html。

强非遗保护、促进就业增收、巩固脱贫成果、助力乡村振兴等方面，发挥积极作用，取得显著成效"。2022 年 12 月，甘肃省文化和旅游厅、甘肃省人力资源和社会保障厅、甘肃省乡村振兴局联合印发通知，公布了 2022 年度甘肃省级非遗工坊认定结果，裕固族服饰、敦煌彩塑制作技艺、雅路人麻鞋等 28 家非遗工坊榜上有名。① 文化和旅游部、国家乡村振兴局支持甘肃省建成 2 家非遗工坊，甘肃省先后认定两批共 119 家省级非遗工坊，全省省级及以上非遗工坊数量已达 121 家。

2. 非遗文创设计与消费的动力支撑

甘肃省文化和旅游厅数据显示，全省各市（州）共公布 2186 项代表性项目（市州级），认定 3452 名市（州）级传承人；各县（区）共公布 5396 项代表性项目（县区级），认定 8299 名县（区）级传承人，甘肃省已形成了比较完整的国家、省、市、县四级非遗名录体系。另外，全省认定省级及以上非遗工坊 121 家。连续举办了"非遗过大年·文化进万家""文化和自然遗产日""非遗购物节"等全省性的非遗宣传展示活动，组织参加了中国非遗博览会、成都国际非遗节、西部花儿邀请赛等国内重大节会活动，2 条非遗旅游线路入选全国 12 条主题线路之列。②

2023 年 6 月 26 日，由中共甘肃省委宣传部指导，甘肃省文化和旅游厅、中共酒泉市委、酒泉市人民政府共同主办的甘肃省非遗展示展销暨全省非遗文创大赛系列活动在敦煌市启动。大赛当天，"甘肃省非遗系统性保护成果展集中展出全省 14 个市（州）的 2000 余件优质非

---

① 《甘肃省新认定 28 家省级非遗工坊》，甘肃省文化和旅游厅网站，2022 年 12 月 13 日，https：//wlt.gansu.gov.cn/wlt/c108547/202212/2168187.shtml。

② 《甘肃省非遗系统性保护成果展在敦煌拉开帷幕》，甘肃省文化和旅游厅网站，2023 年 6 月 26 日，https：//wlt.gansu.gov.cn/wlt/c108541/202306/169871305. shtml。

遗展品，邀请多名非遗传承人进行现场活态展示，并通过图文并茂、现场工作人员解说等方式，展示甘肃各地非遗形象，共享非遗之美。甘肃省非遗工坊展示展销活动，通过线下销售、线上网红和非遗传承人直播带货相结合的方式，集中展销41家非遗工坊6000多件非遗文创产品，凝聚匠心，传承文化之根"。① 据甘肃省文化和旅游厅发布的消息，"2023年6月26日，由甘肃省委宣传部指导，中国工业设计协会支持，甘肃省文化和旅游厅、酒泉市委市政府共同主办的甘肃省非遗工作管理暨非遗文创设计提升培训班在酒泉敦煌市开班。培训班邀请了中国工业设计协会专家就非遗文创设计开发进行专题授课，同时，甘肃省文化和旅游厅围绕非遗保护工作进行专业解读和辅导。此次培训将有效提高甘肃省非遗工作管理人员业务水平，推动非遗文创设计开发工作迈上新的台阶"。②

三　甘肃省非遗文创设计与消费的三重视角调查

（一）以甘肃省非遗文创设计与消费理念为视角的调查

1. 以非物质文化遗产传承人理念为侧重

近些年来，甘肃非物质文化遗产保护已经取得了长足的进步，特别是在物质建设投入方面更是成绩斐然。在取得成绩的同时，也需要注意非物质文化遗产在软性发展层面所存在的问题。主要

---

① 《甘肃省非遗展示展销暨全省非遗文创大赛系列活动盛大开幕》，甘肃省文化和旅游厅网站，2023年6月26日，https：//wlt.gansu.gov.cn/wlt/c108541/202306/169871195.shtml。

② 《全省非遗 工作管理暨非遗文创设计提升培训班在酒泉敦煌开班》，甘肃省文化和旅游厅网站，2023年6月26日，https：//wlt.gansu.gov.cn/wlt/c108541/202306/169871786.shtml。

包括三方面，一是互联网生态对非遗文创设计理念在推广与干扰之间带来的矛盾；二是消费端需求与供给端不足所形成的矛盾；三是非物质文化遗产脱离原生态环境后所造成的形式与内容的矛盾。在走访中有非物质文化遗产传承人表示，"（搜集设计素材）现在好像干个啥都要先到手机上搜一搜，以前都是靠腿到处走着、靠嘴问着、靠眼看着学，现在可好，成躺着、刷着（手机）、复制（互联网图片）着学了……有些人是啥花哨就整啥，能卖出去就行……"从现实情况来看，互联网生态在极大地推广与展现甘肃省非物质文化遗产的同时，也在一定程度上干扰了非物质文化传承的发展理念，如互联网的即时性传播与反馈造成部分非物质文化遗产传承人与非遗文创设计者过度关注非遗消费端的反应，过度迎合市场从而可能导致原生态非物质文化资源的滥用。针对这一问题，有非遗传承人就表示，"作品能受到社会的认可、消费者的欢迎，就是对我们（非遗传承人）的最大激励，但也不能一味迎合市场……我们要以时代为背景，多创作好作品，用好作品去打动消费者，促进消费者对非遗文化价值理念与认识的提升，满足消费者进一步增长的消费需求……"

通过访谈了解到，非物质文化遗产在繁华的背后，也存在可能会影响到其健康发展的隐忧，特别是非物质文化遗产的软性构成方面，如非遗文创传统技艺的过度提升有可能造成非遗文创内在独特性的缺失。这种隐忧主要来自三个方面，一是用便捷的现代工具（如模具、数控机床等）代替传统的手工细作，以牺牲产品质量为代价来降低成本。二是过多的事务性需求被不断施加到非遗传承人层面，导致非遗传承人无法静下心来从事非遗保护与传承事业，而是忙于应付各种活动。三是非物质文化遗产的原生态环境被进一步压缩，非物质文化赖以生存的原生态环境的缺失可能导致非物质文化遗产内涵的丢失。

2. 以非遗文创设计者理念为侧重

甘肃非遗文创设计虽然已经取得了一定的进步，但总体来看，非遗文创设计者的理念还是较为陈旧，对甘肃丰富的文化资源利用依然主要停留在传统的平面化即一维度利用层面，其表现主要就看图画画、复制粘贴，高维度设计理念体现得还不充分，受单维度空间的限制，从而可能造成文创产品的散、乱、小，由此带来的不利影响就是文化资源的厚度难以体现，文化热点转瞬即逝，大量文化资源在粗加工、表面化利用之后即被市场抛弃。非遗文创的高维度设计理念主要包括：文化资源核心理念的提取；静态文化资源的时代活化；文创设计的功能性融入对设计产品的应用提升；取象比类（取文化资源之"象"，比功能应用之"类"）的跨越式创新融合；具有三维乃至于超维的设计认知。

在走访中有非遗文创设计者表示，"有时发现一个有关非遗文创的好资源，刚尝试着初步推出了一些产品，结果没过几天就发现满大街都是，基本是照猫画虎，游客也只是图个新奇，价格当然越便宜越好，结果就是质量越来越次，游客新鲜感也没了……感觉原本还能够深挖的文化资源就这样给浪费了……"非遗文创设计的平面化、单一化、雷同化、表面化等现象是文化资源利用停留在浅层应用的体现，由此导致文创设计缺乏深刻的文化价值附着，在快速呼应市场需求的同时，由于文创设计自身能力的欠缺（如专业程度、加工制作技艺的不成熟等）导致市场反应平平，使原本具有发展前景的非遗文创产品市场价值实现困难。

3. 以非遗文创消费理念为侧重

通过实地走访了解到，消费者对非遗文创的消费日趋理性，从调研的情况来看，主要有三种消费理念，一是"到此一游型"理念，体现为以平面化、小型化、装饰化为特征的文创产品消费，如各类证章、纪念币、画册等传统旅游纪念品，通过市场走访了解到，其消费价格普遍在 5~30 元；二是"非遗文创使用型"理念，体现为以文创产品的实用性为目标的文创产品消费，如具有非遗文创设计元素的日常生活用品等，消费价格一般在 10~100 元；三是"非遗文创收藏型"理念，体现为对各类非遗文创作品的收藏型消费，如绘画、雕刻、泥塑、金属锻造、漆木技艺等，其市场价格大多在百元以上，乃至数千数万元。

在走访中有消费者表示，"走了几千公里，咋能不买点纪念品带回去？选择那些好携带、地方特色浓郁、价格实惠的吧，最好还是要有用，带回去也能使用的那种，就像茶杯、雨伞、手提袋这些……"从走访情况来看，消费者希望文创设计者能多推出一些具有实用功能的文创产品，但目前甘肃文创设计的功能性融入设计理念还有待提高，目前也主要是将非遗文创元素复制在目标对象表面，基本体现为"万物皆可贴"的设计理念，非遗文创设计对功能性融入的认识与拓展仍需进一步探索。

4.三种理念的交互分析

通过走访了解到，非物质文化遗产传承人理念较为矛盾，原生态非遗文创实际上面临保护与发展的两难困境，如果坚守原生态技艺，产品数量有限且价格昂贵，对市场需求反应迟钝，非遗文创产品的经济价值实现困难，而过多以市场需求为导向，以数量换质量，又可能造成非遗文化资源的大量浪费。

访谈结果显示，非遗文创设计者理念较为陈旧，由于设计能力与制作技术的限制，个别地方非遗文创普遍表现为以平面化为特征的单维度设计，抛开各种各样的文创门类不说，仅从设计层面来看，实际体现为设计能力的单一化与趋同化。

通过对消费群体的访谈了解到，非遗文创消费者消费理念更加务实，非遗文创的实用性开始更加吸引消费者的青睐，但甘肃非遗文创产品的实用性主要还是以表面化复制的形式体现，非遗文创对产品的功能性融入与拓展欠缺。

对以上三种理念交互不难发现，非遗传承人与非遗文创设计者之间的理念相互并行，但在消费层面形成交互，所不同的是，非遗传承人虽有系统且专业的作品呈现，但对于市场的理念与认知相对缺乏，而非遗文创设计者虽具有灵敏的市场认知与反应，但又受限于设计理念的落后与专业性的不足，而广大的非遗文创消费者的理念已进一步发展，消费需求不能得到充分的满足。因此，甘肃省非遗文创的设计与消费在遍地开花的同时，其扎根并不稳固，甘肃厚重文化资源的深度尚未触及，非物质文化产业发展理念仍需提升。

（二）以非遗文创设计与消费行为为视角的调查

1. 以非遗传承人为视角的调查

非遗传承人是非遗文创的起点构成，其主体由具有代表性的非物质文化遗产传承人构成，所注重的是对优秀传统非物质文化遗产原汁原味地传承与保护。其主要功能是形成原生态非遗资源核心保护区，在守护好非遗火种的基础上，进一步发展与提升非遗技艺，形成非遗文化资源的活态发展态势。通过访谈甘肃省级非遗传承人了解到，目前非遗传承人继承与保护传统非物质文化遗产的方法主要包括三种，一是确保原生态传统技艺的完整性；二是非遗传承人创作符合时代发展需要的非遗作品；三是与市场对接，以求实现非遗产品的市场价值。从非遗的整体构成来看，具有生产加工性质的非遗门类（如砖雕、砚台、泥塑雕刻、剪纸等）与技艺展示型的非遗门类（如花儿、凉州孝贤、传统赛会等）具有相同的内在发展构成，体现为以传承保护为主的"传统技艺+创新发展+价值实现"三个大的环节。

通过访谈了解到，非遗传承人在三大环节上所侧重的比例也会有所不同，有将传统技艺传承作为首位的，也有将价值实现或创新发展放在首位的，接受访谈的某省级非物质文化遗产传承人表示，"传统的技艺还是要发展啊，你看咱们甘肃、兰州这么多的文化遗产，我们也一天想着怎样把这些特色都给表现出来，宣传甘肃、宣传兰州……我们的作品受到社会的欢迎、人们的认可就是对我们传承人最大的激励啊……"另一位非遗传承人则表示，"传承人的作品还是要更多地面向社会，现在我们每天忙于创作，实际上对市场的发展与变化感觉不灵敏，有些设计跟不上时代的发展与人们的审美，推向市场的作品也没有达到预期的效果……在传承方面感觉愿意传承我们这些手艺的年轻人还是太少了，也缺乏和年轻人交流的机会……"

2.以非遗文创设计者为视角的调查

非遗文创设计者是非遗文创的中段构成，并非一定是非遗传承人，其主体为从事非遗（包括有形文化遗存）文创设计、制作与推广的广大非遗文创设计者，所注重的是发现市场热点，实现非遗文创产品的市场价值，其主要功能是通过与消费市场的紧密连接，开发与设计具有高度市场化的文创产品。这一层面的内在构成，一般体现为以价值实现为首的"价值实现+设计创新+文化资源"结构。

通过访谈非遗文创设计者了解到，随着甘肃省旅游市场的不断发展，旅游群体对甘肃文创产品的需求也在不断提升，以往那些缺乏设计感的传统旅游纪念品，已不能满足人们日益发展的消费需求，市场呼唤具有更多设计理念、更多实用功能、更多地域特色的文创产品。有非遗文创设计者表示，"现在经营文创类商品还必须有自己的特色才行，消费者需要啥我们就设计啥，你看这些敦煌壁画图案的杯垫子就是听游客的建议最近才设计推出的……但总觉得自己的设计与制作技术还是有些欠缺，虽有想法，但作品还是粗糙了些，自然价格也就十分便宜了……在非遗文创设计这一块，年轻人嘛，敢想敢做，可能没有那么多的顾虑吧……"当问及非遗文创设计者与非遗传承人之间是否有所交流时，受访对象表示，"我们不是非遗传承人，也没有和非遗传承人深入交流过，要是有机会向非遗传承人学习交流那可是求之不得……希望能够通过系统的学习提升技能……"

3. 以非遗文创消费者为视角的调查

非遗文创消费者是非遗文创实现自身价值的末端构成，所注重的是非遗文创产品对消费者自身价值需求的满足。非遗文创消费端的主要功能是实现非遗产品的市场价值，并向非遗文创的中段（设计开发者）与形成端（非遗传承人）反馈消费需求，由此形成文创产品的回环式螺旋构成。非遗文创消费端主要由消费动机、消费行为与消费满意度三方面构成。其中消费动机包括文化动机、实用动机与精神动机等；消费行为包括购买行为、参与行为与使用行为等。消费满意度体现为消费者对文创产品使用的正面评价或负面评价，由此形成文创产品设计的动力来源之一。

从走访情况来看，消费者已经由传统的纪念品消费进入更加重视非遗文创产品的实用性层面，即体现为文创产品的功能性融合。某博物馆文创产品营业人员则表示，"现在这些有实用功能的文创产品明显更受消费者欢迎，你看那些扇子、布袋、梳子、笔记本、杯子、靠垫啥的都卖得快得很……我们发现还是一些价格不高又具有实用功能的文创产品更受消费者欢迎……我们这里也有高端的非物质文化文创产品，相比较那些实用些的商品来说就要走得（卖得）慢些……原因主要一是价格高，二是看起来颜色还有设计啥的看起来好像还是有些单调，实用性也不强……"

4. 以上三重视角的交互分析

非遗传承人视角：注重非遗技艺的保护与发展，但客观上也存在传承困难、市场开拓能力有待提高、发展空间相对狭小等问题。

非遗文创设计者视角：注重价值实现，与市场需求紧密联系，敢于创新，热爱中华优秀传统文化，但设计门类分散且专业程度有待提高。

非遗文创消费者视角：消费行为日趋理性，重视文创产品的设计性，更加注重文创产品的功能性融合。

交互分析不难发现，非遗传承人与非遗文创设计者之间存在某种结构性的障碍，主要体现为非遗传承人在传承困难、市场开拓有限的同时，非遗文创设计者又缺乏与非遗传承人之间的沟通交流与学习平台，消费者对于文创产品设计的反馈虽能得到非遗文创设计者的足够关注，但由于非遗文创设计者系统化专业水平的限制，有可能导致部分文创产品的设计质量不高，无法满足消费者群体的消费需求，由此造成的不利因素有四点：一是非遗传承人的传承对象相对狭窄且不稳定；二是非遗传承人文创作品的设计虽有所创新，但仍然主要停留在传统领域，市场反馈相对滞后；三是非遗文创设计者缺乏与非遗传承人之间的沟通平台，由此可能造成非遗文创的系统性和专业程度欠缺；四是非遗文创消费群体的消费需求得不到充分满足、消费行为无法充分释放，消费热点浅尝辄止，造成非遗文创设计与消费的碎片化，长期如此可能不利于甘肃省非遗文创设计与消费的健康发展。

（三）甘肃省非遗文创设计与消费的价值实现路径

1. 非遗文创设计的资源层

甘肃省极其丰富的文化资源储备是非遗文创设计实现其社会价值与经济价值的来源，人力资源则是实现其价值的根本所在。因此，甘肃省非遗文创资源实际主要由历史形成的文化资源储备与流动变化的人力资源储备共同构成。从文化资源储备角度来看，静态文化资源的活化程度与人力资源的发展程度正相关，正是由于非遗传承与设计人才的层出不穷，才可能形成静态文化资源的活化与时代化转化，人才是非遗文创设计层面的核心。

甘肃省非遗文创设计团队建设已经取得一定的发展，但从调查的情况来看，依然存在专业性不强、文化深耕能力欠缺与系统化发展缺失的问题，有受访非遗传承人就表示，"活到老、学到老是我们这一行的信条，确实也觉得自己的理念、技术与其他地方的传承人相比是有些落后，所以每年我都会自己掏钱参加各种文化艺术类的学习班……特别希望能够得到系统全面的培训，但那种两三天走走过场的培训还是算了……"而某位接受访谈的非遗文创设计者则表示，"我们这里从事非遗文创设计生产的主要都是热爱传统文化的年轻人自发的，基本上没有啥文创设计加工的专业技术，所以你看这些活儿（文创产品）还是粗糙些嘛，经常是游客看看也就又放下了……我们这里每年旅游季节也就到十月底就结束了，第二年六月份才又逐渐到旺季，一年里有半年要么出去打工、要么在家闲着，想去学个什么也没处去……"从调查的总体情况来看，甘肃非遗文创设计人力资源层面仍然存在较大的提升必要，利用旅游周期开展文创设计的体系化培训将对文创设计人力资源的发展起到极大的促进作用。

2. 非遗文创的市场消费层

市场消费层是非遗文创设计实现社会价值与经济价值的重要环节，消费群体消费理念与消费行为的客观存在，具体地推动了非遗文创设计与产品的细分与发展。可以说，消费群体是推动非遗文创设计与发展的主要动力之一。有受访非遗传承人表示，"现在我的非遗设计与制作主要由三部分组成，一是高端作品，主要用来参加国内外各项比赛；二是面向各种展览、展示推出的中高档作品；第三就是面向消费市场的普及性作品……这其中主要能产生经济效益的还得靠这些普及性作品，市场与消费者认可我们才能有进一步发展的动力么……"

非遗文创的市场消费价值实现路径主要体现在所提供商品具体物质功能属性与抽象文化艺术属性相统一的关系层面上。从调研走访的情况来看，文创设计产品的物质功能属性与抽象的文化艺术属性需要形成一个合理且平衡的组合，这种达到物质功能与精神艺术属性相互平衡的非遗文创设计产品，往往更容易被消费市场所认可，并可形成体系化发展模式，不断推陈出新、深耕细作。这就需要突破平面化单维设计思路，体现多维度设计思维，推出"融合型非遗"理念。这种"融合型非遗"文创具有较高的文化承载能力与可塑性，能够充分体现不同的设计意图，在单独作品设计中体现多种复合型非遗技艺，且具有易加工、功能融入便利、地方特色浓郁等特征。例如，在敦煌非遗文创设计中就可推出具有以上特征的"融合型非遗"文创产品——"敦煌沙刻"（也可命名为"敦煌沙客"），即将敦煌周边沙漠中的黄沙经过固化处理后再雕刻、塑造的三维立体设计与造型，向消费市场推出微缩版的敦煌莫高窟全景、月牙泉全景、阳关全景、人物形象等，其内在地包含了泥塑、雕刻、绘画等多种非遗门类，由于敦煌黄沙固化技术的可塑性较强，还可以探索制作物质功能属性与文化艺术属性更为平衡的非遗文创产品，如"敦煌沙刻"系列的茶盘器皿等。敦煌地区的黄沙在敦煌千年历史与文化的浸润中拥有独特的精神价值与文化属性，"敦煌沙刻"是敦煌地区非遗文创设计与消费值得关注的"融合型非遗"新领域。

3. 非遗文创设计与消费支撑体系

甘肃省非遗文创设计与消费的价值实现路径主要体现在近期搭建平台、中期创新突破与长期教育培训等三个方面。一是近期搭建平台。从调查研究的情况来看，甘肃省非遗文创的设计层面存在一定的结构性障碍，体现为非遗传承人与非遗文创设计者之间交流不畅，由此带来的影响就是部分非遗传承人传承困难、市场意识缺乏，而非遗文创设计者又投师无门，非遗文创设计的交流学习平台有待进一步搭建与完善。二是中期创新突破。这就需要非遗文创设计者提升设计理念，进一步提升系统化设计专业知识与实践技术，在甘肃雄厚文化资源储备的优势条件下，通过非遗文创的跨领域组合与更大范围的功能性融合实现甘肃非遗设计的创新与突破。三是长期教育培训。从调查总体情况来看，无论是非遗传承人还是非遗文创设计者都明确表达了期待进一步学习与提升的愿望，甘肃文化事业与文化产业说到底，就是人的事业。可以说，吸引人才、培养人才、发挥人才作用是甘肃文化事业与文化产业发展的重中之重。

消费支撑是甘肃非遗文创体系化、专业化、深度化与融合化的价值实现，消费热点将更有可能在以实用、特色、艺术性等为一体的文创设计作品中产生，文创设计作品的功能与质量将会成为消费市场所关注的重要方面。非遗文创消费支撑力度在不断加强的同时，也在另一个方面体现了人民群众对中华优秀传统文化发自内心的热爱，优秀的非遗文创设计在实现自身经济价值的同时，也更多地体现了正确社会价值的表达与引领，是讲好中国故事、演绎甘肃精彩的重要载体。

四 甘肃省非遗文创设计与消费调查研究发现的问题与对策建议

（一）发现的主要问题

1. 非遗文创设计理念与创新相对滞后，低水平重复较为显著

通过对调查走访情况的分析不难看出，甘肃省非遗文创设计理念与创新思维相对滞后，主要表现在对非遗文创设计的多维度认知不足，产品质量参差不齐。目前甘肃非遗文创产品的设计仍然主要停留在一维度的平面设计层面，非遗文创产品大多专业水平不显著、复制模仿严重。对多维度且容易产生创新的"文创功能性融合"与"融合型非遗"文创设计的探索还有待展开。

2. 非遗文创设计层面交流不畅，互补不足

甘肃省非遗传承人与非遗文创设计者之间仍然存在具有结构性的交流困难问题。非遗传承人在传承困难与市场反应相对滞后的同时，非遗文创设计者也缺乏与非遗传承人交流的有效途径。非遗传承人与非遗文创设计者之间的互补关系不显著，由此可能导致甘肃省非物质文化遗产资源利用与开发不足、创新乏力等问题。

3.非遗文创设计体系化培训欠缺，专业程度不高

在调查走访中，无论是非遗传承人还是非遗文创设计者几乎都明确地表达了希望能够得到系统化的专业提升需求，特别是"候鸟型"非遗文创设计者（即旅游旺季回乡设计制作文创产品，淡季外出他乡务工）更是需求强烈。甘肃非遗文创设计专业程度总体欠缺，由此可能导致原本极具市场价值与开发前景的非物质文化遗产资源因设计缺失、呈现粗糙，而难以被消费者、被市场所认可，造成宝贵非遗文创资源的浪费。甘肃省目前的非遗文创培训的系统性与持续性还有待加强，亟须对非遗文创设计领域专业技能的提升。

4.非遗文创消费层面相对狭小，消费需求难以满足

甘肃非遗文创设计的消费总体上相对狭窄，"非遗文创+"模式的消费市场还在进一步的形成与探索过程中。由于非遗文创产品设计文化属性与功能属性的最佳平衡点尚不明确，市场消费者对非遗文创产品的定位也比较模糊，部分具有使用功能的非遗文创产品设计也大多雷同，能够引发消费者兴趣的文创功能性融合产品不多，消费者非遗文创的消费需求尚未得到满足。

（二）对策建议

1.理念先行、创新推动

甘肃省非遗文创设计需要进一步体现开放性与多维度设计理念，有必要对"融合型非遗"与"文创功能性融合"设计理念施以更多的关注，通过"创融+"模式推动非遗文创设计与消费的创新发展，更多体现甘肃非遗文化资源的经济动能与市场价值。

2.搭建平台、互补共进

甘肃省非遗文创设计与消费的健康发展离不开各个环节相互之间的交流与互补，这就需要政府或主管部门搭建各类交流平台，以促进

非遗文创设计的行业间交流，形成具有互补特征的行业发展框架，形成消费市场及时有效的信息与需求反馈，促进形成甘肃非遗文创设计与消费的互动模式，体现文化发展动力。

3. 体系培训、错峰开展

甘肃非遗文创资源的进一步发展需要更加具有体系化与专业化的非遗文创培训机制，遵循理论与实践并重的培训原则，培训对象包含非遗传承人与广大非遗文创设计者，并根据地方非遗文创产业发展规律，选择比较稳定的时间段，如非旅游高峰期，围绕地方特色、引入先进理念、提升专业技能，为下一个文旅高峰的到来提供非遗文创的设计创新并开发市场热点。

4. 消费提升、需求多元

甘肃省非遗文创产品的消费供给需要打破简单复制、加工粗糙、设计缺失、应用狭小等限制，满足消费市场对"功能性融合"文创产品的需求，面向各个层面的消费群体，实现消费市场功能性文创产品的日常化与普遍化，将非遗文创产品设计与消费从传统的单一旅游市场拓展到多元的日用消费市场，从而体现甘肃非遗文创设计与消费"以功能促文创、以文创强功能"的发展动力。

参考文献

王宏建：《艺术概论》，文化艺术出版社，2010。

张彰、臧国超：《非遗文化创意产品设计》，机械工业出版社，2023。

栗翠、张娜、王东东：《文创产品设计开发》，中国轻工业出版社，2021。

周睿、费凌峰、高森盍：《文创产品设计开发与实践》，化学工业出版社，2023。

B.10
民俗文化赋能甘肃旅游品牌发展研究

郭建平 *

摘 要： 本报告首先概述了甘肃民俗文化以多种形式赋能"如意甘肃"文旅品牌发展的现状及其特征，分析了民俗文化赋能甘肃旅游品牌发展中存在的主题不够突出、民俗文化的应用缺乏核心发展思路、民俗文化活动及形式重复和单一、无法形成品牌认知链等问题，提出了民俗文化可持续性发展、以文化创意赋能传统民俗文化、以文化产业推动传统民俗文化、以数字化方式传承传统民俗文化、打破民俗文化圈层、注重人员培训、宣传推介提质增效等赋能旅游品牌打造的建议。

关键词： 民俗文化 甘肃旅游 品牌

一 民俗生活对甘肃旅游品牌的文化赋能现状

（一）概况

1. 以节造势，以势促游

除春节、中秋节、重阳节、端午节等传统节日外，甘肃民俗中还有回族的古尔邦节、开斋节，藏族的正月法会、藏历年、正月十五晒

---

* 郭建平，甘肃省社会科学院文化研究所副研究馆员，主要研究方向为文化产业。

佛节、四月娘乃节、五月采花节、七月说法节、毛兰姆节、香浪节，蒙古族"那达慕"大会，哈萨克族"阿肯弹唱会"，土族"纳顿"节，蒙、藏、裕固的祭敖包，西和、礼县乞巧节，临夏莲花山、松鸣岩"花儿"会，天水伏羲文化节、伏羲庙会，庆阳周祖陵祭祖等。还有现代的甘南香巴拉艺术节、庆阳香包艺术节、肃南马蹄寺观光旅游节、嘉峪关国际滑翔节等。

节会是展现各地民俗文化的盛会，也是促进旅游发展的平台和载体。从2002年开始，庆阳市通过举办香包民俗文化节，培育骨干民俗企业，造就了民间艺术人才，兴起了民俗文化产业，先后被命名为"香包刺绣之乡""民间剪纸之乡""皮影之乡""荷花舞之乡""周祖农耕文化之乡"等。天水伏羲文化节是甘肃省天水市一年一度的大型祭祀伏羲典礼的群众性节庆活动，每年农历五月十三日举行，在传统文化价值日益重大、意义更为凸显的当下，祭祀伏羲——从早期的民间祭祀转化为公祭，在官方的认可与重视中，公祭伏羲的文化象征意义更为深远。甘南的香巴拉艺术节，万人锅庄舞令人震撼。临夏的莲花山、松鸣岩"花儿"会，庆阳庆城县的周祖陵祭祖活动、肃南马蹄寺观光旅游节等都具有一定影响力。这些节会不仅推出高峰论坛、民俗文化嘉年华、招商引资洽谈会，还有民俗风情市集、文艺演出、赛事活动、研学体验、工艺品展出和传统美食等，既提升城市和地区文化品位、形象，又促进地区文化、旅游、经济发展。

2. 传统美食，强劲发展

甘肃传统美食有兰州牛肉面、酿皮子，陇东羊肉泡馍、涎水面、糖酥饼，河西搓鱼子、炮仗子，天水呱呱、猪油合，民勤沙米凉粉，回族"油香"、"馓子"、手抓羊羔肉、黄焖羊肉、烤全羊，东乡族"吃鸡尖""端全羊"，藏族马奶酒、糌粑、酸奶、藏包、蕨麻米饭、手抓肉，以及地方土特产百合、蕨麻、白兰瓜、黄河蜜、甘谷辣椒、庆阳黄花菜、永登苦水玫瑰、三泡台、罐罐茶、藏区酥油茶，以及平凉、成县油茶等。饮食文化为甘肃旅游市场带来巨大发展空间和潜力。

以兰州牛肉面为代表的传统美食，展现强劲的发展势头。兰州牛肉拉面行业协会会员企业从100家发展到500余家。兰州牛肉面已覆盖全国，遍布50多个国家和地区，面馆数量超过5万家。已经连续举办三届"中国兰州牛肉拉面文化节""中国面食博览会"。省会兰州从牛奶鸡蛋醪糟带火的正宁路夜市，到独具特色的南关风情美食街，再到新开发的黄河食渡、大众巷星光夜市、兰州老街（2021年文旅部第一批国家级夜市街区）、兰州市兰州创意文化产业园商业区（2022年文旅部第二批国家级夜市街区），聚焦了种类丰富、花样繁多的西北特色饮食。酒泉市敦煌夜市特色商业街（2021年文旅部第一批国家级夜市街区）、嘉峪关市嘉峪关·关城里景区（2021年文旅部第一批国家级夜市街区）、张掖老街、临夏州八坊十三巷街区（2022年文旅部第二批国家级夜市街区）、定西岷州小吃街、金昌羊肉一条街等，让甘肃旅游愈加丰富，成为甘肃文化旅游消费目的地，同时受到央视财经频道"消费主张"栏目组关注，进行"2023中国夜市全攻略·甘肃兰州"的拍摄。

3. 民俗建筑，与现代交融

在中国传统文化中，建筑最能反映当地自然地理环境特征。甘肃民俗建筑简朴而宁静，悠久而亲切，包括汉族民居、裕固族方形帐房、平凉地坑庄子民居及庆阳窑洞、甘南藏式建筑、陇南羌藏建筑以及各处散落的古民居、古村落等。与自然环境相融、和谐统一，其生态、文化和经济价值不断显现。扎尕那村藏族建造起了座座"踏板房"，以木板代瓦片，依次叠压踏板，并以石块和木条加固，依山鳞次栉比、层层叠叠的老屋形成独特亮丽的风景线。在庆阳随处可见窑洞，它们或傍山而建，或平地而箍，或沉入地下，构成了一种独特的地理风貌。天祝县天堂镇充分利用得天独厚的区位优势和自然资源，把生态民俗旅游作为特色主导产业，构建起自然风光、民俗风情、民族文化、避暑休闲的特色文化旅游小镇。传统特色建筑与现代社会交融，不断发挥出原生态生活、自然风景、独特民俗文化的功能作用。

4.民间歌舞，创排发展

民间歌舞是民俗生活中最具意蕴的表达形式。甘肃境内流传广泛的社火歌舞，有兰州太平鼓舞、武威攻鼓舞、民乐顶碗舞、陇东秧歌，以及天水扇鼓舞、腊花等；民歌有"花儿"；曲艺有河西宝卷、凉州贤孝、骆驼号子等；戏剧有陇剧、西秦腔、秦安通渭小曲戏、陇西云阳板、环县道情皮影戏等。每逢春节或其他重大节日，这些民间歌舞便以各自鲜明的艺术特色活跃在甘肃大地上。

《丝路花雨》《大梦敦煌》《又见敦煌》等其他现代歌舞剧，则以民俗敦煌壁画、民间传说、经变故事等为蓝本改编而成，具有民俗文化浓厚、故事完整、脉络清晰、想象丰富兼具传统与现实、文化与精神一脉相承的特色，在浪漫主义色彩和舞台效果烘托中，形成敦煌文化认知与民族精神共鸣。情景剧《回道张掖》，采用霍去病西征、隋炀帝西巡、万国博览会等题材，展现丝路重镇张掖的千年历史文化。情景歌舞《白马山寨》，植入农耕体验、婚俗文化、传统手工艺品制作、美食等。舞剧《丝路花雨》在兰州常态化驻场演出，新创排旅游驻场演艺《乐动敦煌》《千手千眼》《天马行》《天下雄关》投入运营。这些成熟完整的艺术表演，应用民俗文化的特征、表现力和感染力，不断提升、营造甘肃旅游的魅力和观赏性。

5.民族服饰，文化符号

传统民族服饰在民俗生活、文化展演、展览和舞台表演中扮演重要角色，成为独特的文化符号，展现出强烈的地域文化特征。回族、东乡族和保安族妇女戴盖头，男子戴白色无檐小帽、毛毡帽。裕固族女子戴红缨帽。藏族戴"太如帽"、着藏袍。裕固族服饰，雪山蒙古族服饰，东乡族男子短衣、肥裤、马甲、皮靴、马靴装束，女子服饰绣花边、绣花鞋以及各种各样的民族配饰，藏银、玛瑙质地的耳环、耳坠、项链、排珠、银盘等饰物和保安腰刀，成为不同民族的重要标识。

裕固彩虹服饰成为张掖市弱水收费站工作着装，在冰沟丹霞景区、马蹄寺景区、中华裕固风情走廊康乐景区，裕固族服饰成为一张美丽名片。肃南裕固族服饰形成"尧尔娃娃""萨尔玛""艾温特"等品牌，其中"尧尔娃娃"拥有专利27项、商标7项、著作权1项。① 服饰与民俗活动互为映照，风姿绰约姹紫嫣红的独特造型吸引了大量游客，在甘肃民俗旅游、文化休闲和各种展演中占有重要地位。

6. 游艺活动，增添活力

民俗游艺活动种类多、活动时间长、覆盖面广、影响力大，受到各界群众普遍关注。民俗游艺有看花灯猜灯谜、踢毽子及特色游艺等，东乡族有青少年玩的"咭咭杜""耍火把"，保安族有传统体育"打五枪"，哈萨克族有叼羊活动，藏族有锅庄舞，蒙古族有摔跤、赛马等活动。从城市到乡村，从景区到景点，甘肃围绕传统节庆及假日推出民俗游戏等系列互动体验活动，生动地展示了甘肃民俗游艺活动的巨大活力和吸引力，在弘扬传统节俗文化的同时也对甘肃旅游市场的发展产生积极作用。此外，民俗游艺活动还不断为四季旅游赋能。

7. 民间工艺品，熠熠生辉

甘肃有着悠久的传统手工艺历史，民间工艺品在时代变迁中仍然熠熠生辉。典型工艺品包括庆阳香包和牛皮影、平凉纸织画、天水雕漆漆器、兰州微雕刻葫芦、竹篮寨泥玩具、临夏砖雕、卓尼洮砚、甘南唐卡、酒泉夜光杯、保安族腰刀、武威"铜奔马"、敦煌工艺骆驼和沙画，以及各地剪纸、刺绣、石雕等，不仅具有实用功能，也透射

---

① 张栎：《让非遗文化"火"起来的甘肃实践》，凤凰网，2023年2月21日，https：//i. ifeng.com/c/8NZ8zhVMdMc。

出甘肃悠久的人文历史和深厚的文化底蕴。庆阳香包产品远销 20 多
个国家和地区，年销售产品 40 多万件，销售额近 2000 万元。① 酒泉
夜光杯促进玉器行业的兴旺，对酒泉旅游产业的发展起到推动作用。
临夏就是一座砖雕博物馆，砖雕让城市拥有独特韵味和时代精神。洮
砚是我国"四大名砚"之一，卓尼洮砚产品畅销九州，远销国外。
唐卡是藏族文化中独具特色的绘画艺术形式，精美的画作充满韵味。
保安族腰刀转型向生活化厨房刀具发展。伴随经济社会发展，人们生
活水平不断提高，消费观念和消费水平也有了很大的转变与提升，民
间工艺品大量成为商品活跃在旅游市场。

（二）特征

1. 民俗文化进一步使甘肃游变得多姿多彩

甘肃是一个多民族共存的地区。除了春节、中秋节、重阳节、端
午节等传统节日外，还有回族、藏族、蒙古族、哈萨克族、土族等少
数民族节日以及宗教民俗等，在不同时节和不同地域发生。历久弥新
的文化传统与审美情趣、生机盎然的风土人情、灿烂的服饰文化、风
味独特的饮食以及民俗民族建筑、婚丧嫁娶习俗、传统技艺等，让甘
肃游变得丰富多彩。

2. 乡村民俗，打造"陇上乡遇"

民俗文化集乡村民居、建筑、民宿、地方传统小吃、传统生产工
艺作坊、展览馆陈列展示、文化演艺活动等于一体，通过社火、秧
歌、灯展、采摘踏青、游园赏花、避暑纳凉、冬季休闲等活动形式，
打造乡村民俗产品；以"乡宿、乡游、乡味、乡识、乡见"为中心，
保留住乡村质朴风味，提升乡村景区观赏度和吸引力；以民俗丰富的

---

① 李红军：《庆阳香包：千年技艺从"炕头"走向世界》，甘肃省文化和旅游厅网
站，2022 年 11 月 8 日，https：//wlt. gansu. gov. cn/wlt/c108560/202211/2150863.
shtml。

旅游业态和休闲娱乐项目等，提升"陇上乡遇"品牌号召力。目前，甘肃已有专业旅游村 1270 家，农家乐 21500 家①，2022 年甘肃乡村旅游游客达 8938.34 万人次，旅游收入约 265.47 亿元。②

3."沉浸式体验"，拓宽旅游空间

当前，民俗文化旅游渐渐演变为沉浸式文化感知体验和新消费发展趋势，不断拓展旅游内涵，为旅游增添色彩。乡村民宿体验，成为民俗文化旅游风景。截至 2023 年 2 月，全省有 4 家民宿创建为国家甲级旅游民宿、2 家民宿创建为国家乙级旅游民宿，融合风俗礼仪、民间演艺、乡村赛事等，构建乡村体验、研学、康养度假型等民宿。

4.特色民俗文化博览园、古城、村庄建立，拉动客源

全省各地一批民俗文化博览园、古城、村庄相继建立，有效地拉动省内外客源的增长。河西民俗文化博览园融河西浓郁的民俗文化特色、古建筑风格、民族风情、历史文化、河西美食、手工制作及农耕文化为一体，成为以古城风格融入民俗文化的旅游产品。临夏市八坊十三巷民族风情古街区，集砖雕、木刻、彩绘等特色建筑于一体，是河州民族民俗文化的名片。河州苑是临夏县民间集精细砖雕、木雕于一体的民居建筑。文县白马民俗文化风情园区，展示白马人沙嘎帽、面具、服饰及特色食品等民俗产品，围绕琵琶弹唱、玉垒花灯戏、洋汤号子等组建民俗表演队。古浪县金水源丝路民俗驿站以复原百年西部民俗农耕文化历史变迁为主，与大漠观光、民俗婚礼庆典等相结合的沙漠文化旅游景区，2021 年被评定为国家 AAA 级旅游景区，2021 年景区接待游客 5 万余人次，实现旅游综合

---

① 《甘肃文旅从文化"出圈"到产业"破圈"》，每日甘肃网，2023 年 5 月 17 日，https：//baijiahao.baidu.com/s？id=1766130818885235789&wfr=spider&for=pc。
② 中国经济信息社、甘肃省文化和旅游厅编《中国·甘肃乡村旅游发展指数报告（2022）》，2023 年 3 月 29 日。

收入 38 万元。①

5. 民俗文博旅游新场景

甘肃有遍布各地的民俗博物馆，如白银市靖远县大坝村民俗博物馆、敦煌民俗博物馆、陇东民俗博物馆、酒泉民俗博物馆、积石山县民族民俗博物馆、岷县民族民俗博物馆等。随着"文博热"的不断升温，越来越多的民众选择在节假日走进博物馆触摸历史，同时民俗博物馆也成为亲子游活动场所。博物馆开展各种主题元素的小手工、DIY 手绘帆布包、沉浸式观看视频短片等活动吸引了很多人参加；民俗博物馆展出不同时期极具特色的历史遗存，展现过往岁月里人们躬耕劳作、生产生活的广阔风貌，具有强烈的地域文化烙痕和艺术魅力，多维度展现陇原大地风采。近两年，甘肃各地的博物馆、美术馆、文化馆不断以展示、展览、研学、旅行等形式，成为展示民俗文化、历史文化、地域文化的新兴旅游方式，而博物馆也采用更年轻化的方式使文物和背后的历史变得鲜活。

6. 文化影视，提升传播力

以影视讲述民俗文化背后的真实故事，传递民俗文化久远的精彩，拓宽甘肃文旅的传播渠道。甘肃先后拍摄非遗题材纪录片《兰州匠人》《梦幻凉州》《凉州攻鼓子》《西茂的婚礼》《江河万古流》《中国少数民族影像志》记录甘肃境内藏族、蒙古族、回族、东乡族、保安族、裕固族等少数民族独特的传统文化，以及《伏羲大典》《祁连山下》《裕固婚俗》《裕固服饰》《中国肃北蒙古族服饰》等影视作品。其中，《江河万古流》《梦幻凉州》在央视科教频道播出，《梦幻凉州》入选 2022 年第二季度优秀国产纪录片推荐目录；《西茂

---

① 《古浪县金水源丝路民俗驿站简介》，古浪县人民政府网站，2022 年 5 月 17 日，http：//www.gulang.gov.cn/art/2022/5/17/art_ 10015_ 904212.html。

的婚礼》，入围"2022 中国（广州）国际纪录片节金红棉优秀纪录片"，荣获甘肃省第十届敦煌文艺奖。

二 民俗文化赋能甘肃旅游品牌打造中存在的问题

（一）民俗文化面临的现实窘境

第一，甘肃传统民俗文化生态在外来文化冲击下，加速服饰、语言、建筑、生活习俗、节庆活动等传统民俗文化发生变异、同化或消失。

第二，民俗文化产品内涵广泛，交叉性特征明显，民俗清晰分类变得越来越困难；地域性、民族性特征使很多民俗文化资源和产品开发举步维艰。

第三，甘肃东西跨度 1600 公里，每走一处都是一俗一味一言。旅游者通过参观、参与、品味各种不同民俗事象，而表达这些民俗事象后所蕴藏的文化形态、历史传统、存续方式、美学情趣及艺术取向等较为繁杂。

（二）多样性明显，主题不够突出

1. 多样性明显

甘肃具有吸引力的民俗文化类型，除了民族歌舞、传统美食能给旅游者留下深刻印象外，其他如节庆、民族服饰、建筑特色、民间工艺品等很难引发旅游市场的注意力，主要原因与民俗文化产生的历史传统、自然环境、人文精神、生活习俗有很大关系。

2. 主题不够突出

随着经济的发展，地方政府和社会组织开始重视和保护民俗文化，发挥其在社会认同、文化传承、文旅融合的作用。但是随着人们的生活方式发生巨大改变，文化活动呈现丰富多样的现象，有些民俗文化逐渐被遗忘或边缘化。民俗文化活动显得创新不足和应用主题不够突出。

（三）民俗文化的应用，缺乏核心思路

1. 阐释性不足

由于民俗文化大多是在历史条件和特定生活环境中产生和传承，所处环境、渊源、背景和表达的方式、内容都富有深意和内涵。在日常生活中代代传承，靠的是群体心理的认同。由于一些特殊原因，更多深层次的民俗文化阐释性不尽如人意，从旅游理论上解释为浅层化表达。

2. 再现力不足

民俗是社会生产和生活中逐渐形成、较为稳定的文化现象和风尚，目前，民俗文化产品重点开发多停留在餐饮、娱乐、民宿等层面以及敦煌舞乐个例中。有些民俗民间文化没有很好地表现在当代文化生活、音乐舞蹈等现代艺术形式中。部分民俗活动略显雷同和表层化，缺乏与现代审美相融合的创意，难以获得年轻一代的喜爱和认同。

（四）民俗文化活动及形式重复和单一

目前，甘肃境内很多独特民俗资源仍未转化成旅游精品项目。已有民俗文化旅游项目多数处于静态观赏、游览的状况，而更多民俗文化的应用还处在进一步挖掘和市场检验中。民俗文化深度体验型项目少，欠缺文化韵味，且重复和混杂，沉浸式运用不足，甘肃民俗文化活动需要更多热点带动和广泛的认知推送。

（五）民俗文化无法形成品牌认知链

近年来甘肃虽然不断开发出民俗文化新的旅游产品，但富有时代

创意、个性鲜明、内涵丰富的产品极少，影响和弱化了民俗文化发展的空间广度；虽然一些民俗文化项目拥有一定的形象和品牌，产生出带动和辐射效果，但总体而言整体效应没能形成，品牌认知链和品牌带动性不明显。截至目前，甘肃民俗文化的大发展需要有更明确的发展思路、有效的组织和核心引擎牵动，完成民众对民俗的认知与认可。

三　民俗文化推进甘肃旅游品牌打造的发展建议

（一）民俗文化的发展也需要可持续性

一是政府一直支持民俗文化活动开展，政府发挥引导与服务作用，取其精华，去其糟粕，提高群众的认同感、参与度。发动社会力量参与策划组织执行，将民俗文化资源市场化运营。二是将民俗文化融入党史学习教育、新时代文明实践、中国传统节日振兴工程、非物质文化遗产保护工作和文明乡村/美丽乡村创建等工作中，积极为传统民俗文化创新发展夯实基础。三是加大产学研一体的文创中心、文化科技研发、工艺实验室、人才培养基地的建设，完善研发、融资、人力资源、知识产权交易等公共服务平台体系。四是明确农业农村部门的文化职能，将民俗节日文化纳入农业农村部门绩效考核指标体系，提升农业农村部门对文化治理的认知和管理水平。五是发挥民俗文化功能，发动社区、企业、社会组织的力量，开展周边文化配套，将文旅文创、社区治理、产业开发融入传统民俗文化活动。

（二）以文化创意赋能传统民俗文化

在保护传承传统手工艺、老字号、民俗节日等基础上，面向大众生活审美需求，提取传统文化基因。一是有效转化民俗文化。将民俗文化元素与现代艺术、设计和商业相结合，以文化创意赋能传统民俗节日文化，增强审美韵味，培养美育意识，让民俗文化焕发新魅力。二是切实满足消费需求。与现代生活方式结合，回归大众生活。大部分民俗文化拥有中国式美学意境，从其消费方式可以分为新产品、新品牌、新场景。三是着力凸显民俗主题，创造"品牌"。以现代思想、理念、设备、技术、产品推动以民俗为主题的改革创新，以能否被大众接受并喜爱为标准形成产品及品牌。

（三）以文化产业推动传统民俗文化

一是加大统计认定和政策引导。专项开展特色民俗文化资源和特色文化产业的厘清工作，对省、市级非遗的经营主体可认定为特色文化企业，并将认定范围从民间艺术进一步扩大到中医药、制茶工艺、古法酿酒等老字号和传统技艺，依据小微企业或个体经营特点，制定税收优惠政策和产业引导政策。

二是小批量、个性化、聚落化的生产集聚。形成专业化分工产业链条和产业协同网络，有效整合产业要素，依托集聚效应，不断积累文化产业核心竞争优势。推进民俗文化与创意优势、相关产业嫁接，实现新生业态群落生长。

三是推进产业跨界深度融合。着力以特色民俗文化产业支持促进旅游业高质量发展，扩大特色文化产业收入在旅游业中的占比。推动民俗类手工艺品、特色农产品线上销售。引导培育地方文旅品牌。

（四）以数字化方式传承传统民俗文化

《"十四五"旅游业发展规划》中提出，"开发数字化体验产品，发展沉浸式互动体验、虚拟展示、智慧导览等新型旅游服务"。利用大数据等技术对当今文化需求、审美趣味、艺术品位等方面进行科学判断与定位，运用全新数字、光影、VR 等多重现代科技方式，以期民俗文化传承在思想性、艺术性、科学性、观赏性、教育性、趣味性上的有机结合。用好数字化叙事形式，在传统民俗文化呈现中融入声音、图片、文字、动画、影视等多种现代元素，讲好传统文化背后的精彩故事。运用短视频、全息投影等技术，为旅游业营造高沉浸感、高互动性的体验环境。推进甘肃乡村旅游从单一观光游览，向数字化、沉浸式、互动性等多元化方向发展。

（五）打破民俗文化圈层，丰富文旅业态

打破民俗文化圈层，与城市发展需要相结合、与文化事业发展需要相融合、与市民文化生活需求相结合，通过创新延伸出丰富的"文化+""歌舞+""民艺+""游艺+""服饰+"等内涵的文旅"应用场景"。变社区为景区。推动民俗研学、特色民宿、沉浸式体验、互动旅游、国风国潮、康养等民俗文旅业态不断提升发展，打造富有现代艺术气息的娱乐活动，让众多传统节庆成为最为深刻的文化记忆。以文化创意介入乡村空间美学重构和产业融合，推动乡村旅游业、创意农业发展，带动"文、旅、农"产业融合。为民俗文化创新发展增添色彩，为旅游产业注入文化基因，为文旅提质注入文化动能。

（六）激活社会力量，注重人员培训

激活各方主体的主动参与意识。扶持社会力量，培育在地组织，广泛动员志愿服务、企业、媒体、社会机构、团体等组织和力量参与民俗文化发展，引入新理念、新形式、新内容。鼓励、支持和引导当地的文化类活动团体，共同探索民俗节日文化传承与发展。"东方甄选"甘肃行活动中，导游讲解全面，专家解读深刻，让受众切实感受到甘肃深厚的文化底蕴，从而进一步聚焦旅游发展对甘肃民俗文化人才的迫切需求。导游、讲解人员的素质提升成为一个更大的任务。现代旅游发展需要更多动态参与，民俗文化以歌舞的引导、民艺的体

验、游艺的赏玩、服饰的装扮等方式融入文化旅游活动，越来越受到人们的欢迎，"沉浸式体验"人才的培养和引进格外重要。乡村民俗旅游从业人员应在乡风、乡俗、乡史、乡知等方面加强培训，不断提高服务意识和技能水平。

（七）宣传推介继续提质增效

以"东方甄选"甘肃行活动宣传片为例，宣传片一半时长是甘肃壮美的自然风光，另一半时长则是不断展示的甘肃民俗文化精品，包括敦煌飞天乐舞（非遗）、马头琴演奏、敦煌彩塑制造技艺（非遗）、锲金画、天水丝毯、甘谷脊兽、驼夫号子、寺滩小曲（甘南）、兰州太平鼓、阿肯弹唱、汉舞、千手观音、秦腔、崆峒武术、嘉峪关烤肉、兰州牛肉面、三炮台、三套车、天水呱呱等，达 24 种。宣传片拍摄大气磅礴，呈现的民俗文化精髓震撼人心、令人动容、引人遐想，叹为观止，甘肃人文精神跃然而出。面对当前民俗文化发展，应进一步创建多种平台并行传播和个性化宣传模式，搭建专属传播阵地，挖掘主题和特色，为民俗个性化包装提供优质内容。

B.11
甘肃智慧文旅建设的经验与启示研究

海　敬*

摘　要： 本研究通过分析甘肃省智慧文旅的发展现状，总结其成功的经验与启示，为全国其他地区智慧文旅建设提供参考。研究发现，甘肃省在智慧文旅建设方面取得了显著成效，其建立的大数据平台和旅游安全监控体系等应用在提升文旅服务质量和效率、提高游客满意度和忠诚度方面效果显著。同时，甘肃省将继续推进智慧文旅建设以适应旅游业发展的新趋势和满足游客的新需求，通过不断的技术创新和管理创新来推动智慧文旅建设的进一步发展。

关键词： 智慧文旅　文旅融合　智慧创新　甘肃

智慧旅游是旅游业发展的新阶段，利用信息技术和数字化手段，实现旅游业的智能化、信息化和现代化。2015 年，国家旅游局印发的《关于促进智慧旅游发展的指导意见》中明确提出，智慧旅游建设的任务包括夯实智慧旅游发展信息化基础、建立完善旅游信息基础数据平台、建立游客信息服务体系、建立智慧旅游管理体系、构建智慧旅游营销体系、推动智慧旅游产业发展、加强示范标准建设、加快创新融合发展、建立景区门票预约制度、推进数据开放共享等。

---

* 海敬，甘肃省社会科学院科研处副研究员，主要研究方向为文化、文化产业。

甘肃省文化和旅游厅印发《甘肃省"十四五"智慧文旅发展规划》（简称《规划》），对甘肃省未来五年智慧文旅发展做出规划安排。《规划》提出，要以数字化、网络化、智能化为主要手段，提升文化和旅游的智能化水平，促进文化和旅游的转型升级。在智慧文旅建设方面取得的一系列成果，不仅提高了文旅服务的质量和效率，也提高了游客的满意度和忠诚度，"为实现文旅融合，促进智慧旅游发展，介绍了文旅融合发展现状，在智慧文旅服务平台建设原则基础上提出了智慧文旅服务平台建设体系总框架，从基础设施建设、安全管理建设、技术建设、数据库建设和应用系统建设等方面进行了探讨"。[①]

一 甘肃智慧文旅的发展现状

（一）建立大数据平台

1. 建成甘肃文旅大数据平台

纵向贯通了市县旅游部门及景区、酒店、旅行社数据，横向对接了电信、移动、联通、公安、交通、铁路、民航等 13 类数据，特别是在全国范围内唯一实现了公安住宿数据、民航客流数据与旅游数据的实时共享。通过大数据分析，实时掌握各省份入甘游客人次和驻留时间、各市州接待游客人次和驻留时间，以及游客性别、年龄、喜好、住宿、交通等分布情况，为全省文旅产业发展数据监测、假日调度、科学决策提供了可靠依据。2020 年，平台被文化和旅游部评为文化和旅游信息化发展典型案例。

---

① 陈锐、傅永梅、刘秀丽：《文旅融合背景下智慧文旅服务平台建设研究》，《黑龙江科学》2022 年第 8 期。

在不断扩展大数据内容的同时，甘肃省文化和旅游厅向文旅部申请制定《节假日城市旅游客流智能疏导指南》国家标准和《旅游大数据安全与隐私保护规范》行业标准，目前已通过立项答辩，两项标准的制定将进一步引领全国文旅大数据平台建设。

2.建成重点景区视频监控平台

甘肃省已经建成重点景区视频监控平台，即甘肃旅游产业运行监测平台。接入了 113 个 4A 级和 5A 级旅游景区视频监控信号，接入率位居全国前列，并与文化和旅游部、省政府总值班室实现共享，解决了重点景区"看不见、呼不应、连不上、管不住"的难题。

以下是甘肃文旅大数据平台的一些具体监测和分析数据。

（1）根据该平台的监测数据，甘肃省重点景区的交通情况较为顺畅，没有出现大规模的交通拥堵现象。这为游客提供了更加便捷和舒适的旅游体验，同时也为景区的运营和管理提供了更加准确和及时的信息。

（2）根据该平台的监测数据，甘肃省重点景区的安全情况良好，未发生重大安全事故。这对于游客和景区来说都是非常重要的，因为安全是旅游的第一要素。同时，该平台还可以对景区的安全风险进行评估和预测，为景区提供更加全面和可靠的安全管理方案。

（3）该平台还对景区内的游客满意度进行了监测和分析，结果显示游客满意度达到了 90% 以上。这对于甘肃省文化和旅游厅来说是一个非常重要的指标，可以帮助其更好地了解游客的需求和期望，从而制定更加精准的政策和服务方案。

总之，该平台的建立不仅为甘肃省文化和旅游厅提供了更加全面和准确的旅游数据，而且还提高了景区的运营效率和服务质量，为游客提供了更加安全、便捷和舒适的旅游体验。未来，甘肃省文化和旅游厅将继续加强该平台的建设和管理，不断拓展其功能和应用范围，为甘肃省的旅游业发展做出更大的贡献。

（二）打造宣传矩阵

1. 建立"微游甘肃"自媒体矩阵

甘肃省文化和旅游厅在推动乡村旅游发展方面，积极打造宣传矩阵，建立"微游甘肃"自媒体矩阵，以提升乡村旅游的知名度和影响力。通过建立多个自媒体账号，包括微信公众号、微博、头条号、企鹅号、百家号、澎湃号、网易号、知乎号、携程星球号、马蜂窝号、抖音号、快手号、视频号、B站号、小红书号、爱奇艺号和喜马拉雅号等，以多种方式宣传推广甘肃的文化和旅游。

此外，"微游甘肃"自媒体矩阵的相关账号在文旅产业指数实验室发布的全国省级文化和旅游新媒体传播力指数中，也长期位列综合传播力全国前十。其中，2022年，"微游甘肃"矩阵中的澎湃号连续12个月位居全国文旅传播力第一，这表明甘肃文化和旅游的宣传推广工作在全国范围内得到了广泛的认可和关注。

2. 打造"一部手机游甘肃"综合服务平台

在甘肃智慧文旅建设中，"一部手机游甘肃"综合服务平台是其中的重要举措。该平台已经实现了全省4A级和5A级旅游景区智能导游导览、线路查询、语音讲解、VR体验、分时预约、门票预订、数字阅读等功能，同时旅游投诉功能也得到了实现。平台已接入全省113家4A级及以上景区导游导览信息，包括2390个景区点位、2430条讲解视频、1.3万张美图以及1476幅VR全景。同时，该平台还发布了涵盖15个城市目的地、26个乡村游和22个自驾游的攻略，推出了1475篇游记和865个宣传短视频。该平台已经实现了6843家酒店及家庭旅馆、814家农家乐、573条旅行线路以及63家景区门票的在线预订预约，累计服务游客已超过1550万人次。①

———————

① 数据来源：甘肃省文化和旅游厅。

该平台通过整合全省文旅资源，为游客提供一站式综合旅游服务，推动了甘肃智慧文旅产业的发展。同时，该平台的建设也提升了甘肃文旅的知名度和影响力，吸引了更多游客前来旅游。

（三）加强媒体合作，扩大宣传"覆盖面"

甘肃智慧文旅在加强媒体合作和扩大宣传覆盖面方面，积极与各种网络媒体平台开展合作。具体来说，甘肃智慧文旅与包括人民网、新华网、新甘肃、中国旅游新闻网、中国报道新闻网、腾讯、新浪微博、今日头条、知乎、携程、马蜂窝、同程、爱奇艺、抖音、快手、小红书、哔哩哔哩、喜马拉雅等网络媒体平台进行了合作。通过这些合作，甘肃智慧文旅开展了一系列的宣传推广活动，包括组织开展丝绸之路（甘肃）国际微视频展、中国（甘肃）青年短视频创作精英挑战赛、《王者荣耀》电子竞赛等线上线下宣传推广活动。"在文化与旅游深度融合发展的大背景下，'互联网+''区块链技术''大数据'在文化和旅游场景和城市治理中的应用不断增多，智慧旅游越来越成为推动文化与旅游深度融合的重要抓手"。[①]

据统计，自2019年以来，甘肃智慧文旅联合相关平台，先后组织开展了50余期次的宣传推广活动，累计参与人次超过7500万。此外，在相关平台搭建了253个文化旅游宣传专题，累计发布图文稿件3.2万篇，浏览量超20亿次；发布文化旅游短视频（含话题参与）8.76万条，播放量超33亿次；组织文化旅游直播活动350场次，观看人数超4.7亿人次；投放海报、短信、邮件以及开屏、通栏、暂停页面等文化旅游宣传广告512条，曝光量超36亿次。[②]

---

① 戴有山：《深圳推动文旅融合打造智慧旅游城市的经验与启示》，载王为理主编《深圳蓝皮书：深圳文化发展报告（2020）》，社会科学文献出版社，2020，第105页。

② 数据来源：甘肃省文化和旅游厅。

（四）培育网红队伍

甘肃智慧文旅通过制定《甘肃省文化和旅游厅网络大 V 工程实施方案》，筛选并培养业内网红转化成为宣传甘肃文旅正能量的网络大 V，引导其在甘肃文旅产业发展、公共服务、非遗保护、文艺演出、乡村旅游、智慧旅游等方面，撰写发布有质量的自媒体内容等。据统计，自 2019 年以来，甘肃省文旅厅联合相关平台，开展了"宅家游丝路""疫尽甘来·花开陇原""甘快出发""跟着 DOU 音游甘肃""如意甘肃行"等话题推广活动，通过平台流量支持，累计创作发布文化旅游主题短视频 10.4 万个，播放量超过 22.3 亿次，开展直播 6140 场次，在线观看人数超过 1.12 亿人次。同时，在甘南冶力关建立了"如意甘肃"网红孵化直播基地，打造了 14 个市州网红直播间。累计举办线上线下网络宣传培训班 12 期，培训相关人员 1.13 万人次，重点围绕导游直播技巧、常态化疫情防控态势下导游作用发挥、文博场馆与旅游景区线上营销等课题，着力培养优秀的文化旅游短视频创作和网络直播人才。目前，在抖音、快手、视频号、B 站、小红书等短视频平台上，长期开展甘肃文化旅游短视频拍摄和直播的创作者账号预计超过 5000 个，其中"如意甘肃""智慧甘肃""遇见甘肃""守望甘肃""艾静有点忙"等账号紧紧围绕甘肃文旅发展重点，持续更新甘肃文化旅游内容，拍摄发布了一大批有高度、有深度、有热度的精品短视频，获得了广大网民和游客的一致好评。[①]

通过这些努力，甘肃智慧文旅建设取得了显著成效。得益于强有力的网络宣传，甘肃先后多次被携程、途牛、马蜂窝、同程等 OTA 平台评为最佳或热门旅游目的地。2017 年，《孤独星球》公布"亚洲最佳旅行目的地榜单"，甘肃荣登榜首；2018 年，《纽约时报》发布

---

① 数据来源：甘肃省文化和旅游厅。

"全球必去的 52 个目的地"榜单,甘肃是中国唯一入选省份;2020年底,甘肃被《中国国家旅游》杂志评为年度臻选自驾旅游目的地,兰州被评为年度臻选旅游城市。此外,2021 年和 2022 年,甘肃也被同程和携程确定为全国十大热门目的地之一。而在 2023 年 7 月,"东方甄选看世界"甘肃行活动通过"直播+短视频+带货"的形式,实现曝光 8.6 亿次,充分展示了甘肃特别是河西走廊丰富的文旅资源和独特的民俗风情,再一次把甘肃文旅"引爆出圈",吸引了全国网民和游客前所未有的关注。

二 甘肃智慧文旅建设存在的问题

(一)甘肃智慧文旅游客体验调查

1. 问卷设计与发放

问卷的设计主要围绕游客在文化旅游过程中的体验感来进行,包括游客的基本信息和他们对甘肃智慧文旅的了解程度。问卷在 2023年 8 月至 10 月正式发放,主要对象是来甘肃的游客,总共发放了 600份问卷,回收了 545 份有效问卷,有效率达到了 90.8%。在问卷发放过程中,采用了多种渠道和方式进行发放,包括线上和线下的问卷发放,以及通过合作的旅行社和酒店进行发放等。

2. 游客基本信息

在游客基本信息方面,问卷主要收集游客的年龄、性别、职业、收入等个人信息。这些信息对于深入了解游客的消费能力和旅游偏好具有重要的意义。根据调查结果,主要来甘肃旅游的人群集中在 36~55 岁,这部分人群的消费能力较高,且出行较为频繁。这为甘肃省文化和旅游厅提供了更有针对性的旅游服务设计和推广策略(见图1)。

问卷主要了解游客在甘肃省内旅游时所选择的交通工具及其原

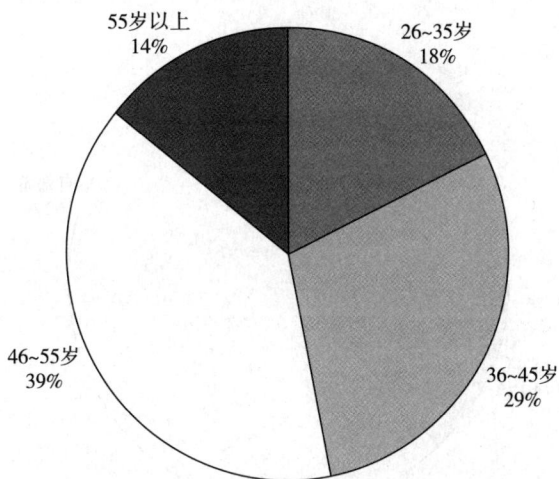

图1 游客年龄分布问卷数据统计

因。全省已经建立了一套智能调度和导航系统，可以优化交通资源的分配和提高交通效率，为游客提供更便捷的交通服务和更优质的旅游体验。

问卷数据显示，从游客选择的交通工具上来看，选择自驾游的比重最高，达到了62%。这可能与甘肃省的地形地貌较适合自驾游有关。其次选择乘坐高铁的游客占比达到了19%。为了提高游客的旅游体验满意度，甘肃省文化和旅游厅将继续加强交通服务设施建设，优化交通资源的分配，提高交通效率，为游客提供更加便捷、高效、舒适的旅游交通服务（见图2）。

甘肃智慧文旅以"互联互通、多元融合、精准分析、全面共享"为基本思路，通过建设"一机游"平台和文化旅游大数据中心，实现了智能导游导览、线路查询、语音讲解、VR体验、分时预约、门票预订等多项功能，同时也实现了酒店预订、导游预约、网络约车、特产预定、旅游投诉等业务的一体化服务。

根据调查问卷的结果，游客对于甘肃智慧文旅的了解程度存在一定

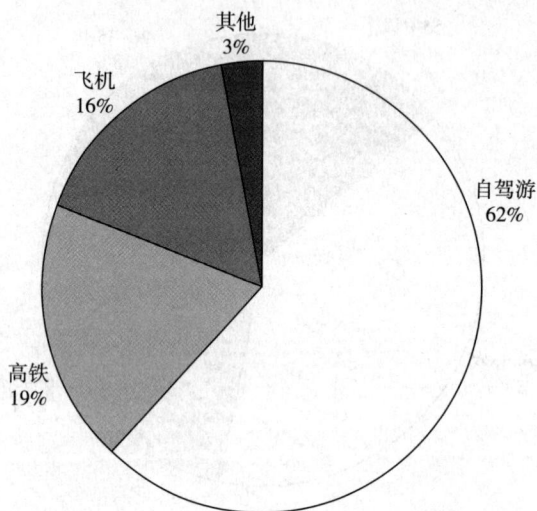

图 2　游客旅游交通方式问卷数据统计

的差异。具体来说，有51%的游客对甘肃智慧文旅有一定的了解，10%的游客非常了解，而35%的游客则不太了解甘肃智慧文旅（见图3）。

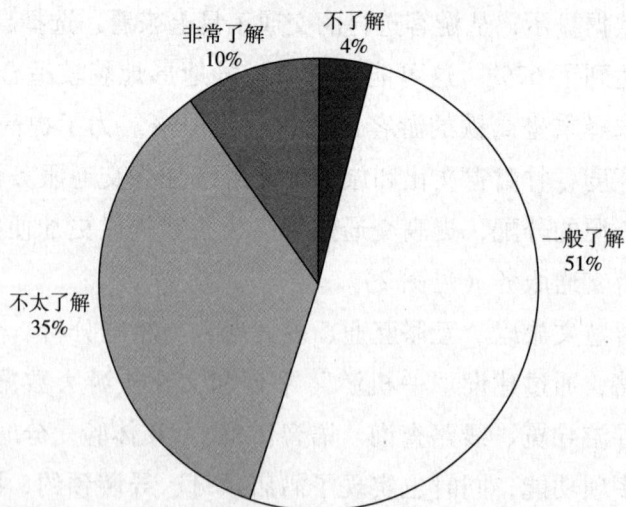

图 3　游客对甘肃智慧文旅的了解程度问卷数据统计

3.游客体验满意度调查

根据调查结果，可以得出以下结论。

游客对景区的整体满意度较高。其中，"非常满意"和"比较满意"的游客占比达到了76%，这个数字远超过"不太满意"和"非常不满意"的游客总和（24%）。这一结果表明，甘肃省的旅游景区在整体上能够满足游客的需求，并为其提供良好的旅游体验。

游客对景区内的各项服务设施和服务项目的满意度也较高。在各项服务中，"非常满意"和"比较满意"的游客占比均超过了60%，而"不太满意"和"非常不满意"的游客占比均低于20%，这表明景区内的各项服务设施和服务项目得到了大多数游客的认可和好评。

游客对景区内的安全措施和服务态度也较为满意。其中，"非常满意"和"比较满意"的游客占比均超过了70%，而"不太满意"和"非常不满意"的游客占比均低于10%，这说明景区在保障游客安全和提供服务方面做得相当出色。

游客对景区内的交通服务和旅游导览也较为满意。其中，"非常满意"和"比较满意"的游客占比均超过了60%，而"不太满意"和"非常不满意"的游客占比均低于10%，这说明景区在交通服务和旅游导览方面也能够满足大多数游客的需求。

总的来说，根据发放问卷调查结果，甘肃省的旅游景区在整体上表现良好，能够为游客提供满意的旅游体验。同时，景区的各项服务设施和服务项目、安全措施和服务态度以及交通服务和旅游导览都得到了大多数游客的好评。这些数据不仅为甘肃省文化和旅游厅提供了宝贵的参考信息，也为景区的进一步改进和提高提供了方向。

该调查表明，甘肃智慧文旅建设在提高游客体验方面取得了较好的成效，但仍然存在一些问题需要改进和完善。例如，部分游客反映景区内的餐饮服务和住宿条件还有待提高、部分景区的旅游线路规划和旅游项目设置需要进一步完善等。同时，该调查也为甘肃省文化和旅游厅提供了更为详细和具体的反馈信息，有助于其更好地了解游客需求，进一步优化智慧文旅服务。

（二）甘肃智慧文旅建设存在的问题

1. 技术问题

问卷显示，近70%的游客表示，在甘肃的一些主要景区，无法获取智能导游和导览服务。此外，近50%的游客反映，部分景区的网络覆盖范围和信号质量成为他们获取旅游信息的障碍。由于信号时好时坏，他们往往无法获得准确、实时的旅游信息，影响了旅游体验，目前文化和旅游得到了融合，同时智慧旅游技术落地应用，在这个背景下中职旅游管理专业人才培养的目标也需要做出一定的调整。[①]

2. 服务质量

2023年"五一"小长假期间（4月29日至5月3日），甘肃省市场监督管理局12315指挥中心接收登记群众反映问题共计5792件，同比增长14.88%。其中，投诉1517件，同比增长23.43%，占受理总量的26.19%；举报482件，同比增长53.50%，占受理总量的8.32%。商品类消费投诉举报777件，占投诉举报总量38.87%。商品类投诉举报量排名前五的依次是：食品、服装鞋帽、烟、交通工具、家居用品。服务类投诉举报情况：服务类消费投诉举报1222件，占投诉举报总量61.13%。服务类投诉举报量排名前五的依次是：餐

---

① 陶谷逸：《智慧文旅时代中职旅游管理专业人才培养目标研究》，《中外交流》2021年第3期。

饮和住宿服务、文化娱乐体育服务、美容美发洗浴服务、停车服务、通信服务。①

3.宣传推广

尽管甘肃智慧文旅项目已经运行一年，但仍有近40%的游客对甘肃智慧文旅缺乏了解或者了解程度不够。实际上，甘肃智慧文旅项目包括许多创新的功能和服务，如智能导游、在线预约、VR游览等。另外，部分景区缺乏对智慧文旅的宣传和推广，导致超过60%的游客难以了解该景区的智慧文旅服务项目。

4.资金投入

甘肃智慧文旅项目自2020年开始实施以来，累计投入资金达到1.5亿元。然而，部分景区仍存在资金不足的问题。其中，有30%的景区缺乏智能化管理系统的建设和维护费用，无法实现智能化管理；另外，有20%的景区缺乏对智慧文旅服务的升级和拓展费用，难以提高服务质量和用户体验。这意味着，尽管已经投入了大量的资金，但仍需要更多的资金来持续改进和完善智慧文旅项目。

5.人才队伍

甘肃省人力资源和社会保障厅的相关数据显示，甘肃智慧文旅建设面临人才短缺问题。一方面，有近40%的景区缺乏智能化管理系统的建设和维护人才，无法实现智能化管理；另一方面，有近30%的景区缺乏对智慧文旅服务的创新和运营人才。这些人才是推动智慧文旅发展的重要力量，他们的缺乏会严重影响到项目的推进和服务质量的提升（见图4）。

---

① 《甘肃省市场监督管理局12315指挥中心"五一"期间投诉举报热点》，中国质量新闻网，2023年5月6日，https：//baijiahao.baidu.com/s？id=1765137 841378 652475&wfr=spider&for=pc。

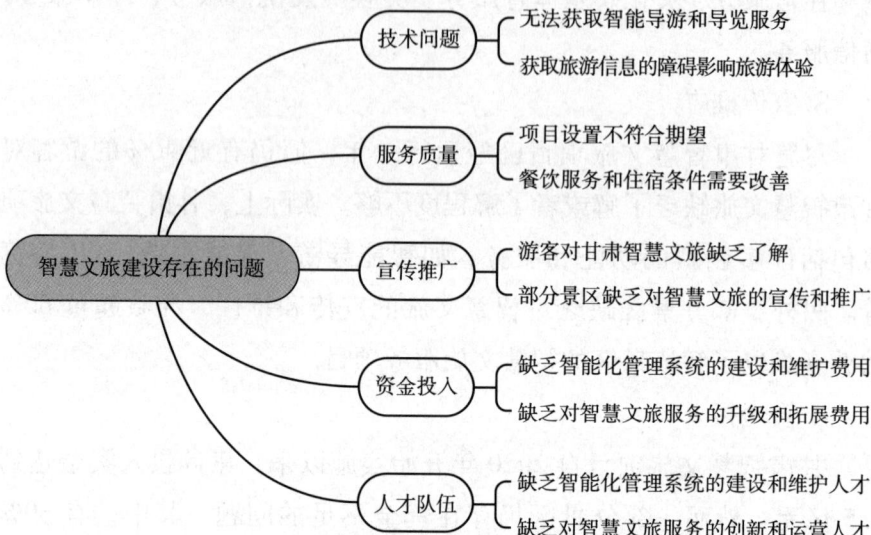

图4 甘肃智慧文旅建设存在的问题

三 甘肃智慧文旅建设对策

（一）提升智慧文旅游客体验满意度

1.完善智慧文旅建设配套系统

（1）持续优化旅游服务系统。已经建成的甘肃文旅大数据平台是甘肃省旅游服务系统的重要基础设施，为游客提供了便捷、个性化的旅游服务。然而，随着技术的不断发展和游客需求的不断变化，需要进一步优化和完善旅游服务系统。未来，甘肃省需要依托该平台不断开发新的应用场景和服务产品。例如，可以运用人工智能技术，为游客提供更加精准的旅游推荐和行程规划；通过数据分析和挖掘，了解游客的消费习惯和兴趣爱好，为其提供定制化的旅游服务。此外，还需要加强旅游服务系统的安全性和稳定性，随着文化和旅游融合深度发展，我国文化旅游市场将进一步扩大，文旅发展进入新形态，文化旅游政策前景利好，在旅游行业发展中，"遗产旅游"已经成为相当重要的一部分，[①] 要确保游客可以安全、顺畅地使用各项服务功能。

（2）推动旅游交通服务升级。甘肃省在提升旅游交通服务方面已经取得了一定的成果，但仍需进一步深化升级。未来，需要更加智能化地管理和调配旅游交通资源，通过优化智能调度和导航系统，提高交通资源的分配效率。同时，应加强与其他地区的交通合作，实现跨区域的旅游交通无缝衔接，为游客提供更加便捷、舒适的旅游交通服务。

除了传统的交通服务外，甘肃省还可以积极引入新型的交通方式和智能化技术，如共享汽车、无人驾驶等，为游客提供更多元化、智能化的交通选择。同时，应加强交通安全的监测和管理，提高应急救援能力，确保游客的人身和财产安全得到保障。

（3）加强旅游安全保障。旅游安全是游客最基本的需求之一，因此，加强旅游安全保障能力是智慧文旅建设的重要内容之一。甘肃省已经建立了旅游安全管理系统，并取得了显著的成效，但仍需持续加强和完善。未来，甘肃省需要运用物联网、大数据等先进技术手段，加强旅游安全监测和预警。例如，可以通过传感器、摄像头等设备对景区进行实时监控，及时发现和处理安全隐患。此外，还需要建立健全应急救援体系，加强与公安、消防等部门的协作，确保在突发事件发生时能够迅速响应并妥善处理。

2. 完善智慧文旅建设信息化水平

（1）提升智慧文旅平台的用户体验。甘肃省已经建立了较为完

[①] 周文靓：《海昏侯国遗址公园商业模式优化研究》，江西财经大学硕士学位论文，2021。

备的智慧文旅平台，但随着技术的不断发展和用户需求的不断变化，需要不断优化平台的界面设计和交互方式，提高平台的易用性和友好性。只有这样，才能让游客更方便、更愉快地使用平台，提高游客的满意度。为了提升用户体验，运用用户研究和数据分析的方法，了解游客的需求和习惯，从而定制更加贴近用户需求的界面和交互方式。同时引入先进的 UI/UX 设计理念和技术，通过简洁、直观的设计和交互方式，提高平台的易用性和友好性。

（2）提升智慧文旅平台的智能化水平。提升智慧文旅平台的智能化水平是完善信息化水平的重要举措之一。通过引进先进的人工智能算法和模型，为游客提供更加精准、个性化的服务，从而提高游客的满意度。运用人工智能技术对游客的旅游行为和消费习惯进行分析和预测，为游客推荐更加符合其需求的旅游产品和服务。同时引入智能客服和智能导游等应用场景，通过自然语言处理和语音识别等技术，为游客提供更加便捷、高效的服务。

（3）拓展智慧文旅平台的功能。为了给游客提供更加全面的旅游服务，甘肃省需要不断拓展智慧文旅平台的功能。通过不断创新和应用新技术，开发更加多样化的应用场景和服务项目，提高游客的旅游体验满意度。拓展智慧文旅平台的功能包括如下几方面。

旅游产品多元化：开发更多种类的旅游产品和服务，满足游客不同的需求和偏好，包括文化体验、户外探险、休闲度假等不同类型的产品。

旅游服务智能化：通过智能化的服务为游客提供更加便捷、高效的旅游服务。例如，智能化地安排旅游行程、智能化地提供旅游攻略、智能化地推荐旅游景点等。

旅游体验个性化：根据游客的需求和偏好，为其提供更加个性化的旅游体验。例如，根据游客的喜好推荐相应的旅游景点和文化活动、为游客提供定制化的旅游服务等。

在线预订、在线支付、在线客服等功能：通过引入在线预订、在线支付、在线客服等功能，为游客提供更加便捷的旅游服务。例如，在线预订酒店、机票、门票等旅游产品和服务；在线支付旅游费用；在线咨询客服获取旅游攻略和服务支持等。

引入虚拟现实和增强现实等技术：通过引入虚拟现实和增强现实等技术，为游客提供更加沉浸式的旅游体验。例如，通过虚拟现实技术模拟旅游景点场景，让游客在体验中感受到身临其境的感觉；通过增强现实技术将历史文化元素融入旅游景点中，让游客更好地理解和感受历史文化魅力。

开发智能行程规划功能：根据游客的需求和偏好，为其开发智能行程规划功能，为其定制更加个性化的旅游行程。例如，根据游客的兴趣爱好、时间预算等条件，为其规划最合适的旅游线路；根据游客的行程安排和交通情况，为其推荐更加高效的旅游行程等。

（4）扩大网络覆盖范围和提高信号质量。一是加强与通信运营商的合作。甘肃省文化和旅游厅可以积极与国内各大通信运营商合作，共同推进景区内的网络覆盖和信号质量的提升。通过与通信运营商的合作，可以在景区内建设更多的基站和信号发射塔，扩大网络信号的覆盖范围和提高信号质量，提高游客的信息获取速度。

二是加大基础设施建设投入。增加基站的密度和信号发射塔的高度等，扩大网络覆盖的范围，提高信号的质量。此外，还可以对老旧的基础设施进行升级改造，提高其性能和稳定性。

三是引入先进的通信技术，如5G、物联网、云计算等，提升景区内的网络速度和容量，使游客能够更加快捷地获取各类旅游信息。这些先进技术的应用还可以实现景区内的智能化管理和服务，提高旅游体验的质量。

3.完善安全管理系统

（1）建立旅游安全监测系统。甘肃省已经建立了较为完备的旅游安全管理系统，但随着旅游业的快速发展和游客需求的不断变化，需要引进先进的安全监测技术，实现对旅游过程的全面监控和管理。通过建立旅游安全监测系统，可以实时监测旅游过程中的各种风险因素，包括自然环境、设施设备、游客行为等，从而及时发现和处理潜在的安全隐患。

（2）加强旅游应急救援能力。为了应对可能发生的旅游安全事件，甘肃省需要加强旅游应急救援能力。通过建立专业的应急救援队伍，提高应急救援的响应速度和处理能力，确保在紧急情况下能够迅速采取有效措施，最大限度地保护游客的生命财产安全。

（3）完善旅游保险服务。为了降低游客在旅游过程中的风险，甘肃省与保险公司合作，提供更加全面的旅游保险服务。通过完善旅游保险服务，增加游客的安全保障，提高游客的旅游体验满意度。

甘肃省在完善旅游安全管理系统方面已经取得了一定的成果，但仍需继续努力。未来，需要进一步引进先进的监测和管理技术，加强应急救援能力建设，完善旅游保险服务，提高游客的安全保障水平，推动甘肃文化和旅游业的可持续发展。

4. 注重智慧型人才的引进和培养

（1）引进高端技术人才。为了提高甘肃智慧文旅的技术水平和创新能力，需要引进一批高端技术人才，为甘肃智慧文旅的技术水平和创新能力提供有力支持。

（2）加大人才培养力度。在引进高端技术人才的同时，甘肃也加大了本土人才培养力度。通过建立完善的培训体系和激励机制，培养本土的智慧型人才，提高他们的专业素养和技术水平。未来可以制定一系列激励机制，如提供培训机会、给予奖励和惩罚、提供职业发展路径等，以吸引和留住本土智慧型人才，同时激发他们的积极性和创造力。也可以积极引导和支持本土智慧型人才参与实际项目，以提高他们的实践能力。同时，可以通过实践机会来检验和提升他们的技术水平。

（3）加强与高校的合作与交流。甘肃智慧文旅可以进一步加强与高校的合作，共同进行技术研发和人才培养。通过与高校的合作，可以利用高校的专业知识和技术优势，提高智慧文旅建设的科技含量和创新能力。针对智慧文旅发展需求，培养专业化、高素质的人才队伍。通过与高校合作，可以建立完善的人才选拔和培养机制，吸引更多优秀的人才加入到甘肃智慧文旅的建设中来。可以与高校加强技术交流与合作，共同研发新技术、新应用，推动智慧文旅的创新发展。通过技术交流与合作，可以及时引进和应用最新的科技成果，提高甘肃智慧文旅的科技水平和竞争力。

（二）提高智慧服务软硬实力

1. 增强信息技术的研发和应用

除了引进先进的技术和算法，还应鼓励和支持本土的信息技术企业和科研机构在智慧文旅领域开展研发和创新，提升智慧文旅服务的科技含量。同时，可以在全省范围内推广使用更加高效、稳定、安全的智慧文旅平台，提高"一部手机游甘肃"平台在旅游服务中的利用率和覆盖率。

2. 优化网络架构和提升信号质量

考虑到游客在部分景区无法获取智能导游和导览服务以及网络信号的问题，应优化网络架构，扩大网络覆盖范围和提高信号质量。可以与通信运营商更深度地合作，布设更多基站，提升网络传输速度和稳定性。

3. 实时精准推送旅游信息

利用大数据、人工智能等技术，分析游客的行为和偏好，为他们提供更精准、个性化的旅游信息推送服务，实现旅游信息的智能化匹配和推送，提高游客的信息获取效率。

4. 强化智慧文旅的安全管理

通过智慧化的监控系统、预警机制等，加强景区的安全管理，保障游客的人身和财产安全。例如，可以运用物联网技术，实现景区内设备的智能监控和预警；利用人工智能技术，实现景区安全状况的实时监测和预警。

（三）挖掘并满足体验经济时代背景下的游客需求

甘肃省文化和旅游厅通过建立甘肃文旅大数据平台，充分利用旅游大数据挖掘游客的智慧体验需求。该平台已经成功实现了数据共享和业务协同，并且通过对 2023 年上半年的旅游大数据分析，挖掘出游客的游览时间、游览景点、消费金额等多项内容。通过数据分析和挖掘，该中心成功预测了游客的未来需求，为旅游企业提供了更加精准的市场营销策略。不断优化升级文旅大数据平台，以帮助旅游企业更好地了解游客的需求和偏好，从而提供更加个性化的服务。

在问卷调查的过程中，我们发现大多数游客对于甘肃省的智慧文旅产品表现出浓厚的兴趣，这表明甘肃省在智慧文旅产品的开发方面已经具备了一定的市场认可度。然而，也有一部分游客表示在使用过程中遇到了一些问题，如智能导游系统的讲解不够流畅、虚拟现实旅游产品的体验不够真实等，这些问题需要得到进一步的改进和完善，以提高游客的满意度和忠诚度。针对这些问题，可通过优化智能导游系统的语音识别和合成技术，提高讲解内容的准确性和流畅度。另外，可以增加人工讲解服务，为游客提供更多语言选择和更个性化的服务。进一步改进和完善虚拟现实技术，提高虚拟现实的逼真度和沉浸感，使游客能够更真实地感受到旅游的乐趣。同时，可以增加实地拍摄和真实场景的模拟，以提高虚拟现实旅游产品的真实感。

为了更好地满足游客的需求，甘肃省需要不断优化智慧营销平台的算法，提高个性化服务的精准度，确保推送的旅游广告和促销信息与游客的需求相符合。还可以尝试在智慧营销平台上推出更多样化的旅游广告和促销活动,如不同主题的旅游线路、当地特色商品、文化活动等,以激发游客的旅游意愿和购买行动。

(四)提高甘肃智慧文旅建设实效

1. 优化智慧文旅建设规划

甘肃省应结合自身的文化旅游资源优势、市场需求等因素,制定出更加符合实际情况的建设规划。例如,在旅游服务方面,可以通过引入智能导游、虚拟现实等技术,提供更加个性化、多样化的服务体验;在旅游管理方面,可以通过智能化手段提高管理效率,实现精准营销和游客行为预测;在旅游营销方面,可以通过数据分析精准定位目标客户群体,提高营销效果。从更宏观的角度出发,将智慧文旅建设纳入全省的发展战略中,与经济、文化、社会等各方面的整体发展相协调。同时,应制定具有前瞻性和可持续性的智慧文旅建设战略,明确长远的发展目标和重点,为具体的建设工作提供指导。

甘肃省应在现有智慧文旅建设的基础上,进一步推动信息化与旅游业的深度融合。这包括但不限于:新技术的引入和应用,如人工智能、大数据、云计算等,以提高旅游服务的个性化和智能化水平;推动文化产业与旅游业的联动发展,打造具有地域特色的文化旅游品牌;加强信息通信基础设施和旅游基础设施的融合建设,以提升旅游服务的整体效能。

2. 加强智慧文旅基础设施建设

为了提高甘肃智慧文旅建设实效,需要加强智慧文旅基础设施建设。甘肃省可以继续推进景区智能化建设,包括智能门禁系统、智能监控系统、智能导游系统等方面,提高景区的安全性和管理水平,为游客提供更加便捷和舒适的服务体验。甘肃省应加大科技创新的力度,通过与高校、科研机构等合作,加强技术研发和创新,推动智慧文旅的持续发展。这包括：提升旅游服务的智能化水平，优化游客的旅游体验；提高旅游管理的效率，实现精准营销和服务优化；加强旅游安全保障能力，提高应急救援水平。

3. 提高智慧文旅服务水平

为了提高甘肃智慧文旅建设实效，需要不断提高智慧文旅服务水平。甘肃省应加大对智慧文旅的宣传力度，提高公众对智慧文旅的认知度和使用率。这可以通过各种渠道和形式进行，如官方网站、社交媒体、旅游指南、宣传片等。通过有效的宣传推广，让更多的游客了解和体验到智慧文旅带来的便利和乐趣。

参考文献

赵怡然、孙玉梅：《探析数字技术推进"文化+旅游"融合发展》，《内蒙古电大学刊》2021 年第 6 期。

张骥等：《5G 智慧文旅在宽窄巷子景区的应用探索》，《通信与信息技术》2020 年第 5 期。

任国征、徐晓娜：《以智慧文旅推进我国旅游业现代化的路径思考》，2021 中国旅游科学年会论文集，2021。

马君怡、许东：《智慧文旅时代乡村旅游发展研究》，《经济研究导刊》2021 年第 4 期。

陈璐露、翁梓瑜：《麦扑文创探索智慧文旅新模式》，《企业管理》2021 年第 6 期。

管志杰、丁一、金志芳：《常州文化产业成长机制研究》，《科技管理研究》2012 年第 17 期。

B.12
甘肃餐饮老字号文化传承创新研究

寇文静 *

摘　要： 甘肃的餐饮老字号，代表了甘肃饮食文化的独特传统和历史，具有很高的品牌价值、经济价值和文化价值。随着社会的不断发展，餐饮老字号在文化传承和创新的过程中，难免遇到一些问题，如服务理念陈旧、营销手段欠缺，以及停车难、用工荒等，面对这些问题，应该从挖掘文化精髓、转变经营理念、促进品牌宣传、加强政府支持等方面去解决。

关键词： 餐饮老字号　文化传承　甘肃

提起"老字号"，人们通常想到的，一般是在某个城市、某个地区甚至某个国家，有一些商家或企业，经过了几十年甚至上百年的发展，其产品或服务在当地有口皆碑，形成了良好的品牌效应。这些商家和企业，在民间是经过口口相传，并获得了广泛认同的。然而，民间流传的"老字号"，并没有一个统一的标准，因而也使这些商家或企业的范围，存在扩大或缩小的可能性。

从理论研究的角度来讲，"老字号"这一概念的名称并不统一，它有时被称为"老字号"，有时也被称作"中国老字号"或"中华老字号"。比如，王红在《老字号》一书中认为，"老字号，是经过时

---

* 寇文静，甘肃省社会科学院文化所助理研究员，主要研究方向为现当代文学与影视艺术批评。

间的历练，具有悠久的历史，拥有独特的产品，特殊的经营理念，优质的服务，良好的品牌信誉，在社会上具有影响力的知名工商企业"。① 这一定义虽然大致概括出了"老字号"的特点，但仍具有一定的模糊性。又比如，在孔令仁、李德征主编的《中国老字号》丛书中，不只对"中国老字号"进行了概念界定，还指出"凡1949年以前创办的中国民族资本的企业均在可选之列"。② 可以说，这一时间限定，使"中国老字号"的概念变得更为宽泛了。然而，不论是"老字号"还是"中国老字号"，其可以指代的企业，都与民间流传的老字号一样，没有统一标准，存在不确定性。

2006年，为更好地保护和传承老字号品牌，商务部发布了《振兴"老字号工程"工作方案》，该方案不但明确指出，"'中华老字号'是指历史悠久，拥有世代传承的产品、技艺或服务，具有鲜明的中华民族传统文化背景和深厚的文化底蕴，取得社会广泛认同，形成良好信誉的品牌。我国老字号主要分布在餐饮、零售、食品、医药、服务等行业，是我国商业文明的光辉成果，是中华民族传统文化的瑰宝"。③ 同时，还在此基础上制定了《"中华老字号"认定规范》，从而使"中华老字号"的认定具有了行业标准。

一 甘肃餐饮老字号的历史与现状

甘肃位于黄河上游，它地形狭长，东西长约1600公里，南北宽约500公里。地势自西南向东北倾斜，气温从东南向西北递减，处于

---

① 王红：《老字号》，北京出版社，2006，第2页。
② 孔令仁、李德征主编《中国老字号·目录卷》，高等教育出版社，1998，第2页。
③ 《商务部关于实施"振兴老字号工程"的通知》（商改发〔2006〕171号），中华人民共和国商务部网站，2006年4月10日，http://www.mofcom.gov.cn/article/zcfb/zcgfxwj/2021 08/20210803186170. shtml。

青藏高寒区、西北干旱半干旱区和东部季风区的交会地带。冬季漫长而寒冷，夏季短暂而温热，整体气候干燥，日照充足，昼夜温差较大。这样的气候条件，不但有利于小麦等谷物的种植和收割，也有利于蔬菜、瓜果、块茎作物的生长以及牧草营养物质的积蓄。因而，甘肃人在饮食习惯上，往往以小麦为主，以杂粮为辅。此外，甘肃不但地处农牧业交错地带，是我国五大牧区之一，并且自古就是多民族杂居的地区，世居甘肃的有回、藏、东乡、土、裕固、保安、蒙古、撒拉、哈萨克、满族等 16 个民族。① 牧区优质的牧草，造就了品质良好的牛羊肉，而各民族不同的饮食方式，又催生出各种与之相关的美食。如果说，甘肃独特的地理位置和地形条件，为它独具特色的饮食文化奠定了基础，那么，复杂的民族成分，就进一步使甘肃的饮食文化更加丰富多彩。

（一）甘肃餐饮老字号品牌

自商务部实施"振兴老字号"工程，开展"中华老字号"的认定工作以来，甘肃省积极参与申报，共有三家餐饮企业获得认定，分别是 2006 年获得第一批"中华老字号"称号的兰州景扬楼餐饮有限责任公司，以及 2011 年获得第二批"中华老字号"称号的兰州悦宾楼餐饮娱乐有限责任公司、兰州马子禄牛肉面有限责任公司。②

此后，甘肃省商务厅也陆续印发了《"甘肃老字号"认定管理规范（试行）》《关于开展首批"甘肃老字号"认定工作的通知》《关于补充推荐首批"甘肃老字号"企业的通知》等文件，并于 2022 年 8 月，认定了 26 家企业为第一批"甘肃老字号"。其中，餐饮企业有 4 家，分别是兰州景扬楼餐饮有限责任公司、兰州马子禄牛肉面有限

---

① 徐日辉：《甘肃饮食文化史》，中国科学技术出版社，2007，第 2 页。
② 参考中华人民共和国商务部网站，http：//www.mofcom.gov.cn/mofcom/shezhi.shtml。

责任公司、兰州金鼎饮食管理有限公司、天水常记呱呱餐饮管理有限责任公司。2023年7月，又有18家企业获得第二批"甘肃老字号"认定，其中餐饮企业有3家，分别是兰州悦宾楼餐饮娱乐有限责任公司、兰州陈作林陈记餐饮服务有限公司、兰州马有布品牌运营管理有限公司。①

与此同时，兰州市商务局也积极响应老字号的相关评定工作，印发了《"金城老字号"认定办法（试行）》《"金城老字号"管理办法（试行）》等文件。2020年1月，首批"金城老字号"共10家企业获得授牌，其中餐饮企业有3家，分别是鸿宾楼、清雅居和张掖路甜食店。同年4月，第二批"金城老字号"授牌，有18家企业获得认定，其中餐饮企业有10家，分别是爱乐庄园、杜维成灰豆王、段记卤肉、乐乐乐餐厅、穆斯林餐厅、苍鹰牛肉面、陈记牛肉面、兰清阁牛肉面、马有布牛肉面、马有才牛肉面。②

（二）甘肃餐饮老字号的发展概况

从全省餐饮老字号的授予情况来看，甘肃餐饮老字号的经营类型，以及它们的历史与发展状况，都与当地民众的饮食习惯紧密相连。

首先，以兰州为代表的甘肃中部，是甘肃饮食文化的集大成地。甘肃少数民族较多，兰州也不例外。回族是这里人口最多的少数民族，因而，牛羊肉制品和清真食品在兰州人的饮食中占比较高。而回族人马保子首创的兰州牛肉面，因其醇香的清汤和爽口的拉面，在经过了岁月的洗礼之后，成为兰州人必不可少的美食。牛肉面馆，也就自然成了甘肃餐饮老字号中占比最多的企业。从这些企业的经营和发展过程中，我们能够看到，兰州的牛肉面品牌为了适应时代的发展，

---

① 参考甘肃省商务厅网站，https：//swt. gansu. gov. cn/。
② 参考兰州市商务局网站，https：//swj. lanzhou. gov. cn。

不断进行着传承与创新。以兰州金鼎饮食管理有限公司为例，自马保子老先生开始经营兰州牛肉面后，先是将他的牛肉面制作手艺传授给儿子马杰三，马杰三又传授给他的徒弟李学义、周福元、马学明等弟子。作为兰州牛肉面的第三代传人，他们都曾在"兰清阁"从事牛肉面的制作。后来，他们又将手艺传授给马文斌、李永麟等人。到了20世纪90年代，兰州金鼎饮食管理有限公司整合了兰清阁、鸿宾楼等牛肉面品牌，集中了兰州牛肉面的第三代、第四代传人。同时，大力发展连锁经营模式，不断改进烹饪技艺，研制出了高档滋补牛肉面、全牛宴等新品。此外，主营羊肉泡馍的清雅居，主营炭火铜锅涮羊肉、烤全羊等清真菜肴的穆斯林餐厅，也都以它们极具民族特色的羊肉烹饪方式，经历了时间的检验，赢得了兰州市民的青睐。

其次，20世纪50年代，为了响应国家支援大西北的号召，大批来自全国各地的建设者们，满怀着热情，来到了千里之外的兰州，他们不仅带来了先进的技术，也带来了家乡的饮食文化。兰州景扬楼餐饮有限责任公司、兰州悦宾楼餐饮娱乐有限责任公司，就是典型的代表，它们在传承家乡菜品的基础上，也结合陇菜的精华，不断推陈出新，成为兰州最负盛名的老字号餐饮企业。当然，在老兰州人的记忆中，还有一些历经岁月的餐馆，因为一道菜品，就俘获了兰州人的心。比如，乐乐乐餐厅的包子，段记卤肉酒店的卤肉和浆水面，爱乐庄园的臭鳜鱼和凤爪拌面。这些企业在发展过程中，也同景扬楼、悦宾楼一样，在传承招牌菜品的同时，结合地方菜的特色，从而成为兰州人心目中无法割舍的老字号。

再次，在这些餐饮老字号中，还有两家主营甜食的企业，它们的出现，体现了兰州人对于甜食的偏爱。而这种偏爱，一方面大概源于甘肃人喜食牛羊肉且好酸辣，甜食在一定程度上能够解腻，并中和这种口感。另一方面，也因为支援大西北的政策，将南方人喜欢甜食的传统，留在了这片土地上。兰州有一种特有的甜食，是用麻豌豆、红枣、白糖煮成的粥状食品，同牛肉面一样，还需要加入蓬草制成的蓬灰，因而得名"灰豆子"。诞生于 20 世纪 60 年代的杜维成灰豆王，是兰州灰豆子的金字招牌，1989 年被商业厅授予"金城灰豆王"的称号。其创始人杜维成，曾拜回族师父马有有为师，习得了灰豆子的正宗做法。从挑着担子叫卖，到有了自己的小吃店，杜维成灰豆王经过了几十年的发展，生意越做越好。如今，虽然杜维成老人已经去世，但他的后人传承了这门手艺，继续着他的事业。创建于 1956 年的张掖路甜食店，与杜维成灰豆王一样，也主营甜食，却更多地传承了原兰州南关十字上海糕团店的甜品。同是 1956 年，因支援大西北，在上海"和兴斋"糕团店当学徒的陈海源，从上海来到兰州，创办了上海糕团店，店里制作的糕团产品，深受当年在兰上海同乡的喜爱。那时候，张掖路甜食店经营的产品，还主要是兰州本土的元宵、粽子、油锅盔。到了 1996 年，因上海糕团店即将停业，张掖路甜食店遂请来糕团店的师傅，将这门手艺传承了下来。如今，张掖路甜食店的手工元宵和糕团，仍然是店里的招牌甜品，不仅深得兰州人青睐，更成为外地游客必尝的小吃。

最后，在甘肃南部地区，由于多为高寒山区或半干旱气候，且地形多山，耕地有限，更适宜耐寒、耐旱的杂粮种植和储存，因而，这里的人们非常喜欢食用荞麦和莜麦等杂粮，它们不但被当作主食，也可以做成小吃。如果说，兰州人的早晨，是被一碗牛肉面叫醒的，那么，天水人的早晨，则是从一碗呱呱而开始的。天水常记呱呱餐饮管理有限责任公司，就是这样一家经营了近百年的老字号。从创始人蒋氏开始，到现在已过而立之年的第六代传人常晓旭，常记呱呱一直坚持着传统的手工制作工艺。2005 年，常记呱呱申请注册了商标。2020 年，天水常记呱呱餐饮管理有限责任公司成立，专业化的生产制作厂房也随之建立。此后，常记呱呱还开设了 7 家连锁店，并实现了线上线下同时销售。

二 甘肃餐饮老字号文化传承与创新情况

目前，商务部授予的"中华老字号"餐饮企业，虽然在甘肃只有兰州景扬楼餐饮有限责任公司、兰州悦宾楼餐饮娱乐有限责任公司、兰州马子禄牛肉面有限责任公司三家，但是通过它们近百年来的文化传承、发展与创新情况，可以大致了解甘肃餐饮老字号的整体状况。

（一）兰州景扬楼餐饮有限责任公司

坐落于城关区武都路的兰州景扬楼餐饮有限责任公司，创建于1902年（光绪二十八年），至今已走过了121个春秋。当年，扬州御厨王钰发，深受江南文化熏陶，以"景以文传，文以景扬"为理念，在扬州辕门桥西多子街创办了景扬楼。1917年（民国六年），景扬楼第二代传人王少山（原名王长山）回乡继承家业，在菜品上精益求精，将淮扬文化与烹饪技艺融合，充分体现了父亲的经营理念，使景扬楼名声大振。之后，王少山在天津和西安开设分店，生意火爆，食客云集。新中国成立后，王少山将景扬楼品牌无偿赠予国家，景扬楼成为国营企业。1958年，为支援大西北的建设，王少山又带领众人，将景扬楼总店迁至兰州。对于这次搬迁，当时的兰州市政府非常重视，特意将其新店选址在最为繁华的中央广场黄家园。而王少山和一众扬州高厨，也秉承着景扬楼的经营理念，坚决不降低菜品标准，克服了各种困难，让兰州的老百姓品尝到了正宗的淮扬菜。1993年，王少山的徒弟屈照树接手景扬楼，成为第三代传人。他在保持原有菜品特色的基础上，融合川菜、粤菜、陇菜的精华，使景扬楼的受众更为广泛。2005年，因城市改造，景扬楼不得不拆除，为了将这一老字号传承下来，屈照树顶着资金压力，投资2000多万元，在武都路重新选址装修。2006年，新落成的景扬楼开门迎客，其装修风格极具江南特色，吸引了一众市民前来打卡。

如今，景扬楼在第四代传人屈桐旭的带领下，继续稳步向前发展。新冠疫情期间，景扬楼推出线上送餐服务，让兰州市民在家就能享用到这份美味。同时，斥资1400万元，对店面进行了再一次的装修升级。三年疫情，餐饮行业普遍表现低迷，景扬楼却逆风而行，不断提升自我。在一次采访中，屈桐旭曾说："老字号拥有品牌优势，在做精做强、发展壮大方面具有独特优势。它具有不可估量的品牌价值、经济价值和文化价值，它们承载着优秀的中华民族文化。放下对过往的沉湎，把目光从过去的历史辉煌中转向消费者市场，老字号要复活，要发展，只要抓住了消费者心理，远比一个新品牌容易得多。"① 可以说，这正是景扬楼面对飞速发展的现代社会，所遵循的发展理念。它并没有故步自封，而是紧跟时代的脚步，在保留传统的前提下，做出适当的调整。

2023年6月，景阳楼旗下品牌"小景扬"在农民巷开业。这一次，它将消费群体对准了年轻人，其就餐环境更加现代简约，菜品选择也更加关注年轻人的口味。此外，景扬楼总店和小景扬，都在抖音注册了官方账号，在宣传品牌的同时，推出了优惠团购。2023年7月，通过"东方甄选看世界"甘肃行活动，景扬楼讲述品牌故事，展示美食套餐，令更多年轻人和外地游客了解景扬楼，爱上景扬楼。

（二）兰州悦宾楼餐饮娱乐有限责任公司

兰州悦宾楼餐饮娱乐有限责任公司是由旗人王志壮独资，1911年创建于北京的菜馆。1912年迁往上海，1937年改由于定章经营。

---

① 《景扬楼：老字号要"老"的有底蕴，更要有朝气》，https：//www. sohu. com/a/464718135_ 100237836。

1941年，于定章病逝后，于懋廉、柳钟瑄、柳明远接手菜馆，正式命名为"上海市悦宾楼京菜馆股份有限公司"。在上海经营期间，悦宾楼就曾被誉为京帮菜魁首，深受上海民众的喜爱。1956年，公司实行公私合营之后，为响应支援大西北的号召，悦宾楼整体搬迁至兰州。来兰之后，悦宾楼由王鸿福担任经理，于懋序、柳洪吉、李洪谋等特级厨师掌勺，他们不但继承和发扬了京派菜肴，还挖掘、恢复了许多西北和兰州的传统菜肴，同时不断创新，制作出了众多深受兰州市民喜爱的菜品。

多年来，悦宾楼在老一辈名厨的带领下，培养了一批又一批优秀的中青年厨师。现任悦宾楼董事长兼总经理的单玉川，就是这样成长起来的。从1977年进入悦宾楼学习厨艺，到1983年与于懋序、栾志明代表甘肃参加全国名师鉴定会，再到1996年被聘为国家级酒家和酒店饭店评审员，兼国家特级饭店评审员、餐饮业国家一级评委，以及2007年荣获"中国烹饪大师金爵奖"，成为甘肃首位获此殊荣的大师。从单玉川身上，我们能够看到，悦宾楼之所以能够长盛不衰，其根本就在于拥有一个厨艺高超、结构合理、阵容庞大的团队，是他们不断深耕厨艺、精益求精、代代传承，才成就了今天我们看到的百年老字号。

（三）兰州马子禄牛肉面有限责任公司

兰州牛肉面的前身，是回族人马保子挑着担子沿街叫卖的"热锅子面"。"马子禄牛肉面"的创始人马福德，在原有"热锅子面"的基础上，潜心改进与创新，形成了独特的配方，也是这样走街串巷，努力维持着生活。据说，当时的兰州牛肉面，只有马保子和马福德两家。民国初年，有了一定积蓄的马福德，为提升牛肉面的就餐口感和就餐体验，一改之前的经营形式，开设了名为"福源居"的餐馆。到了20世纪50年代，马福德的儿子马子禄，在城隍庙附近重开了店铺，并打出了"马子禄牛肉面"的招牌。改革开放以后，马子禄牛肉面重新在武都路承包了店面，进入稳定发展的阶段。2001年，马子禄牛肉面迎来了快速发展的时期，不但成立了有限责任公司，还在大众巷重开店面，使该品牌走上了现代化的发展道路。2008年，马子禄牛肉面的第三代传人马汀接手公司。2010年，马子禄牛肉面的第一家加盟店在天津开业，公司走上了加盟连锁的新轨道。2014年，马子禄牛肉面与统一企业合作，开发了"马子禄兰州牛肉面"方便面，在网络上热销。2017年，日本东京"马子禄牛肉面"盛大开业，好评如潮，这标志着公司顺利打开了国际市场。

近年来，以兰州牛肉面为特色的经营场所在国内外明显增多，目前，本地品牌牛肉面馆通过连锁、加盟等方式在省外开店1300余家，在40多个国家开店160余家。[①] 相比较而言，马子禄牛肉面的扩张并没有特别迅速，这与其经营理念不无关系。综观马子禄牛肉面百年来的发展史，几代传承人一直抱守着初心，使用真材实料，不随便降低成本，以免影响牛肉面的品质。正如马子禄牛肉面现任掌门人马汀所言："马子禄牛肉面的经营方式一贯求稳，并没有太多地向外发展。一方面是我们想一步一个脚印地把路走实，另一方面也是因为牛肉面的配料要求严格，调料产地、汤料的配比稍有变化，口味就会发生大的改变。"[②] 以东京的马子禄牛肉面为例，自2013年开始，曾在中国留学四年的日本人清野烈，就决心在日本开一家真正的兰州牛肉面馆。为此，他与同学进藤圭一郎多次前往兰州。然而，直到2017

---

① 肖洁、蒋凌：《兰州牛肉面乘风破浪香飘40余个国家》，兰州新闻网，2023年6月12日，https：//mbd. baidu. com/newspage/data/landingsuper？ id = 17684540 46805781772&third=baijiahao&baijiahao_ id = 1768454046805781772。

② 《从街边小店到蜚声海外——老字号"马子禄牛肉面"实现华丽转身》，兰州新闻网，2018年11月19日，https：//news. sina. com. cn/c/2018－11－19/doc- ihnyuqhi2712836. shtml。

年，他们才得到了马汀的认可。可以说，是清野烈的真诚和坚持，成就了今天在东京爆火的马子禄牛肉面。而这份真诚和坚持，也正是马子禄牛肉面能够历经百年岁月，成为"中华老字号"的秘籍。

三　甘肃餐饮老字号文化传承与创新的问题

对于甘肃的餐饮老字号而言，凭借几十年甚至上百年积累的口碑，其在本地餐饮行业和民间自然拥有较高的人气。然而，随着社会的飞速发展，本地人口与外来人口不断更迭，年轻人对于餐饮老字号不仅不够了解，更难有老一辈的那份情怀。加之如今消费模式的改变，餐饮业竞争激烈，相比几十年前，人们拥有了更多的选择。面对这些变化，一些老字号也尝试着做出改变，但由于各方面的原因，导致多少存在一些亟待解决的问题。

（一）内部问题

1. 服务理念陈旧

经过多年发展，餐饮老字号企业往往形成了一套固有的服务理念和服务体系。具体来说，一是就餐环境陈旧。从现代消费者需求偏好的角度来看，餐饮的文化内涵正凸显出其是现代餐饮经营管理中一个不可忽视的方面，而环境则构成了餐饮文化内涵的重要组成部分。[①]部分老字号餐饮企业，多年未对就餐环境进行升级改造，导致整体卫生环境不够达标。这里所说的就餐环境，不一定是对店面的整体装修，它更多的是指店内桌椅的布置、餐具的搭配、厨房设备的配置、卫生间的干净程度等方面的改进。二是服务人员的服务意识淡漠。这

---

① 林峰：《基于因子分析的老字号餐饮企业顾客满意度实证研究——一个个案研究的启示》，《旅游学刊》2009 年第 7 期。

种情况尤其发生在个别赫赫有名的老字号企业，其部分服务人员不但没有良好的服务意识，反而因为老字号的名气，滋生出一种优越感和懈怠感。反映到具体的服务上，便表现为冷漠的态度、傲娇的语气。虽说餐饮老字号的立足之本是饭菜的品质，但随着社会的文明程度越来越高，人们更为关注个人的感受和体验。从这个角度来看，舒适的就餐环境，优质的就餐服务，就成为与菜品质量同等重要的事情。

2. 营销手段欠缺

作为甘肃数一数二的餐饮老字号，景扬楼曾做过一次问卷调查，结果显示，"我们的顾客群体中，50~60岁的占到65%；通过一系列新媒体的营销，今年（2021）3月的最新数据显示，20~40岁的客群增加了30%"。① 从这组数据不难看出，餐饮老字号企业的受众，更多的是60后和70后。这两个年龄段的群体，差不多是和这些餐饮老字号一同成长起来的。如今，对于餐饮老字号，他们除了喜爱那熟悉的味道，更多的是抱有着一份情怀。然而，当下社会的消费主力，是80后与90后。相较60后和70后，他们的需求更加多元，而老字号传统的经营方式，可能并不太适合他们。此外，现代社会生活方式的改变，让越来越多的人热衷旅行，而甘肃丰富的旅游资源，也不断吸引着外地的游客。但是，外地游客对于甘肃本地的餐饮老字号品牌，可能并不是非常了解。因此，老字号企业应该通过多种渠道，采用多种方式进行营销，只有这样，老字号的生命之树才能够长青。

（二）外部问题

1. 停车难

一般来说，餐饮老字号往往集中在城市的中心地带。这是因为，

---

① 玄丝雨：《景扬楼：老字号要"老"的有底蕴，更要有朝气》，搜狐网，2021年5月5日，https://www.sohu.com/a/464718135_100237836。

餐饮老字号在最初选址的时候，大多处于城市建设的早期阶段，城市规模不大，只有选在市中心这种人流量多的地方，才能吸引更多的顾客。随着城市化进程的加快，城市规模不断扩大的同时，市中心却变得越来越拥挤。于是，有的老字号营业面积不断缩小，有的老字号因为城市统一规划，其所在街道变为了步行街，这就导致许多开车来就餐的顾客无处停车，继而间接影响了老字号的客流量。对于顾客而言，几十年前，生活节奏较慢，私家车的数量非常少，而市中心的交通发达，去餐饮老字号吃饭就显得很方便。但现如今，几乎每个家庭都有私家车，人们在外出就餐时，也更多地考虑是否方便停车。因而，有没有停车场，停车场距离就餐地点远还是近，就成为影响餐饮老字号发展的问题。

2. 用工荒

近年来，餐饮行业普遍出现了服务人员不足的问题。以前，餐饮企业的服务人员多半是年轻人，现在却更多地出现了中老年人的面孔。究其原因，一是薪资较低且缺乏福利。对于年轻人来说，餐厅给出的工资可能无法满足他们的要求。加之一些餐厅工作没有提供健康保险、带薪休假和其他福利，这就使年轻人不愿意从事这份工作。二是缺乏稳定性。很多餐厅的服务员都是临时员工，虽然他们随时可以离职，但由于这份工作没有多少技术壁垒，一般人都能干，因而他们也随时有可能被老板开除。三是追求更好的生活品质。餐厅工作通常需要员工在高峰时段工作，如晚上、周末和假日，这可能影响了他们工作与生活的平衡。同时，他们可能认为这份工作缺乏一定的发展潜力和挑战性，对于他们生活品质的提升没有帮助。四是新冠疫情的影响。餐饮业可以说是受新冠疫情影响最大的行业之一，许多餐饮品牌在疫情期间难以为继，最终倒闭。这直接导致一些年轻人失去了工作，从而不得不转求其他行业的就业机会。

四　甘肃餐饮老字号文化传承与创新的建议

（一）挖掘文化精髓

传统餐饮老字号特有的文化底蕴深厚，其文化中的内涵、经营理念、价值观念、道德信仰、人生哲学，这些文化特色的传承也是民族文化的传承。[①] 甘肃的餐饮老字号，代表了甘肃饮食文化的独特传统和历史。深入挖掘甘肃餐饮老字号的文化精髓，其不但传承和发扬了甘肃饮食文化的遗产，更提高了餐饮老字号自身的品牌价值。

具体来说，餐饮老字号可以从以下几个方面入手。第一，餐饮老字号企业要深入了解和剖析自己的历史和传统，包括菜肴、烹饪方法、服务文化等方面，只有厘清了餐厅的创立背景、历史故事以及文化传承，才能够深入挖掘自己的文化精髓。第二，对于自己的传统菜肴，一定要坚持制作并保持水准。因为正是这些经典的菜肴，体现了餐厅的历史与文化，也成为吸引顾客的关键。第三，要确保员工了解并认同餐厅的历史和文化价值观。这样做的目的，一方面能够增强员工的自豪感和归属感，另一方面也能够令他们在服务时，自然而然地传递这些文化精髓。第四，可以在餐厅内部展示文化元素，如餐厅历史的简介、老照片、传统餐具等。这些元素的出现，不但可以增加餐饮老字号的历史感，而且能够令顾客更加直观地了解餐厅的历史文化。

（二）转变经营理念

随着市场和社会环境的不断变化，消费者的需求也在随之改变，

[①] 伍杰、修智英：《传统餐饮老字号品牌的困境与发展对策》，《现代营销（经营版）》2020 年第 2 期。

如果餐饮老字号的经营理念和经营模式还是固守传统，便会很难适应当前的市场趋势和消费者偏好。也就是说，老字号以老为自豪，但不能倚老卖老，更不能显得老态龙钟，而故步自封。① 因此，餐饮老字号要紧跟时代脚步，转变思维，从而吸引更多年轻顾客，扩大客户群体。

首先，从菜品方面，可以考虑更新菜单。在保持传统招牌菜肴的同时，可以引入新的菜品，并提供更多的健康和特殊饮食选项，像是全素餐、少盐餐、免辣餐、儿童餐等，以满足现代消费者的需求。其次，从服务方面，努力改善客户体验。要通过培训，提高员工自身素质，使他们对自己的工作有一个更准确的定位，从而提供更高水平的客户服务，包括改善服务态度、缩短等待时间、提供个性化服务等。再次，从环境方面，需要打造干净舒适的就餐环境。要遵循最新的卫生和安全标准，确保员工和顾客的健康，从而增强顾客的信任度和忠诚度。在餐厅布置上，注重整体色调和光线的配合，选用舒适的桌椅，避免过于拥挤的布局。最后，从员工方面，加强培训和激励机制。要努力为员工提供培训和发展机会，以提高他们的职业技能，扩宽他们的职业前景。同时，通过适当提高薪资水平或增加奖励，令员工感受到更强的归属感。

（三）促进品牌宣传

中华老字号是一种具有历史文化传承意义并且被国家所认可的品牌，与之连接的是有着悠久历史文化底蕴的企业和该企业所生产出售的商品和服务。② 因而，作为一种品牌，老字号拥有很高的品牌价值、经济价值和文化价值。然而，相比新兴的餐饮品牌，餐饮老字号企业在经营活动中，往往更重视菜品的质量，而容易忽视其他因素对

---

① 江昱：《城市餐饮老字号及其创新发展研究》，《管理现代化》2018 年第 1 期。
② 舒萍：《经济人类学视角下的老字号价值体系建构》，《青海民族研究》2017 年第 2 期。

品牌的影响。虽说饭菜的品质，才是餐饮老字号的核心竞争力，但我们的社会发展到今天，已经不再是从前那种"酒香不怕巷子深"的年代了。所以说，老字号在做好自己的同时，也要顺应时代的变化，才能够长久地发展下去。

对于餐饮老字号来说，最便捷也最需要采取的宣传方式，是利用网络和社交媒体，来提升品牌的知名度。比如，利用微信公众号、微博账号、抖音账号、小红书账号等，分享照片、视频和故事，展示美味的菜肴和独特的氛围。还可以定期发布折扣、优惠套餐和活动日的信息，以吸引新客户和保留老客户。另外，通过直播、团购等方式，可以进一步扩大餐饮老字号的顾客群体，让年轻群体、外地游客加深对老字号品牌的了解。当然，也可以通过合作和赞助的方式。比如，与当地的社区、慈善机构和体育赛事合作，以提高企业的曝光度。或者赞助一些节日的活动、大学的文体赛事等，并在赞助材料上展示品牌标识。

（四）加强政府支持

加强政府对餐饮老字号的支持，可以协助老字号企业保护和传承传统文化，而这些历史和文化背景，又能够成为旅游和文化的热点，从而吸引游客，提升地方旅游业的发展。

早在 2007 年，甘肃省商务厅出台的《甘肃省国内贸易发展"十一五"规划》中就指出，"制定保护甘肃省中华老字号的政策措施，加强对全省'著名商标'和'驰名商标'的营销和保护，促进老字号企业经营机制和经营服务方式的创新"。① 近年来，甘肃省也在这方面做出了一定努力，取得了一定的成效。下一步，政府仍然可以从

---

① 甘肃省商务厅：《甘肃省国内贸易发展"十一五"规划》，中华人民共和国商务部网站，2007 年 6 月 8 日，http：//scjss. mofcom. gov. cn/article/cx/200706/20070604764241. shtml。

以下几个方面，对餐饮老字号企业加以支持。第一，政府可以提供资金和贷款计划，以帮助老字号企业进行翻新、扩建或提高其硬件设施和服务质量。比如提供低息贷款、补贴或奖励计划，以降低企业经营成本和促进投资。第二，政府可以制定政策法规，以保护餐饮老字号的文化遗产和品牌标识，包括商标和知识产权保护，以防止侵权行为。第三，政府可以设立文化保护基金，以资助餐饮老字号企业的文化传承项目。这些项目可以包括保存传统食谱、烹饪技巧和建筑，还可以支持文化活动和展览。第四，政府可以提供培训和教育资源，以帮助餐饮老字号企业提高员工的技能，包括烹饪技巧、客户服务和管理能力。第五，政府可以帮助餐饮老字号企业进行推广，比如在旅游促进计划中推广它们，从而帮助其吸引游客，提高知名度。第六，政府可以组织相关的文化活动，比如食品节、传统节日庆典和食品展示活动，以促进餐饮老字号企业的文化传承。

参考文献

孔令仁、李德征编《中国老字号·目录卷》，高等教育出版社，1998。

徐日辉：《甘肃饮食文化史》，中国科学技术出版社，2007。

《甘肃老字号》编委会编《甘肃老字号》，甘肃人民出版社，2008。

陈非、刘诗嘉：《我国餐饮"老字号"品牌管理研究综述》，《楚雄师范学院学报》2019年第4期。

B.13
甘肃代表性旅游景区无障碍环境调查研究

王旭东*

摘　要： 保障残疾人、老年人等行动不便人群平等参与社会文化生活，这是经济和社会发展的要求。当今社会已经进入中重度老龄化阶段，残疾人数量也在持续增加，建设旅游景区的无障碍环境、发展无障碍旅游是保障残疾人、老年人等社会成员旅游权利的重要方式，更是广大人民群众基于安全感获得感幸福感基础之上的旅游。本调研报告主要对甘肃无障碍旅游环境发展的背景和意义、历史沿革现状和问题、对策建议进行研究。研究发现，我国无障碍相关法律法规和政策逐渐形成体系。甘肃无障碍环境建设也有了一定的发展，但无障碍旅游景区仍然面临众多问题，无障碍环境建设管理的投入机制、监督工作机制、推动机制尚不够完善，未能围绕吸引物和旅游环境系统地打造旅游产品，产品供给不足。无障碍观念比较落后，信息化技术应用不足，报告提出了相关的对策。

关键词： 旅游景区　无障碍　残疾人　老年人　甘肃

一　前言

保障残疾人、老年人等行动不便人群平等参与社会文化生活，这

---

* 王旭东，甘肃省社会科学院决策咨询研究所研究员，主要研究方向为残疾人社会政策。

是党和政府一切为民和共享改革开放成果的大业之举。我国残疾人数量达到 8500 万，截至 2021 年底，全国 60 岁及以上老年人口达 2.67 亿，占总人口的 18.9%；65 岁及以上老年人口达 2 亿以上，占总人口的 14.2%。据测算，预计"十四五"时期，60 岁及以上老年人口总量将突破 3 亿，占比将超过 20%，进入中度老龄化阶段。2035 年左右，60 岁及以上老年人口将突破 4 亿，在总人口中的占比将超过 30%，进入重度老龄化阶段。①

根据第七次人口普查结果，甘肃省常住人口 2501.98 万人，其中 60 岁及以上人口为 426 万人，占 17.03%；② 甘肃省有残疾人口 187.1 万人，截至 2021 年 6 月，甘肃省共有持证残疾人 89.8 万人。③ 旅游景区是以满足旅游者出游目的为主要功能，并具备相应旅游服务设施，提供相应旅游服务的独立管理区。④ 不论从全国还是从甘肃全省，还是从兰州市来看，具有外出休闲旅游需求的残疾人和行动不便的老年人数量巨大，当前，进一步推动无障碍设施完善与无障碍旅游刻不容缓。从全生命周期来看，对于无障碍环境，每个人都会是需求者和受益者。根据联合国大会通过的《残疾人权利公约》，在平均预期寿命超过 70 岁的国家，每个人平均约有 8 年或寿命 11.5% 的时间生活在残疾状态下。⑤ 从人口老龄化的基本国情来看，无障碍环境是老龄社会的刚需和标配。故而本调研报告立足残疾人和老年人两大群

---

① 《国家卫健委：预计到 2035 年左右，全国 60 岁及以上老年人口将突破 4 亿》，中国新闻网，2022 年 9 月 20 日，https://m.chinanews.com/wap/detail/chs/zw/9856302.shtml。
② 《甘肃省第七次全国人口普查主要数据公布 全省常住人口 25019831 人》，中国甘肃网，2021 年 5 月 25 日，http://gansu.gscn.com.cn/system/2021/05/25/012591347.shtml。
③ 《甘肃省残联：让数据信息多跑路 让残疾人少跑腿》，中国甘肃网，2021 年 9 月 16 日，http://gansu.gscn.com.cn/system/2021/09/16/012644171.shtml。
④ 参见《旅游业基础术语》（GB/T 16766-2017）。
⑤ 参见《残疾人权利公约》。

体，做好几个代表性景区景点的调研。

2012 年颁布的《无障碍环境建设条例》为残疾人、老年人等参与并融入社会生活、共享改革发展成果发挥了重要作用。执法、监管和技术援助等系统性的措施，就是实现残疾人机会均等、充分参与和独立生活的目标，旅游等公共服务场所应当是优先推进完善无障碍环境建设的场所之一。我国推动老年宜居社区建设方兴未艾，加大力气引导、支持老年宜居住宅的开发，2018 年推动和扶持老年人家庭无障碍设施的改造，风气正酣，目的在于致力为老年人创造无障碍居住环境。① 2018 年 5 月 1 日实施的《旅游无障碍环境建设规范》，该标准规定了旅游无障碍环境建设与改造的要求，适用于新建和改扩建的旅游景区、公园和风景名胜区等。2021 年，《"十四五"文化和旅游市场发展规划》提出，坚持以人民为中心，提升旅游服务质量。同年 7 月，国务院印发《"十四五"残疾人保障和发展规划》的通知，要求健全残疾人关爱服务体系，保障残疾人平等权利，增进残疾人参与社会活动的机会。根据国务院办公厅印发的《国家残疾预防行动计划（2021~2025 年）》，2025 年公共建筑无障碍设施建设率完成率要达到100%。② 2023 年 9 月 1 日，《中华人民共和国无障碍环境建设法》应运而生，对于促进残疾人事业全面发展，保障和支持更多残疾人走出家门、融入社区，接受康复和教育，实现更加充分就业具有重要意义，是推进无障碍环境建设高质量发展的基于中国特色社会主义法治体系建设的又一成果。

---

① 《文化和旅游部关于印发〈"十四五"文化和旅游发展规划〉的通知》，中华人民共和国中央人民政府，2021 年 4 月 29 日，https：//www.gov.cn/zhengce/zhengceku/2021-06/03/content_5615106.htm。

② 《国务院办公厅关于印发国家残疾预防行动计划（2021~2025 年）的通知》，中华人民共和国中央人民政府，2022 年 1 月 5 日，https：//www.gov.cn/zhengce/content/2022-01/05/content_5666521.htm。

（一）安全感获得感幸福感基础之上的无障碍旅游

2015 年 2 月，习近平总书记在全面深化改革领导小组第十次会议上强调，"让人民群众有更多获得感"。之后，他在各种重要场合多次强调人民群众的"获得感"问题，习近平总书记指出，要着眼于解决群众最关心、最直接、最现实的利益问题，这是根本的立足点，使群众得到看得见、摸得着的实惠，这是切实增加获得感的立足点。作为个体的一种情感体验，获得感具有主观性。外出旅行，就使残疾人、老年人参与社会，心情愉悦、休养身心、忘记病痛，感受社会的点滴关爱，增强克服困难、勇敢生活的信心和能力。增加弱势群体的社会参与度，促进社会的和谐发展。[①]

我国居民的幸福感整体处在较高位置。事实证明，其正在于我们不止步于物质的改善，而始终聚焦人民对幸福的新追求与新期待。事实上，丰富的物质是幸福的基本保障，而经济发展到一定程度，物质带来幸福感的边际效应就会逐渐递减，只有不断寻找新的幸福增长点，才能为人们带来持续的幸福体验。[②] 一般而言，真正的获得感都是建立在以幸福指数为核心的综合性的评判标尺基础之上的。[③] 人民群众的获得感和持续获得感是可以实现的。[④] 注重社会和谐与人的发展至关重要，相对于幸福感来说，情境性、持续性是获得感的特性，但获得感稳定性更低，它的提升有利于幸福感的提升。安全感则是人们对自己需求满足中风险和危险状况的评价，安全感的提升有助于提

---

① 《中华人民共和国残疾人保障法》，中国人大网，2018 年 11 月 5 日，http://www.npc.gov.cn/npc/c2/c12435/201905/t20190521_276668.html。

② 人民日报评论部编《人民日报评论年编 2019》，人民日报出版社，2020，第2531 页。

③ 魏向前：《以人民为中心的共享发展：指导思想、判断标准与制度安排》，《甘肃理论学刊》2019 年第 5 期。

④ 王思斌：《社会工作之真善美》，北京大学出版社，2018，第 907~909 页。

升获得感和幸福感，尤其是旅行中无障碍设施完善的相关景区，残疾人、老年人就有相对的安全感，一次性到位的硬件设施，往往会抵消景区工作人员的服务成本。安全感是一种底线，是提升获得感和幸福感的基础，安全感高，获得感和幸福感不一定就高；但是没有安全感或安全感低，获得感必然不会高，幸福感也不会很高。获得感是幸福感提升的基础。① 故而，三者排序应该是安全感、获得感、幸福感。旅游无障碍的出行体验，使残疾人、老年人在充分的安全感下，终究是满满的获得感和幸福感。

（二）旅游无障碍设施普及的政策及意义

《中华人民共和国残疾人保障法》规定，为残疾人平等参与社会生活创造无障碍环境，无障碍设施的建设和改造，应当符合残疾人多元化的实际需要。

第一，能够平等参与社会文化生活，保障残疾人、老年人等行动不便人群的权益，既是改革发展红利的共享，更是社会发展的要求。

第二，减轻或者消除残疾影响和外界障碍，支持残疾人、老年人日常生活和社会生活，为其提供更全面的社会服务，帮助和丰富残疾人精神文化生活，促进社会的和谐发展。

2010 年 9 月 29 日《甘肃省无障碍建设条例》正式公布，2011 年 1 月 1 日起施行。其中规定，城市、旅游景区、城市规划区域外的大型生活社区及主要交通干线服务区，是无障碍建设的重点区域。旅游景点是无障碍建设的重点场所之一。② 甘肃在全国算是位居前几位率先制定相关政策的，意在强化无障碍基础设施建设和管理。但是，

---

① 王俊秀：《中国社会心态 10 年》，社会科学文献出版社，2020。
② 《甘肃省无障碍建设条例》，甘肃省人民代表大会常务委员会网站，2015 年 1 月 21 日，http：//www.gsrdw.gov.cn/html/2015/lfdt_0121/2914.html。

城市建设中残疾人的精细化需求没有得到重视，还存在一些因规划建设不够合理造成的障碍。整体而言，在城市重点区域、场所、单位、平台开展重点无障碍项目规划建设的意识不够强。旅游景点部分群众期盼的项目建设效果欠佳。2012 年，国务院颁布了《无障碍环境建设条例》，2013 年，国务院又颁布了《国民旅游休闲纲要（2013~2020 年）》，该纲要对加强无障碍建设、为残疾人旅游休闲提供保障进行了具体规定，从公共服务、休闲环境等多方面做出强调。基本上从这时起，甘肃残疾人或小型团队，或三三两两，开始参加全国其他地方的公益人士或者残疾人组织的旅游活动。外地的残疾人也以多元化集合方式来甘肃旅游。

为游客提供安全、文明、舒适的旅游环境。2021 年 12 月，甘肃省人民政府印发《甘肃省"十四五"残疾人保障和发展规划》的通知，指出无障碍要保障残疾人、老年人等通行安全和使用便利，促进残疾人平等权利更好地实现，[①] 促进残疾人群体、老年人等行动不便人群平等参与社会生活。2022 年甘肃省政府下发《甘肃省"十四五"老龄事业发展和养老服务体系规划》，指出依托文化旅游景区及周边特色养生文化资源，规划打造一批集中医康复医疗、养生保健、休闲旅游于一体的老年文化服务场所，设计老年文化活动产品，打造中医药养生养老保健旅游线路，不断丰富老年文化旅游服务供给。[②]

---

① 《甘肃省人民政府关于印发甘肃省"十四五"残疾人保障和发展规划的通知》，中国甘肃网，2021 年 12 月 26 日，http://gov.gscn.com.cn/system/2021/12/26/012689039.shtml。

② 《甘肃省人民政府关于印发"十四五"老龄事业发展和养老服务体系规划的通知》，中国甘肃网，2022 年 11 月 30 日，http://www.gscn.com.cn/province/system/2022/11/30/0128657 11.shtml。

二 甘肃省代表性景区（景点）无障碍
环境现状

（一）八路军驻兰办事处纪念馆

八路军驻兰办事处纪念馆是依据兰州"红军联络处"和八路军驻甘肃办事处两处旧址修缮建成的甘肃省唯一的主要反映营救红西路军被俘失散人员和抗日战争历史内容的革命纪念馆。

八路军办事处旧址（简称"八办"），位于兰州市酒泉路314号，是一座普通的旧式四合院建筑，2013年3月5日，中华人民共和国国务院批准公布"八路军办事处旧址"为全国重点文物保护单位，并立碑。其为抗日战争时期中国共产党设在兰州的公开办事机构，党代表谢觉哉，处长彭加伦、伍修全1937年5月至1943年11月领导办事处，严格执行党的路线方针和政策，领导甘肃抗日救亡、进行后方发动、实现全民族抗战。这里也是西北国际交通线上的重要枢纽，如营救被俘的红西路军将士、接待党的过往人员、输送奔赴延安和抗战前线的进步青年、担负苏联援华物资的转运重任等，被周恩来亲切地誉为"革命的接待站，战斗的指挥所"。

八路军驻兰办事处纪念馆于1980年1月建成开放。纪念馆和旧址四合院里外相通，纪念馆附带展览馆，残疾人由专门的外设坡道进入纪念馆，再乘特殊通道电梯，到负一层观看"热血陇原：八路军驻甘办事处与甘肃抗日救亡展览"和"八路军驻甘办事处原状陈列馆"主题展览。之后，由专人帮助，到前述旧址四合院参观，为保障使用轮椅者方便进出，八路军办事处旧址门口处服务人员可以临时搭置无障碍坡道，但老式四合院的房间都有台阶和门槛。

（二）红军会宁会师旧址

红军会宁会师旧址内有红军长征胜利纪念馆、会师楼、中国工农红军第一二四方面军会师纪念塔、会师联欢会会址（文庙大成殿）、将帅碑林。

旧址内道路上下有坡道，有无障碍卫生间、有无障碍售票区、轮椅可进纪念馆一楼展区，但地下展区去不了，有无障碍出入口。低位电话、无障碍车位均没有，无手语服务，无电梯。

会师楼，西侧入口有七八级台阶，由于建设比较早，对于涉及残疾人通道、残疾人卫生间的建设比较少，轮椅登上城墙不易。从考察看，当前新的游客服务中心已经建起，不论是游客服务中心所属的大楼内设卫生间，还是外面的两个卫生间，以及旧址区域的卫生间，2022年都重新进行了改造，故残疾人卫生间比较健全和完善。景区的硬件设施方面，红军长征胜利纪念馆尚无电梯。老年人、残疾人每年来参观的人数都比较多，经过近两年的改造、提升，专用卫生间、无障碍通道、警示牌等都有明显改善。

（三）中国工农红军西路军纪念馆

西路军的历史可歌可泣，原来的"高台烈士陵园"经过多年的维修、改善、绿化，更名为"中国工农红军西路军纪念馆"，让对共产主义怀有坚定信仰的董振堂、杨克明烈士们，安然长眠于此。总有游客过往或者专程到高台，怀着憧憬与瞻仰之情缅怀烈士们的丰功伟绩，来到这里，引发人们对西路军历史的了解和学习。景点有专设无障碍出入口，有无障碍厕所（独立卫生间）、无障碍通道、电梯、缘石坡道、导盲服务及无障碍标识，无手语服务。2023年4月，中国残基会张掖集善乐业残疾人网络就业基地、全国残疾人之家、国家级残疾人职业培训基地组织联系到此，开展了"感党恩，学党史，祭英烈，传承红色基因"主题活动。他们赞赏纪念馆的无障碍设施及服务，声光电一体的影像，展现着那段硝烟弥漫的战斗岁月，清晰的画面和感人至深的讲解令人震撼、深入人心。

（四）兰州野生动物园

兰州野生动物园于 2021 年 9 月 26 日开园试运营，生态观光带将整个园区分成了人行和车行两大环形游览路线。车行区每个区域都有安全门，通过左侧的人行栈道上山，有长达 7.7 公里的步行区，但台阶过多，轮椅、婴儿车不宜上下。

入口处，可以拿残疾证、身份证换一张免费票；60~70 岁老人凭身份证购买 50 元一张的优惠票，70 岁及以上老人凭身份证换一张免费票。残疾人驾车去动物园，地上地下的普通车位很多，如果车停放在地下，就乘电梯到地面，所有车位收费。无障碍厕所，在普通卫生间的最里面，所有卫生间入口都设有坡道。按照动物种类不同，相关景点大部分有坡道。

（五）白银黄河石林国家地质公园

黄河石林国家地质公园地处甘肃省白银市景泰县境内，是一座集地貌地质、地质构造、自然景观和人文历史于一体的综合性地质遗迹，为甘肃省地质遗迹自然保护区、国家级地质公园。国内独有、世界罕见，堪称"中华自然奇观"。自然的鬼斧神工，为景泰留下了神奇的自然景观。因为这里特殊的地质基础和干旱气候条件，流水和风力侵蚀，加上黄土的直立特性才成就了峡谷蜿蜒、千壑竞秀、绝壁凌空、万峰争奇的石林景观。石林景区逐步成为西部一颗璀璨的明珠，科考探险、影视拍摄的首选目的地之一。凡旅客包括轮椅乘客，均统一在入口乘坐摆渡车进入石林景区内部，轮椅乘客需要帮助，方可平安上下，摆渡车比较低，到一定地方，再改乘人赶的毛驴车到观景台下面，行程不长。景区内外无独立的残疾人卫生间，无手语服务。到过石林景区的人，无不为其千姿百态的自然造型惊叹。

（六）张掖七彩丹霞

甘肃张掖七彩丹霞景区的游客，一般省外游客占比超70%。残疾人、老年人群体，特别是来自外省市的，他们克服多重的困难，常常慕名结伴或者举家来到七彩丹霞，感受和领略鬼斧神工的自然景色之壮美，分享生活的快乐。有的坐轮椅的残疾人，甚至专程从阿拉善左旗穿越腾格里沙漠，从民勤赴张掖七彩丹霞游览。尽管在景点有的地方分布栈道有台阶，没有人协助是过不去的，但七彩丹霞景区特意为残疾游客提供了专门的摆渡车，帮助其上下，这里的旅游厕所基础设施和人性化服务，温暖着特殊游客，他们奔走相告，为景区高品质服务赞不绝口。

经笔者调研，为了解决人流密集区域观景台游客"如厕难"问题，景区连续多年投入资金改建，2019年顺利完成污水处理提标项目，排放达到一级A类标准。在此基础上，近两年，公航旅集团张掖七彩丹霞景区管理方，在深度游区域增设3处移动式卫生间，并分别在西入口乘车点、七彩云海台山顶增设两处移动式卫生间，供求矛盾大大缓解。在景区内旅游线路上设置易识别的指引标志牌，加上工作人员悉心周到的引导，游客"五分钟如厕圈"目标顺利实现。景区旅游厕所基础设施人性化，服务周到，环境整洁明亮、无异味，外观与景区特色高度融合，景区还提供轮椅服务等，游客满意度达到99.3%。

（七）敦煌莫高窟、千佛洞

由于地理位置和历史原因，莫高窟的建筑结构多数窄小、高低不平，对行动不便的人来说，参观莫高窟是一项比较艰巨的任务，目前残疾人士能够比较轻松地游览莫高窟。莫高窟景区增设了便捷的无障碍通道，使坐着轮椅的人士也能够顺利进入一楼洞窟，二楼因为有一个大斜坡，开着轮椅车头有动力，或者人推着，都能上去。无障碍通道宽敞平整，有扶手和斜坡，方便残疾人自由出入。景区内的厕所、餐厅等公共设施也进行了无障碍改造，有专门为残疾人设计的设施，如坐便器、无障碍洗手间等，景区提供无障碍旅游服务，为残疾人提供导游解说服务、助力轮椅等。

以上对红色文化型景区（红军会宁会师旧址、中国工农红军西路军纪念馆、八路军驻兰办事处纪念馆）、山岳型景区（张掖七彩丹霞）、历史遗址型景区（敦煌莫高窟、千佛洞）、主题公园型景区（兰州野生动物园、白银黄河石林国家地质公园）做了比较系统的调研、描述。残疾人、老年人有501人次接受问卷和部分访谈，对于其出游过相关的景点，他们内心深处是满满的回忆和感动，认为出门旅行增强了个体对生活的热爱，调节了不良情绪，并给家人和景点工作人员增添不少麻烦，心存感恩；对景区无障碍设施的共同期盼是甘肃经济持续向好的方面发展，能多投入一些资源给景区，对路况、登高缆车做一些补充改善。能够吸引省内外、国内外残疾人、老年人来甘肃旅游，作为甘肃人也很自豪。

三　甘肃旅游景区无障碍环境存在的问题

截至2022年12月31日，甘肃省共有A级旅游景区444家，其中5A级旅游景区7家，嘉峪关文物景区、敦煌鸣沙山月牙泉景区、张掖七彩丹霞景区、麦积山景区、崆峒山风景名胜区、永靖县炳灵寺世界文化遗产旅游区、陇南官鹅沟旅游景区位列其中；4A级旅游景区134家，3A级旅游景区233家，2A级旅游景区69家，1A级旅游景区1家。甘肃大力发展无障碍旅游，有利于发挥甘肃文物大省的区

表1 甘肃省四种主题景区的八个景点无障碍环境调研

景点	项目	无障碍停车位	景点无障碍出入口	无障碍厕所（独立卫生间）	无障碍通道	电梯	缘石坡道	主要景点	手语服务	导盲服务	无障碍标识	主观评价及人数
八路军驻兰州办事处纪念馆	无障碍设施情况	附近有	有	无	有	有	有	有	无	有	有	参观过该景点的有76人，90%认为值得去
	备注	比如南关地下停车场							残联组织的残障人群来参观是自带			
兰州野生动物园	无障碍设施情况	无	有	有	有	有	有	有	无	无	有	去过野生动物园的有46人，大多是带孩子、带孙子去，85%认为有对景点的不错，并有对景点的期待
	备注	地下地上都有较多停车位，如果在地下，乘电梯可以到地面，也可以通过缓坡上到地面。停车位都都收费		在普通卫生间里面，所有卫生间入口都设有坡道	残疾人凭残疾证、身份证，领取入园免费票			有坡道，有观光车				

续表

景点	项目	无障碍停车位	景点无障碍出入口	无障碍厕所（独立卫生间）	无障碍通道	电梯	缘石坡道	主要景点	手语服务	导盲服务	无障碍标识	主观评价及人数
白银黄河石林国家地质公园	无障碍设施情况	无	有	无	有	无	无	有	无	无	无	83人去过黄河石林，很认可这一景点，期待基础服务更加完善。赞同者有75%
	备注	一般有普通停车位可用			统一乘坐摆渡车进入石林内部			摆渡车下来，可以乘人走的驴车到观景台下				
红军会宁会师旧址	无障碍设施情况	无	有	有	有	无	有	有	无	无	有	82人去参观，认为无障碍设施很好，声光电影视很震撼，值得去学习参观
	备注											
张掖七彩丹霞	无障碍设施情况	有	有	有	有	有	有	有	无	无	有	参观过的有70人，其中残疾人26人，老年人44人，都认为值得去游玩
	备注	门外商铺门口停车位不收费，停车场有无障碍车位，但是进出口都是无人值守										

续表

景点	项目	无障碍停车位	景点无障碍出入口	无障碍厕所（独立卫生间）	无障碍通道	电梯	缘石坡道	主要景点	手语服务	导盲服务	无障碍标识	主观评价及人数
中国工农红军西路军纪念馆	无障碍设施情况	有	有	有	有	有	有	有	无	有	有	86人去参观，认为无障碍设施很好，声光电影视很震撼，值得去学习参观
	备注	总体环境比较好										
敦煌莫高窟、千佛洞	无障碍设施情况	有	有	有	有	无	有	洞窟一楼方便进出，二楼有一斜坡，可上；其他楼层只有自带陪护上下	英、法、德、日、西班牙五国语言导游翻译	无	有	58人去过，都认为值得去参观、游玩
	备注	车位很紧张，经常被占用										

注：主观满意度评价是笔者在公园、残疾人旅游网络群做调研后的小计。

位优势以及旅游大省的优势，不仅能让甘肃的所有民众享受到便利的旅游休闲，还能让来自全国以及全世界的残疾人和行动不便的老年人在甘肃感受西北风情、甘肃特色、休闲旅游。

甘肃省人民政府强调文化旅游部门要依托景区及周边特色养生文化资源，逐步打造一批集中医康复医疗、养生保健、休闲旅游于一体的老年文化服务场所，设计老年文化活动产品，打造中医药养生养老保健旅游线路，不断丰富老年文化旅游服务供给，[①] 体现了政府打造文旅康养一体化的信心与谋略。面对如此前瞻性蓝海式规划，我们不由得对当下甘肃旅游景区无障碍存在的管理监督、产品供给、残疾人精准旅游需求、落后的无障碍观念、社交媒体无障碍理念等问题，做出如下梳理和分析。

（一）景点无障碍环境建设管理执行不到位，监督工作薄弱

旅游景点相对完善的无障碍建设，责任重点在于旅游企业的管理层，也少不了景点所在地市的督促倡导、国家层面的法律法规。落实方面如何尽快落地归口部门，进而提升着力点，这是首先要做好的工作。目前在执行层面，主体责任显得较为分散，进而容易形成消极被动、相互推诿的局面。应该明确景区就是负责管理追踪的问责者，对于无障碍设施的侵占和破坏行为，宜尽快构建起无障碍法规的执行、监督体系。

（二）无障碍旅游推动机制不够完善，无障碍旅游产品供给不足

无障碍旅游是关爱残疾人的一种新路径。由于残疾人群体内部存

---

① 《甘肃省人民政府关于加强和推进老龄工作进展情况的报告》，甘肃省人民代表大会常务委员会，2022 年 11 月 7 日，http://rdgb.gsrdw.gov.cn/2022/247_1107/3505.html。

在差异性，需求具有多元性，不宜通过单一活动满足群体多元需求。旅游服务作为一种综合的现代服务业，能为残疾人提供全方位、多层次的服务，满足残疾人群体的多元需求。因此，残疾人对旅游的需求非常大。调查显示，我国现有的 8000 多万残疾人中，约 60% 有强烈的旅游愿望，约 11.7% 有经济能力出游。[①] 而且，一般情况下，残疾人旅游出行都需要一人陪同，有时候还存在一家人陪同出游的情况，老年人也相似。毫无疑问，残疾人、老年人的旅游市场发展潜力巨大。但是当前旅游行业经过多年的高速发展已经处于瓶颈期，加之受到三年疫情的冲击，行业面临严重危机。一方面传统产品供过于求，另一方面新型旅游产品供不应求；一方面单一观光产品供应过剩，另一方面休闲娱乐产品供应不足。旅游包括食、住、行、游、购、娱等六大要素，与之对应的则涉及酒店、餐饮、商店等众多行业。[②] 因此，旅游过程中的各个环节都需要考虑到残疾人群体的特殊性，旅游线路和产品都需要进行特殊设计。无障碍旅游要发展，不仅仅是要有良好的无障碍物质环境，还必须有适合残疾人旅游出行的软环境和优秀的旅游产品。

（三）对残疾人的精神需求、精细化的旅游需求调查欠深入

据调研，当前组织残疾人旅游难度较大，残疾人异质性强，无形中使接待残疾人旅游的要求多、成本高，对旅游企业来说，开发无障碍旅游产品线路的愿望和动力就打折扣。一些旅行社推出的团体包价旅游产品，很大程度缺失精细化的残疾人需求调查，故而没有准确把握市场需求，沿用传统的设计思路多，旅游行程等也较少考虑到残疾人的特殊性。很多旅游产品和线路既不适合残疾人的身体状况，也不

---

① 熊红霞等：《残障人士无障碍旅游入华史及其发展》，科学出版社，第 2 页。
② 李志勇、于萌：《旅游产业融合视角下欠发达地区经济发展路径探索》，《四川大学学报》（哲学社会科学版），2014 年第 4 期。

能满足残疾人的精神需求，无障碍旅游软环境相对缺失，旅游产品缺乏特色等问题比较突出。

（四）无障碍观念落后，信息化技术应用不足

当前，社会公众依然以早期的医疗模式和慈善模式看待残疾问题，缺乏现代意识。人们意识到虐待和蔑视残疾人是不道德的表现，但是整个社会对待残疾人的总体氛围是一种视而不见的态度，公众对无障碍认识还有盲区，对残疾人出行的设施缺乏基本认知，全社会无障碍法律意识和行为自觉需要进一步提高。

（五）社交媒体应用未能充分融合无障碍理念

无障碍旅游信息的广泛传播有利于提升残疾人外出旅游的需求。随着移动互联网时代的到来，社交媒体逐渐成为人们生活中不可或缺的组成部分，极大改变了社会大众的日常交流与信息获取方式。但是当前无障碍设施和相关资讯没有很好地利用，当前的信息化技术对残疾人宣传不力，残疾人作为信息的需求方，对无障碍旅游的信息获取相对不足。与普通民众在信息获取方面的便利相比，现实中的残疾人正在遭遇数字鸿沟，成为信息化时代的"数字孤儿"。希望社交媒体应用能充分融合无障碍理念，提高对残障人士用户的友好度。

四 甘肃旅游景区及其无障碍环境的再思考

旅游景区是以旅游及其相关活动为主要功能或主要功能之一的空间或地域，是具有参观游览、休闲度假、康乐健身等功能，具备相应旅游服务设施并提供相应旅游服务的独立管理区，包括风景区、自然保护区、旅游度假区、主题公园、森林公园、地质公园、文同院馆、寺庙观堂、游乐园、动物园、植物园及工农经贸、科教、军体文艺等

各类旅游景区。具有明确的旅游吸引物，以旅游及其相关活动为主要功能，具备相应旅游服务设施并提供相应旅游服务。该管理区一般有统一的经营管理机构和明确的地域范围[1]。

在长期的资源主导开发模式下，"旅游资源"概念备受重视。一是能够吸引旅游者前往旅游的事物；二是能被旅游业开发利用的吸引物资源；三是旅游业中各种能创造价值的资源。随着旅游开发模式转型升级，"旅游资源"的概念已经不能完全解释一些旅游对象，20世纪90年代起国内学者开始关注"旅游吸引物"的概念[2]。旅游者、吸引物、服务业，是构成旅游景区的三要素，是相互包容，相互制约，相互影响的（见图1）。一是旅游吸引物是一个英文舶来名词，某些情况下可以等同于我国较为广义的"旅游资源"概念；二是旅游吸引物是一个综合复杂系统，既包括核心层次的旅游资源和旅游产品，也包括支持层次的旅游标识物和旅游者。合理开发，提高吸引力，是旅游景区服务业的基础。Richards[3]将文化旅游吸引物分为"静态吸引物"与"动态吸引物"两类，"静态吸引物"与"动态吸引物"的划分，大致可以归结为"物质文化遗产"与"非物质文化遗产"，[4] 这无疑为打造完善甘肃旅游景区，在理论上做了系统的指向。

围绕自然、文化和社会经济环境，旅游吸引物和活动、交通条件、住宿设施、社会因素、其他基础设施、其他旅游设施和服务，构成了这一系统的要素。居民对旅游吸引物和设施的使用与国际国内旅

---

[1] 参见《旅游景区分类》（T/CTAA 0001-2019）。

[2] 田里：《旅游学概论》，重庆大学出版社，2019，第424页。

[3] G. Richards, C. P. Cooper, A. Lockwood, "Cultural Tourism in Europe", *Progress in Tourism, Recreation and Hospitality Management*, Vol. 5, 1994, pp. 99-115.

[4] 王克岭：《西部少数民族地区文化旅游提升发展对策》，社会科学文献出版社，2017，第173页。

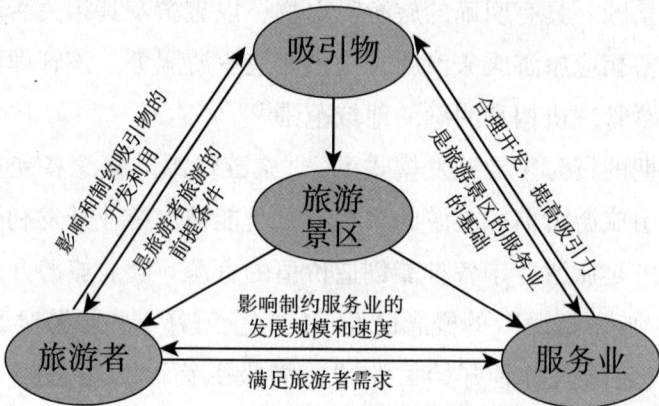

图1　以旅游景区为核心的多重要素

游客源市场群体，则是这一系统范围最广的，不可或缺的重要因素（见图2）。

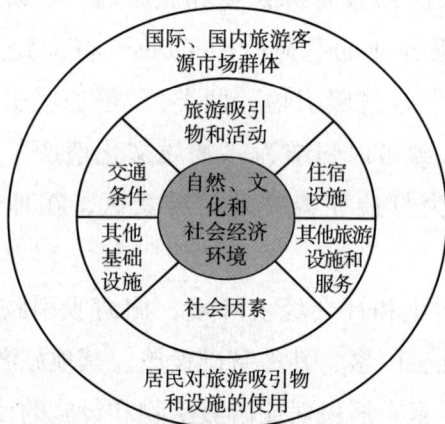

图2　旅游规划的组成要素

　　甘肃在无障碍旅游服务产品的提供上有所欠缺，景区在无障碍旅游导览方面大有可为。景点的无障碍设施日趋完善，相关单位和部门的"无障碍"意识进一步提高，各旅游景点的设施建设凸显出以人为本的理念，多元创新推出旅游产品，景区景点基本实现通行"无障碍"化，将为残疾人、老年人等特殊群体创造更加方便的旅游环境。

公园主要门区无障碍、主要游览干线无障碍、公共卫生间无障碍，无障碍标识准确规范。坡道无障碍售票口、无障碍卫生间轮椅服务、手语服务，以及标识牌符号、标识牌大小、标识牌字体、标识牌色彩等，都是提高和吸引残疾人、老年人最期待的出行要素①。

五 推动甘肃旅游无障碍健康发展的对策建议

（一）调动政府、企业、社会组织等多方面力量的积极性

景区无障碍设施是景区旅游产业发展水平的重要衡量标志，加强对景区无障碍设施的管理是社会文明进步的具体体现②。紧扣甘肃建设文旅大省和友好包容社会需要，将无障碍旅游融入甘肃发展大格局中。要为残疾人、老年人等群体的切身利益考虑，注重规划，将其作为城市发展的先行指引。要把无障碍环境建设放在重要位置，重点加强城市基础设施、公共交通及旅游景点的无障碍建设。同时，要做到精细化管理，盘活存量，做好增量，为无障碍旅游发展赋能。

优化地方法规的可操作性。立法机构应减少原则性立法，加强调查研究，使法规条文更具有针对性，政府应成立专门由残疾人参与的机构来组织协调无障碍旅游法规的制定与实施。立法层面还应在考虑残疾人的特殊需求基础上，细化具体程序，做到法规建设程序清晰明确。法规所调整的对象要责任明确，包括责任主体、责任构成以及责

---

① 梁雪松：《基于"识别"和"行为"需求的旅游景区无障碍导识系统设计研究》，《装饰》2012 年第 3 期。

② 肖仲举：《旅游景区无障碍设施管理初探》，《时代教育》（教育教学版）2009 年第 10 期。

任承担方式，明确景区信息服务和社会服务的具体要求，明确由景区主管部门对损坏、非法占用或者擅自改变景区无障碍设施的行为给予处罚。

（二）完善监督奖励机制

一方面，调动残疾人组织的积极性，鼓励其参与无障碍环境的监督。可由肢体残疾人协会、社会公益组织、残疾人、志愿者共同设立一个专门的监督机构，配合各级政府部门和残联推进无障碍环境建设，让残疾人参与无障碍设施的管理，依法对侵占、挪用或破坏无障碍设施和产品的个人与机构进行严格处理，这样才能真正让无障碍设施发挥其社会功能。

另一方面，政府应积极探索实施政府购买服务政策和以奖代补政策，尽快出台无障碍环境建设奖励措施。可采用以奖代补、减免部分税、低利融资等，大力促进无障碍旅游环境建设。另外，住房和城乡建设、交通运输、文化和旅游、市场监管等有关部门应形成长效沟通机制，建立联席会议制度，构建工作合力，加强分类指导。

（三）优化旅游产品

激励企业开发残疾人旅游市场，帮助旅游景区进一步开发适合残疾人的旅游新产品，是当前推动无障碍旅游的关键。残疾人、老年人时间充足，对旅游非常关注，需求潜力巨大，已经成为重要的旅游客源。随着旅游市场发展成熟，市场进一步细分，开发残疾游客、老年游客这种颇具潜力的消费群体，是当前旅游企业突破发展瓶颈的重要路径。

一般来说，残疾人的常设组织为残联，也有残联作为主体组织推动无障碍旅游发展，但在实践中，无障碍旅游产品开发和线路规划等内容的专业性较高，残联工作人员缺乏旅游方面的投资、资质、经验、时间和精力，无法单独应对现有情况。

在大规模、高频率的残疾人、老年人旅游即将到来之际，旅行社等企业主体介入能很好地解决现实问题。在实践层面，旅行社、企业也积极主动与政府形成良性互动，可以采取政府购买服务的方式，为残疾人提供更为实惠的旅游产品，从而实现社会价值和经济效益的平衡。

（四）构建智慧无障碍环境

通过新闻媒体、互联网等多种载体，加大力度宣传普及无障碍理念。信息时代宣传残疾人参与旅游的理念，是残疾人旅游与时俱进的体现，更是无障碍旅游行业改变当前困境不得不做出的调整[1]。要将互联网平台作为推广无障碍旅游的主渠道，这将有利于无障碍旅游理念的传播。当前，必须强化信息技术应用，充分利用新媒体，做好对残疾人群体点对点的宣传。要把无障碍旅游活动的宣传推广作为关爱残疾人的新模式。同时，利用日新月异的信息技术，可以建立无障碍大数据库，将无障碍旅游不同类型的数据库信息联系起来，并利用互联网数字化平台实现网络资源共享，从而打通线上线下，量体裁衣，推动智慧的、可感知的无障碍旅游"新基础设施"建设。

（五）推动无障碍旅游培训

当前，无障碍旅游产品线路无法满足日益增长的需求。企业也因为在无障碍领域缺乏专业技能而裹足不前，因此，推动无障碍旅游培训就是当前的必然选择。当前，各种民间公益组织呈现健康蓬勃发展的良好态势。在这一背景下，通过社会组织参与对旅游行业从业者进

---

① 高霞蓉：《四川残疾人无障碍旅游需求与实现路径研究》，四川师范大学硕士学位论文，2016，第26页。

行培训，以加强手语翻译、手语导游、残疾人和老年人护理、残疾用品的协同助力、残疾人交往通识，以及残疾人和老年人心理等方面的人才培训①，这是解决当前行业痛点的一个有效途径。通过开展大量培训，有利于提高旅游企业开发无障碍旅游产品的能力，提高无障碍旅游的专业化水平，进而营造人文无障碍环境。开展公益性质的培训，还能够让旅游行业从业者学会与残疾人交流，从而对残疾人有更多的理解和包容，有助于助残宣传，让更多人了解并参与其中，让残疾人更便利地参与社会活动。

参考文献

厉才茂：《无障碍概念辨析》，《残疾人研究》2019年第4期。

陶长江：《境外残障旅游与无障碍旅游研究进展与启示》，《旅游学刊》2020年第3期。

黎建飞等：《我国无障碍立法与构想》，《残疾人研究》2021年第1期。

彭喆一：《我国无障碍环境建设立法研究》，武汉理工大学硕士学位论文，2019年。

张凯：《标准化助推旅游业无障碍环境建设高质量发展》，《质量与认证》2022年第6期。

---

① 凌亢主编《中国无障碍环境发展报告（2021）：无障碍环境法治化》，社会科学文献出版社，2021，第341~352页。

B.14
"Discover Gansu"对甘肃文旅形象的海外建构

汉 宇*

摘 要： 在全球化背景下，文旅形象已经成为一个国家、一个地区的无形资产，对国家、地区的发展有重要影响。"Discover Gansu"作为甘肃文旅海外传播媒体矩阵已成为甘肃文旅形象的海外展示窗口。本文通过研究发现，"Discover Gansu"所塑造的文旅形象包含引导者、传承者和外交官三种。并通过框架和话语两条路径分析甘肃海外文旅形象建构过程中包含的策略：通过框架界定甘肃并凸显甘肃特点；通过话语挖掘文旅价值，赋予其生命情感。最后提出淡化官方色彩，打造个人 IP；细化目标群体，推动传播"本土化"；凝练核心价值，注重与时俱进；导入营销思维，加强公关活动四条对策建议。

关键词： 文旅形象 Discover Gansu 海外形象建构

一 迈向世界的甘肃文旅

2021 年 5 月 17 日，文旅部发布关于印发《"十四五"文化和旅游市场发展规划》的通知，明确提出建设对外文化交流和旅游推广体系，并将"以讲好中国故事为着力点，创新推进国际传播"作为提高国际

---

* 汉宇，甘肃省社会科学院文化研究所助理研究员，主要研究方向为文化研究。

传播力的根本要求。① 规划出台后，北京、上海、杭州等城市纷纷开通海外社媒，向世界各地的用户介绍中国城市旅游资源，将各具特色的地区历史文化面貌展现在世界舞台。随时间发展，各地区运用海外社交媒体进行国际传播的主动性和能力日益提升，议题日益呈现多元立体的态势。

2023 年 8 月，由甘肃省文旅厅与新华社共同运营的甘肃文旅 Facebook 官方账号"Discover Gansu"粉丝量突破 155 万大关，② 标志着甘肃文旅品牌"走出去"取得重大进展，也为中国文旅在世界的发展提供了宝贵经验。同年 5 月 19 日，"Discover Gansu"YouTube 官方频道正式亮相，从那一刻起，甘肃文旅的国际社交媒体影响力进一步拓展。目前"Discover Gansu"已经覆盖了 Facebook、Twitter、Instagram 和 YouTube 四大海外社交媒体平台，标志着甘肃文旅国际传播社媒矩阵初步布局完成。

"Discover Gansu"一直致力于从多个角度全面展示甘肃的魅力。在 Facebook 上，将甘肃特色自然风景、传统节日、甘肃省文旅厅活动等系列内容通过精心排版，从多个角度宣传打造"交响丝路·如意甘肃"的国际形象，为海外粉丝们呈现了诸多令人向往的旅行目的地和富有故事性的历史文化；在 Instagram 平台，通过创作和发布注重视觉呈现和故事叙述的图文内容，将甘肃丝绸之路旅游路线、产业发展、自然资源、人文历史等进行推广；Twitter 平台则围绕"山水甘肃、人文甘肃、食在甘肃、安在甘肃、玩在甘肃、甘肃课题、甘肃智造、节

---

① 《文化和旅游部关于印发〈"十四五"文化和旅游市场发展规划〉的通知》，中华人民共和国中央人民政府，2021 年 5 月 17 日，https://www.gov.cn/zhengce/zhengceku/2021-07/10/content_ 5623979. htm。

② 高宏梅：《"粉丝"突破 155 万！甘肃文旅 Facebook 账号"Discover Gansu"（发现甘肃）实力"出圈"》，网易转载，2023 年 8 月 23 日，https://www.163.com/dy/article/ICQJPCV0 05149T3G. html。

日庆典"等主题进行图文和内容规划，以"诗、话、图、微视觉"等设置话题，尽现甘肃自然人文底蕴；YouTube 平台视频内容以展现甘肃自然资源、历史文化、产业发展为主，并使用相关主题标签发布视频达到有效传播。截至目前，"Discover Gansu"四大平台账号共发布文章近 2000 条，覆盖量超 1 亿人次，总互动量超千万次。[①]

甘肃文旅的海外传播媒体矩阵已成为展示甘肃文旅的形象窗口，在海外用户可以更加便利地获取甘肃文旅信息的同时，也通过主动输出信息不断地塑造着甘肃在海外的形象。

二 "Discover Gansu"中的甘肃文旅形象

"Discover Gansu"是甘肃文旅向海外社媒平台发出的第一张名片。自 2011 年中国国家形象宣传片在纽约时代广场投放以来，大量学者对国家形象给予了关注。国家形象是一个国家在国际舞台上的外部表现和内在特征的综合体现，受到政治、经济、文化、社会等多个因素的影响。一个积极的国家形象有助于吸引国际投资、促进外交关系、增强国家的软实力，以及提高国内公众的自尊和认同感。

文旅形象是国家形象的一种衍生，可将其视为文旅部门在国际社会中通过交往与互动而被关注对象赋予的一种身份表达与折射。与国家形象一样，文旅形象对于促进旅游地经济发展、提高国际影响力、加速与不同城市和国家之间交流合作等方面发挥重要作用。

本文对"Discover Gansu"中发布的内容进行总结分析，发现根据推文所承载的功能可将甘肃文旅形象分为引导者、传承者和外交官三种形象。

---

① 王文江：《讲好甘肃故事"Discover Gansu"文旅海外媒体矩阵火力全开》，网易转载，2023 年 2 月 18 日，https：//bendi. news. 163. com/gansu/23/0218/17/HTSI8KU3042798VE. html。

（一）引导者形象：聚焦地方历史，展示文化特色

旅游地在旅游市场上展示出来的良好、鲜明的旅游形象是吸引旅游者的关键因素之一。[①] 甘肃文旅在平台上发布的内容以介绍景点面貌、历史文化、观赏体验为主，向海外用户传递甘肃景观审美信息。从这个维度来看，甘肃文旅所提供的角色服务内容与导游一致。旅游景观所承载的文化内涵需要经过长期的认识、挖掘和沉淀才能形成，"Discover Gansu" 对地方景点文化内涵做了精准概括提炼，通过图片与简短的文字让海外用户丰富对甘肃的文旅认识，领略甘肃旅游文化的魅力。引导者是海外用户参与甘肃文旅消费的桥梁，塑造优秀引导者形象，能够有效提升甘肃文旅服务质量、海外游客信任感与潜在旅游消费意向，促进甘肃文旅形象的对外传播与发展。

（二）传承者形象：重视传统教育，推动文化传承

"Discover Gansu" 账号发布的内容中，不乏与文化遗产相关的图文视频，如嘉峪关烤肉、丝绸之路沿线少数民族的歌舞表演、河西走廊地区的马蹄寺石窟群、陇南文县超过百年的古宅院等，通过这些内容不难看出，甘肃既作为这些文化遗产诞生的摇篮，也是文化遗产的传承者、消费者，通过代际的口手相传、学习体验、修缮翻新等方式，让甘肃悠久的文化遗产活在当代人的生活中：在学习和理解古代甘肃人民的思维和生活方式的同时，也在潜移默化中继承了先民的精神气质，为世界人民呈现与众不同的甘肃文旅面貌，保留其悠久鲜活的历史底蕴和价值。

---

① 李萌、何春萍：《论导游在旅游地形象建设中的作用》，《国际商务研究》2002年第2期。

（三）外交官形象：加强对外传播，面向世界荧幕

在国家形象研究领域，有学者将公共外交属性视为国家形象宣传的重要面向。[①] 所谓公共外交，是通过积极引导，让外国人对本国经济、文化、政治等产生正向认知，进而让他们更好地接受本国传递的信息，并形成良好印象。

在文旅形象建构过程中，外交官形象成为甘肃文旅所扮演的重要形象类型。如在 YouTube 平台上的"Discover Gansu"账号频道中，"知行中国，相约甘肃"系列视频以航拍的方式展示了鸣沙山月牙泉、张掖丹霞国家地质公园和张掖大佛寺等著名景点，并通过镜头跟随抵达甘肃的海外游学队伍，动态展示了甘肃丰富的文旅资源及历史底蕴，以及与海外游客的积极互动，构成海外游客了解中国的典型视窗。

三 "Discover Gansu"对甘肃文旅形象的海外建构策略

为了触及"Discover Gansu"的内容及意义层面，本文从框架和话语两种研究方法着手，对甘肃文旅形象海外建构策略进行分析。框架为"Discover Gansu"发布内容所依据的各种原则和组织规则，这些原则和规则支配着"Discover Gansu"发布什么样的内容，并呈现怎样的甘肃文旅形象。话语分析则更关注文本本身，通过对"Discover Gansu"发布文本内容的结构、修辞、风格等的分析，探究背后的创作意图。

---

① 檀有志：《公共外交中的国家形象建构：以中国国家形象宣传片为例》，《现代国际关系》2012 年第 3 期。

（一）文章框架与文旅形象建构

文章框架是一篇文章的骨架，它的作用可以类比为建筑物的基础和支撑结构。文章框架帮助作者合理地组织和排列文章的内容，包括确定段落的次序、重要性和相互关联性，以便让读者能够顺畅地跟随文章的思路，在其中，"选择"和"凸显"为文章框架最重要的两个作用。报道者依据框架将有关信息进行筛选与重组，包含对所强调部分的特别处理和意义解释，最终整合成一篇报道。

若把"Discover Gansu"看作个人，那么他对于甘肃文旅的认知，对于呈现甘肃文旅形象所秉承的原则，是甘肃文旅形象在海外社媒建构中的第一影响要素。

1. "何为甘肃？"——甘肃文旅形象的界定

对外传播甘肃文旅形象的前提是形成较为完整和清晰的甘肃文旅形象，并将这些形象通过图文和视频的方式呈现出来，以保证接收者最终形成与主体相近的城市形象。

首先，甘肃是有明确地理边界的行政区域。在 YouTube 和 Facebook 平台，"Discover Gansu"的早期内容都明确了甘肃在中国的地理版图，并对该地区做了统领性的介绍，这就意味着，甘肃文旅无论以哪种形象出现都指涉一定地理范围的区域。当作为行政区域的甘肃出现时，它所包含的诸多城市便是甘肃文旅形象的具体体现。在发布的诸多内容中，甘肃文旅形象都是伴随着武威、敦煌、河西走廊、崆峒山等特定的地区、景点同时出现。没有这些具体文旅资源的呈现，也就无法对甘肃形象作具体书写和呈现。

其次，甘肃是承载人文景观的容器。除自然景观之外，甘肃境内所拥有的莫高窟、麦积山石窟等人文景观，甘肃人在历史生计中发展形成的赛马节、民族歌舞等文化遗产，手抓羊肉、牛肉面等饮食文化，都是甘肃文旅形象中浓墨重彩的一笔。甘肃人在历史长河中创造的文化资源使甘肃文旅形象在拥有得天独厚的自然条件基础上成长为一棵枝繁叶茂的参天大树。

最后，甘肃是中国国家形象的重要组成部分。在外交官形象中，"Discover Gansu"将甘肃作为中国国家形象的一部分展示给海外用户，也通过城市营销策略将甘肃视为了解中国文化的一个窗口。在海外受众眼中，以四大文明古国之一著称的中国具有文化历史久远、文化遗产丰厚等特点。甘肃作为古丝绸之路的重要节点，拥有2000多年跨文化交流的经验，一直承担着中西方交流的通道角色。在此意义上，甘肃一直活跃在与海外社会交流的前端，将璀璨的中国文化传播至西方，形塑西方世界对中国的认识。

2. "甘肃有何不同？"——甘肃文旅形象的特点

除了对甘肃文旅形象进行整合之外，框架的另一个功能是凸显甘肃文旅形象的特点，以便于更好地传播，让海外用户对甘肃有具体认识的同时，提升对甘肃文旅资源的兴趣。

历史悠久、文化资源丰厚是甘肃文旅形象呈现的主要特点。甘肃的历史可以追溯到数千年前的新石器时代，这里曾是古代丝绸之路的重要部分，连接着东西方文明。在古代，甘肃是多个中国朝代的边疆要塞，如西凉、北凉、西夏等，这些王朝的兴衰在这片土地上留下了深刻的历史印记。甘肃还是佛教的重要传播地之一，中国最重要的佛教艺术宝库之一的莫高窟正位于此，那里有数千个洞窟和壁画，记录了千年来佛教文化的传承和发展。此外，甘肃还承载着丰富的少数民族文化：藏族、回族、蒙古族等多个民族在这里共同生活，各自保留着独特的语言、宗教、服饰和传统习俗，这种多元文化的融合使甘肃成为一个独特而多彩的地方。以上这些都是"Discover Gansu"重点介绍的内容，以凸显甘肃深厚的文化底蕴和历史价值，是一个多元文化共同发展的聚集地。

（二）文章话语与文旅形象建构

新闻报道中的"意义生产与理解"主要由媒体话语影响，具有一定的社会建构性特征。① 在甘肃文旅形象的建构中，"Discover Gansu"推文运用不同话语为其赋予不同的意义，包括构建观念、传达价值观、共享文化等；同时这些话语也是情感表达的主要媒介之一，能够传达和分享自己的情感，塑造出了一种更为个体化、个性鲜明的文旅形象，有助于建立更好的国际关系。

1. 挖掘文旅价值，制造文化认同

"Discover Gansu"不乏包含意识形态的推文内容，这些意识形态通过一系列复杂话语得以体现，以展示甘肃文旅所持有的价值立场，在这一过程中以海外受众易于接受的价值取向进行传播尤为关键。

例如，在一条推文中，"Discover Gansu"这样写道：

"When the romantic and passionate purple golden flower sea meets the desert fairy tale of the vast Gobi, you will be amazed that this is not Provence, but Gansu's Jinchang."（当浪漫热情的紫金花海遇上浩瀚戈壁的沙漠童话，你会惊叹这不是普罗旺斯，而是甘肃的金昌）

将开满紫金花的甘肃金昌所呈现的浪漫景象与普罗旺斯并置，传达出花朵在世界各地不同文化中都具有美丽、浪漫的象征，甘肃人民对花海的喜爱与其他国家人民并无区别，通过类比，使受众在接收相关信息的同时，在赏花文化活动上具有相同的认知，以此建立与海外受众的文化共鸣。

---

① 毛娜、蔡骐：《框架与话语：解析主流报纸对大学生村官的媒介形象建构》，《湖南师范大学社会科学学报》2021年第4期。

又例如，

"Recently, the wheat in Ye Shui Di Village, Jiantan Town, Ganzhou District, Zhangye City, Gansu Province has entered the harvest season. The villagers are seizing the farming season to harvest the wheat, creating a busy scene of bountiful harvest in the fields." （近日，甘肃省张掖市甘州区碱滩镇野水地村的小麦进入收获季节。村民们趁着农业季节收割小麦，在田野里造就了丰收的繁忙景象）

这篇推文描写了甘肃张掖地区秋收时节繁忙的农事景象，与世界上的大多农业地区相同。耕种为当地重要生计方式，每到收获季节，熟悉农事活动的人也会感受到收获时的繁忙与喜悦。

2. 为文旅赋予生命，激活情感体验

"Discover Gansu" 发布的文章除了呈现特定价值观念外，也会附加情感元素，通过肯定、赞美等语言，表达对本土文旅资源的认可。通过阅读文字与图片，可引发受众相似的情感体验。

在一部拍摄英国博主 Jason 参与体验甘肃文化的视频中，有一段解说文字这样写道：

"Whether it's a cup of coffee or a cup of tea, it really doesn't matter. When you come here and you are surrounded by these beautiful, majestic mountains. The rich culture and hospitable people. Just take in that fresh air of the countryside and truly relax, and enjoy the tranquility of it all." （一杯茶或一杯咖啡已经不重要了，当你来到这里，被壮美的群山所环抱，邂逅丰富多彩的文化和热情好客的居民，呼吸乡村的新鲜空气，真正地放松下来，全身心享受这一刻的静谧）

通过大量体验式话语，将甘肃文旅资源的情感价值体现得淋漓尽致，在与参与者的互动中绽放出特别的文旅生命力，个体的情绪体验成为彰显甘肃文旅鲜明形象的助推剂。

四　对策及建议

（一）淡化官方色彩，打造个人IP

自媒体时代突出了个体的力量，也促成了传播的个人主义革命。[①] 李佳琦、董宇辉等个人IP的兴起充分体现了个人传播价值在当下社媒所具备的潜力，也反映了互联网意见领袖由代表权威、正统的官方机构逐渐被当下生动而具体的个人所取代的趋势。目前，"Discover Gansu"内容仍以普及式的政府口吻为主导，其形象也较为抽象，与海外社媒上的个体用户群体形成了身份上的不对称，一定程度上抑制了参与互动的意愿。甘肃文旅需淡化官方色彩，着力推进由政府主导向政府辅导转型，甄选专业扎实、个性鲜明、外语能力强、运营经验丰富的团队，着力打造甘肃文旅个人形象IP。

（二）细化目标群体，推动传播"本土化"

从"Discover Gansu"发布的内容来看，甘肃文旅海外社媒的目标受众并不针对某个特定的用户群体，而是最宽泛意义上的外国用户。为进一步增强传播效果，甘肃文旅需着手开展海外用户研究工作，对海外社媒上的受众进行细分，力求发布内容分类化与本土化。

以"Discover Gansu"在Facebook上近期发布的内容为例，在介绍敦煌阳关、天祝藏族自治县的冰沟河时，文章仅以简短的文字对当地的景色做了宏观的描写，似乎有教条化、通用化、粗糙化的特点，对于海外用户来说无太多细节和差异化的内容，无法引发其对当地旅游资源的兴趣。也许可以将甘肃地方景点与海外用户熟知的背景关联

[①] 潘祥辉：《对自媒体革命的媒介社会学解读》，《当代传播》2011年第6期。

起来，如将喜马拉雅藏族地区与天祝藏区作比较，更能形象地传达出二者景色及文化差异，如此对于那些到访过或期望到访喜马拉雅地区的外国用户来说更有亲近感与接近感。

（三）凝练核心价值，注重与时俱进

习近平总书记指出，中国理想的国家形象，不仅是具有悠久历史文化底蕴、为人类做出贡献的负责任大国形象，也是对外更加开放、充满活力的社会主义大国形象。[①] 综观"Discover Gansu"的推文，大多展现的是静止、孤立的地方形象，呈现给外国公众的更像是"古代甘肃"而非"现代甘肃"。因此需要更加凸显甘肃开放发展的新形象与世界普遍文化价值体系的互联，将现代化发展成果与甘肃地方文化相结合，让海外用户看到一个生动的、不断发展的、与时俱进的甘肃。

例如，在介绍起源于甘肃的秦腔艺术时，可追踪报道近年来秦腔在北美、新西兰、欧洲等地区的海外演出活动，亦可展示摇滚化的新秦腔，让海外用户有机会参与感受甘肃文化的沿袭与创新，拓展秦腔的传播力和影响力，让甘肃文化走进海外公众的生活中。

（四）导入营销思维，加强公关活动

世界一体化进程使分散在世界各地的城市文旅资源面临相互间的竞争，面对日益增长的竞争与机会，"Discover Gansu"需尽快将文旅资源与受众者之间建立的无差别、无目的的信息供给关系转变为以需求为导向的利益关系。[②] 这就要求"Discover Gansu"将文旅形象作为

---

① 《习近平：建设社会主义文化强国 着力提高国家文化软实力》，中华人民共和国中央人民政府，2013年12月31日，https：//www.gov.cn/ldhd/2013-12/31/content_ 2558147. htm。

② 何国平：《城市形象传播：框架与策略》，《现代传播（中国传媒大学学报）》2010年第8期。

一个企业去经营。

在城市营销策略中，可操作的方式之一就是加强公关活动。作为一种沟通策略技巧，公关注重双方之间的沟通和反馈，是"Discover Gansu"进行形象管理的有效手段。应当多采用积极公关的方式，发布有关甘肃参与扶贫、环保等有利于人类公共事业的活动。在进行公关活动时，可发挥海外社媒平台优势，与UGC（用户生成内容，user generated content）策略相结合，进行甘肃文旅形象推广和宣传，提高用户参与度。例如，邀请用户记录、发布关于甘肃旅行的所见所闻所感，在其他知名媒体账号发布的有关甘肃旅行的推文下方积极互动与转发。多方面提高账号的曝光度与活跃度，推动甘肃文旅形象在海外的传播与发展。

参考文献

李萌、何春萍：《论导游在旅游地形象建设中的作用》，《国际商务研究》2002年第2期。

檀有志：《公共外交中的国家形象建构：以中国国家形象宣传片为例》，《现代国际关系》2012年第3期。

毛娜、蔡骐：《框架与话语：解析主流报纸对大学生村官的媒介形象建构》，《湖南师范大学社会科学学报》2021年第4期。

潘祥辉：《对自媒体革命的媒介社会学解读》，《当代传播》2011年第6期。

何国平：《城市形象传播：框架与策略》，《现代传播（中国传媒大学学报）》2010年第8期。

附 录
2022~2023年甘肃文化和旅游业
发展大事记

陈小丽 *

2022~2023 年，甘肃省全力打造"一带一路"建设中的文化旅游制高点，文化和旅游业领域取得很大进步。有必要通过接续编纂文化和旅游业发展大事记，给全省文化旅游建设重要工作留下历史记录。

一 文化和旅游业政策与法规

（一）省级政策与法规

2022 年 9 月 甘肃省文化和旅游厅等十部门印发《关于促进乡村民宿高质量发展的指导意见》。

2022 年 10 月 19 日 甘肃省文化和旅游厅印发《甘肃省省级非物质文化遗产代表性传承人认定与管理办法》。

2022 年 12 月 8 日 甘肃省文化和旅游厅印发《甘肃省文化和旅

---

* 陈小丽，甘肃省社会科学院丝绸之路研究所副研究员，主要研究方向为文化研究。

游标准化工作管理办法（试行）》。

2022 年 12 月 8 日　甘肃省文化和旅游厅、甘肃省人力资源和社会保障厅、甘肃省乡村振兴局联合印发《2022 年度甘肃省非遗工坊名单》，共同认定 28 家非遗工坊为 2022 年度甘肃省级非遗工坊。

2023 年 3 月 1 日　由甘肃省文化和旅游厅、甘肃省文物局共同研究制定的《甘肃省公共图书馆系统古籍类文物定级实施方案》（简称《方案》）正式印发实施。《方案》分为总体要求、定级工作依据、定级工作办法、组织实施四部分，在建立法定职责明确的古籍保护安全保障体系等方面将发挥积极作用。

2023 年 4 月 25 日　甘肃省文物局出台《甘肃省民间收藏文物公益性鉴定咨询服务管理办法（试行）》（简称《办法》）。《办法》共 21 条，对民间收藏文物公益性鉴定咨询服务工作的准入条件、工作流程、受理范围进行了规定，并对服务机构、服务机构工作人员及申请人的相关行为予以规范。

2023 年 4 月 25 日　甘肃省文物局印发《甘肃省各级博物馆策展人制度实施办法（试行）》，这是全国第一个由省级文物行政部门制定颁布的策展人制度专项规范性文件。

2023 年 5 月 12 日　甘肃省市场监督管理局发布公告，由甘肃省文物局组织编写申报的《石窟寺洞窟温湿度监测规范》《土遗址裂隙灌浆加固技术设计规范》《土遗址锚固及质量检验技术规程》《土遗址土坯砌筑支顶加固及质量评价技术规程》《石窟寺古代壁画空鼓修复规范 第 1 部分：灌浆材料性能评估》《石窟寺古代壁画空鼓修复规范 第 2 部分：灌浆工艺》《石窟寺古代壁画空鼓修复规范 第 3 部分：灌浆效果评估》7 项地方标准获批实施。《文物保护单位游客调查规范》《馆藏器物类文物三维数据采集技术规范》2 项标准获批立项。

2023 年 5 月 31 日　《甘肃省红色资源保护传承条例》（简称《条例》）经甘肃省十四届人大常委会第三次会议表决通过，于 2023

年8月1日起施行。《条例》作为甘肃省文化和旅游领域一项创制性立法，对于进一步加强甘肃省红色资源保护传承具有十分重要的意义。

2023年7月27日　《甘肃省公共图书馆条例》由甘肃省第十四届人民代表大会常务委员会第四次会议通过，自2023年10月1日起施行。

2023年8月29日　甘肃省文化和旅游厅修订印发《甘肃省文旅行业突发公共事件应急预案》（简称《应急预案》）。《应急预案》于2019年6月第一次印发，现在随着新形势的变化，启动了《应急预案》修订工作，最终形成了《应急预案》（2023修订版）并印发实施。

2023年8月29日　甘肃省文化市场管理工作领导小组办公室印发《甘肃省文旅行业安全生产责任清单》，明确了涉文旅相关部门安全生产责任，进一步完善全省文旅行业安全生产综合治理制度体系。

（二）市州政策与法规

2022年9月25日　《张掖七彩丹霞保护条例》正式实施。

2022年10月14日　酒泉市委、市政府印发《酒泉市创建国家文化旅游融合发展示范区实施方案》。

2022年11月　酒泉市委、市政府印发《关于推进文化兴市战略的实施意见》。

2022年12月　武威市制定出台了《武威市"天马文艺奖"评奖办法（试行）》和《武威市优秀出版物资助管理办法（试行）》。

2022年12月20日　嘉峪关市文化和旅游局印发《嘉峪关市文化和旅游局安全生产权力清单和责任清单》。

2023年2月21日　嘉峪关市委、市政府印发《嘉峪关市促进文化旅游产业融合创新发展补贴奖励办法（试行）》。

2023 年 3 月 19 日 2023 版《金昌市"引客入金"旅游奖励补贴试行办法》出台。

二 文化和旅游业主要活动

（一）国际及国家部委组织的文化和旅游业活动

2022 年 9 月 6～20 日 由文化和旅游部主办，甘肃画院、兰州文创产业园协办的"长河大道——黄河文化主题美术作品巡展（甘肃站）"，在兰州文创产业园 A9 美术馆举行。

2022 年 9 月 7 日 文化和旅游部艺术司公布第十三届中国艺术节全国优秀美术作品展览和全国优秀书法篆刻作品展览作品入选名单。著名雕塑家何鄂创作的雕塑作品《山河》与另外三位甘肃作家创作的画作共 4 幅作品，成功入选第十三届中国艺术节全国优秀美术作品展览。包括甘肃省著名书法家张改琴的书法作品《望岳》在内的 7 幅作品入选第十三届中国艺术节全国优秀书法篆刻作品展览。

2022 年 9 月 30 日 文化和旅游部联合共青团中央推出 128 条"稻花香里说丰年"全国乡村旅游精品线路，甘肃省星辰沙海·生态绿洲体验之旅、如画甘州·桑麻之地度假之旅、梨园诗画·耕读传家研学之旅、诗意村落·赏秋胜地养生之旅、平凉沃土·农耕硕果寻访之旅 5 条乡村旅游线路入选。

2022 年 10 月 1 日 为庆祝新中国成立 73 周年，中国驻蒙特利尔总领馆在国庆期间举办线上音乐会。受中国驻蒙特利尔总领馆的邀请，甘肃省歌剧院交响曲《永远的绿洲—河西走廊》以线上音乐会的形式为领区各界友人进行演出。播出时间为加东时间 2022 年 9 月 30 日 18：30，国内时间 2022 年 10 月 1 日 06：30。

2022 年 10 月 8 日 按照文化和旅游部关于申报文旅领域设备购

置与更新改造贷款贴息项目的安排，由市州县区筛选推荐，甘肃省发展和改革委员会、甘肃省文化和旅游厅审核申报的30个文旅贴息贷款项目进入国家发改委、文化和旅游部清单，贷款额度16.28亿元，为全省文旅项目建设与产业发展提供了金融支持。

2022年10月30日　"大美中国如意甘肃"民族文化海外主题展览在奥地利维也纳开展。开幕式以线上方式举办，通过线上会议联动中奥两国，如意甘肃牵手"音乐之都"，开启了音乐交流的奇妙碰撞。

2022年11月　文化和旅游部产业发展司下发《关于做好夜间文化和旅游消费集聚区培育工作的通知》，甘肃省张掖市甘泉文化街区、庆阳市药王洞养生小镇、酒泉市汉唐街区等3个文旅消费街区项目被列为夜间文化和旅游消费集聚区重点辅导培育对象，培育期限2年。

2022年11月11日　农业农村部办公厅公布了2022年中国美丽休闲乡村名单，甘肃省共有6个村入选。分别是：兰州市皋兰县什川镇上车村、临夏回族自治州康乐县八松乡纳沟村、甘南藏族自治州碌曲县尕海镇尕秀村、陇南市两当县杨店镇灵官店村、临夏回族自治州东乡县高山乡布楞沟村和酒泉市瓜州县三道沟镇三道沟村。

2022年11月15日　"敦煌文化环球连线——走进罗马尼亚"线上专题讲座活动成功举办，旅罗侨胞、罗籍汉学家、留学生代表等100多人同敦煌研究专家相聚云端，感受敦煌文化的独特魅力和丝绸之路的古老历史。

2022年11月16日　据农业农村部官网消息，全国共有255个乡村被推选为2022年中国美丽休闲乡村，其中农家乐特色村84家，甘肃省兰州市皋兰县什川镇上车村等6个乡村入选。

2022年11月24日　由中国《当代油画》编辑部、意大利罗马文书院宫·达芬奇博物馆联合策展，北京龙吟雅风视觉艺术中心、意大利达玛索酒庄协办的"望：当代中国艺术展"在意大利罗马文书院宫·达芬奇博物馆拉开帷幕。本次展览共组织 104 位中国当代知名画家的 112 幅美术作品参展，甘肃省知名画家高山、胥肇平、于秋里、靳春岱（代山）的多幅作品在本次展览中精彩亮相。

2022 年 11 月 29 日　中国气象局公共气象服务中心发布了 2022 年中国天然氧吧评价结果，甘南州舟曲县成功入选"中国天然氧吧"，成为甘肃省第一个入选县区。

2022 年 12 月 8 日　在国家文物局"互联网＋中华文明"行动计划指导下，敦煌研究院与腾讯公司联合打造的全球首个基于区块链的数字文化遗产开放共享平台"数字敦煌·开放素材库"正式上线。来自莫高窟等石窟遗址及敦煌藏经洞文献的 6500 余份高清数字资源档案通过素材库向全球开放，打造"一站式"的敦煌文化共享平台。

2022 年 12 月 22 日　甘肃省林草局发布消息称，中国林业产业联合会发布了《关于公布 2022 年国家级森林康养试点建设单位的通知》，甘肃张掖市甘州区黑河林场、山丹县大黄山（焉支山）森林公园，小陇山林业保护中心太碌林场、张家林场、百花林场等 5 家单位被认定为国家级森林康养试点建设单位。

2022 年 12 月 24~27 日　由中央广播电视总台影视剧纪录片中心出品的纪录长片《沙海之上：敦煌和威尼斯》，每晚 8：00 登陆CCTV-9 纪录频道，向观众呈现两座千年文明古城隔着一沙一海的遥相对望。

2023 年 1 月 3 日　坦桑尼亚中国文化中心在脸书和影格平台推出由甘肃省文化和旅游厅推荐的 2023 年"欢乐春节"海外在线展演节目。

2023 年 1 月 4 日　文化和旅游部公共服务司、中国旅游报社启动了"2022 全国旅游厕所建设与管理优秀案例征集展示活动"，甘肃省张掖市七彩丹霞旅游景区和嘉峪关市嘉峪关文物景区入选"2022

全国旅游厕所建设与管理优秀案例"50佳名单。

2023年1月18日　第43届西班牙国际旅游交易会在其首都马德里开展，甘肃省文化和旅游厅委托西班牙甘肃商会连续第四次现场参展，极大地提升了西班牙市场对甘肃文旅的关注。

2023年2月　由文化和旅游部指导、中国数字文化集团有限公司主办的2023年"GO DAY欢乐年货节"活动圆满落下帷幕。甘肃省30多个工坊100余个品类的非遗产品漂洋过海，在一个多月的销售周期中，共完成销售额约114万元（人民币），其中排名前三的分别是洮砚产品19.5万元、香包产品7.8万元和刺绣产品5.2万元。

2023年2月3日　文化和旅游部、人力资源和社会保障部、国家乡村振兴局联合印发通知，公布了全国66个"非遗工坊典型案例"，庆阳香包绣制、裕固族服饰、临夏砖雕等3家非遗工坊荣耀入围。

2023年2月21日　由文化和旅游部非物质文化遗产司指导，光明日报社主办、光明网承办的2022"中国非遗年度人物"推选宣传活动，公布了100人候选名单，甘肃省国家级非物质文化遗产代表性项目保安族腰刀锻制技艺国家级代表性传承人马尕主麻、国家级非物质文化遗产代表性项目庆阳香包绣制省级代表性传承人左焕茸、甘肃省天水市博物馆馆长刘玉璞荣耀上榜。

2023年2月23日　世界旅游联盟第二届会员大会第一次会议和第二届理事会第一次会议在浙江杭州召开，甘肃省文化和旅游厅当选第二届联盟理事会员。

2023年3月3日　文化和旅游部艺术司公布2023~2024年度中国戏曲音像工程录制演员（剧目）入选名单，甘肃省陇剧院副院长、第十六届中国戏剧"梅花奖"获得者、国家一级演员雷通霞领衔主演的陇剧《官鹅情歌》入选。

2023年3月10日　国家艺术基金（一般项目）2023年度资助项

目名单公示结束，甘肃省民族舞剧《飞将李广》等 10 个申报项目入选，入选项目数量为近年最多，入选项目实现了国家艺术基金申报项目类别全覆盖。

2023 年 3 月 12 日 由联合国教科文组织、甘肃省文化和旅游厅联合组织的"城市、文化、创造力"框架国际经验共享能力建设培训在兰州开班。

2023 年 3 月 12~16 日 受文化和旅游部委托，甘肃省文化和旅游厅组派敦煌研究院两位专家作为中方代表，赴印度新德里参加由印度文化部、外交部和国际佛学联合会共同举办的"上海合作组织（SCO）——共享佛教遗产大会"。来自上海合作组织成员国和观察国的 30 余名代表参会。

2023 年 3 月 23 日 2023 年我最喜爱的"村晚"节目榜单揭晓，国家公共文化云共公布了 100 个优秀"村晚"节目，甘肃省共有 9 个节目入选，是本届选送的"村晚"节目入围作品最多的省份，也是近年来甘肃省进入全国榜单节目数最多的一次。其中陇南市武都区文化馆选送的音乐《山笑水笑人欢笑》、庆阳市庆城县文化馆选送的小品《我要上村晚》、庆阳市文化馆选送的舞蹈《剪花剪子嚓嚓嚓》分别以二、三、四名进入全国榜单。

2023 年 3 月 24 日 文化和旅游部公示了全国戏曲（北方片）会演暨梆子声腔优秀剧目展演参演作品名单，甘肃秦腔艺术剧院创排的经典剧目《锁麟囊》入选大戏展演，优秀青年演员窦玮、高鹏杰主演的折子戏《火焰驹·打路》《伐子都》，分别入选"名家传戏"专场和"青年戏曲人才"专场演出。

2023 年 4 月 13 日 由法中经济文化交流协会、ART SHOPPING 2023 全球艺术展、当代油画联合策展的"温度：当代艺术展"，在举世瞩目的世界艺术最高殿堂、被称为"万宝之宫"的法国卢浮宫举办。甘肃省画家胥肇平、于秋里创作的油画作品《山居写生》《臆象·递弱代偿》分别入选参展。

2023年4月13~15日　甘肃省文化和旅游厅联合中国旅行社协会、平凉市、天水市、甘肃公航旅集团在平凉、天水两地共同举办了2023年全球旅行商大会暨甘肃文旅产业招商引资推介活动。活动邀请了来自国内及俄罗斯、韩国、阿根廷、乌兹别克斯坦等10个国家的400多名旅行商和文旅企业家、专家学者等参加，成果颇丰。

2023年4月17日　澳门"甘肃省文化旅游周"系列活动之一的甘肃美食品鉴推广活动在澳门渔人码头会展中心举行。

2023年4月24日　文化和旅游部公布了第五届中国歌剧节参演剧目名单，甘肃省歌剧院创排演出的民族歌剧《呼儿嘿哟》，成功入选第五届中国歌剧节参演剧目。

2023年4月26日　由文化和旅游部、甘肃省人民政府联合主办的第11届敦煌行·丝绸之路国际旅游节在甘肃省张掖市盛大开幕。

2023年5月6日　文化和旅游部艺术司公布第九届全国优秀儿童戏剧展演参演作品名单，兰州市文化和旅游局出品的新版红色儿童剧《大豆谣》，从上百部作品中脱颖而出，将于5月底作为34部展演作品之一在四川省南充市参加此次展演，这也是本次活动唯一来自甘肃的入选作品。

2023年5月12~16日　由甘肃省文化和旅游厅与惠灵顿中国文化中心2023年部省合作的重点项目"茶和天下"·雅集在新西兰基督城和惠灵顿举办，系列活动包括甘肃特色茶艺展示、敦煌舞蹈、非遗项目裕固族民歌、古琴演奏等。

2023年7月　联合国教科文组织启动实施了甘肃青年文化创意"摘星计划"，并携手腾讯启动实施了重点倾斜支持甘肃文旅企业的"探元计划2023"。这两个项目是根据联合国教科文组织参与甘肃世行贷款文化传承创新项目技术援助能力建设而积极筹备、精心谋划的重要活动，旨在为甘肃文化创意培育人才、为文化创意企业提供发展平台。

2023 年 7 月 7 日　由中央政府驻香港联络办公室、中央政府驻澳门联络办公室支持，甘肃省文化和旅游厅、中国对外文化集团有限公司主办的"文化丝路——港澳艺团甘肃行"在甘肃大剧院正式启动。

2023 年 7 月 14 日　由文化和旅游部艺术司、山东省文化和旅游厅等主办的 2023 第二届黄河流域戏曲演出季在山东聊城盛大启幕。甘肃省共有来自 6 个院团 10 名优秀中青年演员主演的 10 台折子戏从各地申报项目中脱颖而出，入选优秀中青年戏曲演员展演名单。

2023 年 7 月 26~27 日　由农业农村部和甘肃省人民政府共同主办的 2023 年美丽乡村国际论坛美丽乡村博物馆展览在陇南康县长坝镇举办。

2023 年 8 月 16 日　由文化和旅游部资源部开发司、甘肃省文化和旅游厅指导，抖音公益、抖音生活服务联合发起的"美好乡村等你来"乡村旅游数字提升行动之"甘肃 DOU 是好风光"公益活动启动仪式在甘南藏族自治州举行。

（二）省级部门组织的文化和旅游业活动

2022 年 9 月　"探寻交响丝路　畅游如意甘肃"主题系列展览活动在南昌龙湖青山湖天街展出。

2022 年 9 月 5 日　2022 年甘肃省网络安全宣传周启动仪式、网络文明推进会暨网络文明宣传月启动仪式在兰州举办。

2022 年 9 月 6 日　甘肃省文化和旅游厅与兰州文理学院战略合作协议签约仪式在兰州文理学院举行，双方签署《关于促进甘肃文化旅游业高质量发展战略合作协议》。

2022 年 9 月 13 日　由甘肃省文化和旅游厅协调支持，星球研究所历时两个多月拍摄制作的时长 10 分 58 秒的《河西走廊——中国最伟大的走廊》正式面世。

2022年9月14日　由甘肃省文化和旅游厅主办的"让文物活起来"——张家川马家塬遗址战国戎人车舆复原展出仪式在甘肃国际会展中心广场举行。

2022年9月28日　由甘肃省文化和旅游厅指导支持,马蜂窝旅游主办的第二届"蜂游丝路·自驾甘肃"自驾露营新玩法挑战活动在兰州市榆中县栖云小镇正式发车。

2022年10月　"中国历史文化名城·名镇·名村丛书"甘肃省示范卷《甘肃张坝》一书,由国家一级出版社知识产权出版社出版发行。这是甘肃省第一部完整介绍一个古村落的著作。

2022年10月5日　由甘肃省文化和旅游厅指导,腾讯互娱品牌与数字生态营销部主办的第六届王者荣耀全国大赛西北赛区联赛在甘肃省博物馆圆满落下帷幕。

2022年10月19日　由中共甘肃省委宣传部等主办,甘肃省书法家协会承办的甘肃省第七届"张芝奖"书法大展在兰州开展。

2022年10月20日　著名作家叶舟倾心创作的长篇小说《凉州十八拍》,在湖南文艺出版社主办的大型双月刊、全国中文核心期刊《芙蓉》杂志第五期起开始连载。2022年7月,《凉州十八拍》入选了由中宣部指导、中国作家协会牵头实施的"新时代文学攀登计划"首批名单。

2022年11月　《甘肃省天水市图书馆等十家收藏单位古籍普查登记目录》由国家图书馆出版社正式出版,这是甘肃省继《甘肃省四家高校图书馆古籍普查登记目录》《甘肃省图书馆古籍普查登记目录》之后的第3部《古籍普查登记目录》。

2022年11月　甘肃省文化艺术研究院策划整理的大型艺术文献丛书——《甘肃当代舞台艺术优秀作品集》,由甘肃人民出版社出版发行。

2022 年 12 月 8 日　甘肃省文化和旅游厅、甘肃省人力资源和社会保障厅、甘肃省乡村振兴局联合印发通知，公布了 2022 年度甘肃省级非遗工坊认定结果，裕固族服饰、敦煌彩塑制作技艺、雅路人麻鞋等 28 家非遗工坊榜上有名。至此，文化和旅游部、国家乡村振兴局支持甘肃省建成 2 家非遗工坊，甘肃省先后认定两批共 119 家省级非遗工坊，全省省级及以上非遗工坊数量已达 121 家。

2022 年 12 月 17～25 日　"甘肃艺术名家百人陇上行"乡村振兴艺术创作工程采风活动在甘肃画院正式启动，来自全省各地的艺术家从兰州黄河之滨，奔赴甘南、陇南两地重点旅游示范村开展创作采风活动。

2022 年 12 月 19 日　由甘肃省文化和旅游厅主办的"如意甘肃·如约而至"网络媒体宣传推广活动在庆阳市博物馆拉开序幕。本次活动组织 20 家网络平台，将利用一周时间，深入庆阳、平凉等地文化旅游场所，通过采写图文稿件、拍摄制作宣传短视频、开展现场直播等方式，集中推介特色文化旅游产品，有效激发市场活力。

2022 年 12 月 19 日　香港顺德联谊总会胡兆炽中学的 200 多名学生远程畅游甘肃省博物馆"丝绸之路文明展"展厅，这也是甘肃省博物馆首次将社会教育活动办到香港。

2022 年 12 月 29 日　银兰高铁中兰段（甘肃段）正式开通，由甘肃省文化和旅游厅打造冠名的"交响丝路·如意甘肃"号品牌列车同步亮相运行。

2022 年 12 月 29 日　甘肃省文物局公布了全省第二批不可移动革命文物名录，共 146 处，包括会议旧址、战斗战役遗址、部队驻地、重要机构、故居旧居和烈士墓地等多种类型，分布于全省 13 个市州 33 个县区。其中省级文物保护单位 6 处，市级文物保护单位 3 处，县级文物保护单位 68 处，尚未核定公布为文物保护单位的不可移动文物 69 处。

　　2023 年 1 月 5 日　由甘肃省文化和旅游厅主办，陇南市文化广电和旅游局、宕昌县委县政府承办的全省景区冬春季旅游产品发布暨宕昌县冰雪旅游活动启动仪式在陇南市宕昌县举行。

　　2023 年 1 月 13 日　由中共甘肃省委宣传部、甘肃省文化和旅游厅主办的"朝圣·敦煌"甘肃画院美术创作系列工程之二"传承启新·潜心践行"甘肃画院美术作品汇报展开幕式和创作系列工程之三"心路历程·赓续踔行"启动仪式在黄河之滨的甘肃美术馆举行。

　　2023 年 1 月 13 日　2022 年度国家艺术基金舞台艺术创作资助项目、甘肃省秦腔剧院历时五年精心创作的大型秦腔历史剧《蔡文姬》在甘肃黄河剧院成功首演。

　　2023 年 2 月 13 日　甘肃省委宣传部、省文明办、省文化和旅游厅印发《关于命名 2022 年全省"书香社区""书香之家""阅读之星"的通知》，共命名 2022 年全省 99 个"书香社区"、200 户"书香之家"、413 名"阅读之星"。

　　2023 年 2 月 15 日　由甘肃省文化和旅游厅联合山东省文化和旅游厅共同主办的"好客山东·如意甘肃"双向游启动仪式暨"山东人陇上游"甘肃文旅推介活动在济南正式启动。

　　2023 年 2 月 17 日　由甘肃省文化和旅游厅、新华社新闻信息中心共同运维的甘肃文旅 Facebook 英文官方账号"Discover Gansu"粉丝数已超过 110 万。2023 年"Discover Gansu"官方账号已陆续在 Facebook、Instagram 和 Twitter 三大社交媒体平台与海外观众见面，成为对外展示甘肃文旅形象、讲述甘肃文旅故事的重要窗口。3 月 6日，由凤凰网、中国传媒大学广告学院旅游传播研究中心联合成立的海外新媒体国际传播影响力指数实验室发布了 2023 年第 1 期（1 月）《全国省级文化和旅游新媒体国际传播影响力指数报告》。报告显示，甘肃文旅 Facebook 海外官方账号 Discover Gansu 1 月共增加 103642 个粉丝，粉丝吸引力指数位居全国第一，传播影响力指数排名全国第七。

2023 年 3 月 1 日、2 日、3 日、4 日 甘肃省文化和旅游厅分别举办了"我和四季有个约会"——"车窗外的春天"陇南站、天水站、平凉站、庆阳站旅游主题推广系列活动，充分搭建招商引客有效平台。

2023 年 3 月 13 日 "大美青海 如意甘肃"宣传推介活动在甘肃兰州举行，拉开了两省文化旅游共享、合作共赢的序幕。

2023 年 3 月 16 日 2022 年度国家艺术基金资助项目——《读者》杂志插图艺术作品展在北京开幕。

2023 年 3 月 25 日 甘肃省文化艺术研究院主办的 2022 年度国家艺术基金传播交流推广项目——"丝路记忆·甘肃多民族传统音乐巡演"在兰州金城大剧院拉开序幕，3～4 月间在甘肃、宁夏、陕西、山东、四川等高等院校内陆续演出 20 余场。

2023 年 3 月 25 日 甘肃省乡村文化活动年"乡村振兴·绚丽陇原"群文书法美术作品展开幕式在甘肃美术馆举行。

2023 年 3 月 28 日 甘肃省文化和旅游厅公布省级非遗代表性传承人共 141 人，其中包括民间文学类 10 人，传统音乐类 16 人，传统舞蹈类 10 人，传统戏剧类 13 人，曲艺类 6 人，传统体育、游艺与杂技类 6 人，传统美术类 17 人，传统技艺类 39 人，传统医药类 3 人，民俗类 21 人。自 2008 年以来，甘肃省已先后认定 5 批 758 名省级非物质文化遗产代表性传承人。

2023 年 3 月 28 日 由甘肃省文化和旅游厅主办的"寸笺之道"——名人信札书法艺术展在甘肃天庆博物馆开展。本次展览共展出中国近现代 50 多位名人的信札墨迹共计 100 多通。

2023 年 3 月 29 日 由甘肃省文化和旅游厅等主办、甘肃画院等承办的"房建平油画作品展"在甘肃美术馆开幕。

2023 年 3 月 29 日 由甘肃省文化和旅游厅、新华社中国经济信息社、中共陇南市委、陇南市人民政府联合主办的全省乡村旅游发展指数发布暨陇上户外运动旅游启动仪式在陇南市康县阳坝镇举行。

2023 年 4 月 1 日　由甘肃省文化和旅游厅与省广播电视总台联合主办，甘肃交通广播承办的"飞越甘肃"航拍大赛颁奖典礼暨2023 季启动仪式在兰州举行。

2023 年 4 月 20 日　《玩转甘肃》百名文旅局长推介季系列节目于 7：45~7：55 在甘肃都市调频广播《辣子加点糖》直播节目中正式开播。该系列节目计划推出 100 期。

2023 年 4 月 23 日　值第 28 个世界读书日之际，"书香陇原·阅读周"暨第三届"陇韵书香节"启动仪式在甘肃省图书馆正式启动。

2023 年 4 月 27 日　中国戏曲学院教学实践基地揭牌仪式在甘肃省陇剧院举行。

2023 年 5 月 15 日　由甘肃省图书馆主办、甘肃大彩东方文化发展有限公司承办的《文溯阁四库全书影印精选》首发式在省图书馆举行。

2023 年 5 月 18 日　"5·18 国际博物馆日"甘肃主会场活动中，甘肃省文物局、甘肃省文明办公布了 2023 年度甘肃省"弘扬中华优秀传统文化、培育社会主义核心价值观"主题展览推介项目名单，敦煌研究院"千年营造——敦煌壁画中的建筑之美"等 14 个展览项目入选，其中重点推介项目 5 个、推介项目 9 个。

2023 年 5 月 19 日　由甘肃省文化和旅游厅、新华社新闻信息中心共同运维的 YouTube 官方账号 Discover Gansu 正式上线。值第 13 个"中国旅游日"之际，甘肃省文化和旅游厅等多部门联合举办了"5·19 中国旅游日"主题月（5 月 1~31 日）活动、"5·19 中国旅游日"主题周（5 月 14~18 日）活动及"5·19 中国旅游日"主题日活动，内容极为丰富，为进一步提升"中国旅游日"品牌的知名度、美誉度和影响力贡献甘肃文旅力量。

2023 年 5 月 20 日　由甘肃省文化和旅游厅主办的"陆丝牵手海丝·甘肃邀约福建"主题旅游推广活动启动仪式在厦门国际会展中心举行。

2023 年 5 月 21 日　由甘肃省文化和旅游厅、张掖市政府主办，全省市县级文化馆参与的文化馆服务宣传周暨全省文化馆"百馆联动"活动在张掖市拉开帷幕，集中展示了近年来全省文化馆事业建设发展成果。

2023 年 6 月 13 日　由中国民间文艺家协会、甘肃省文化和旅游厅等共同举办的 2023 中国花儿大会暨"花儿临夏·在河之州"第二届文化旅游节在临夏州和政县 4A 级旅游景区松鸣岩盛大开幕。

2023 年 6 月 19 日　由甘肃省文化和旅游厅等主办，甘肃省美术馆承办的水意墨韵——毛志成中国画作品展在甘肃美术馆开幕。

2023 年 6 月 27 日　第五届蕃巴秀藏式服装走秀音乐节暨中国藏模大赛在甘南州夏河县阿米贡洪牧场举办。

2023 年 6 月 28 日　由甘肃、新疆、内蒙古、青海四省区十二城共同主办，中共酒泉市委等共同承办的首届"四省十二城"区域文化旅游联盟大会在敦煌国际会展中心举行。

2023 年 6 月 29 日　甘肃省文化艺术研究院与兰州文理学院图书馆签署合作共建协议。

2023 年 7 月 3 日　由中共甘肃省委宣传部指导，甘肃省文化和旅游厅等主办的"丝绸之路书画交流展"在兰州开幕。

2023 年 7 月 8 日　由甘肃省文旅厅和甘肃省文学艺术界联合会主办，甘肃省摄影家协会等艺术机构承办的"2023 艺术兰州·第五届兰州国际影像双年展"在兰州市雁儿湾当代美术馆开幕。

2023 年 7 月 18 日　中国经典舞剧《丝路花雨》在甘肃黄河剧院拉开首轮驻演大幕，该剧兰州驻场常态化演出正式开启。

2023 年 8 月 3 日　由甘肃省文化和旅游厅主办的"如意甘肃·

活力广东"文旅产业招商推介活动在广东省广州市成功举办。

2023 年 8 月 13 日　甘肃省话剧院喜迎建院 70 周年并举办了《薪火相传七十年》回顾展演。

2023 年 8 月 14 日　由甘肃省文化和旅游厅、甘肃省广播电视总台等主办的"大地欢歌"全省乡村文化活动年——甘肃电信天翼高清杯广场舞大赛（决赛）在甘肃省广播电视总台举办。

2023 年 8 月 18 日　由中共甘肃省委宣传部、甘肃省文化和旅游厅主办的第四届黄河之滨艺术节在兰州市体育文化广场盛大开幕。

2023 年 8 月 26 日　由甘肃省文化和旅游厅、白银市人民政府主办的第八届甘肃·会宁红色旅游文化节开幕式在红军会宁会师旧址会师广场举行。

（三）市州组织的文化和旅游业活动

1. 兰州市文化和旅游业活动

2022 年 9 月 27 日　由兰州市文旅局主办的兰州市文旅行业"创建全国社会信用体系建设示范城市，文明诚信旅游宣传活动进景区"活动在兰州市五泉山公园举办。

2022 年 10 月 25 日　由兰州市文化和旅游局出品、兰州市文化发展研究中心创作的红色儿童剧《大豆谣》在"2022 广州艺术季"线上展演进行演出，这也是儿童剧《大豆谣》全新改版后的首次亮相。

2023 年 4 月 22 日　2023 年"书香陇原·爱兰州爱阅读"全民阅读活动暨第十九届兰州读书节开幕。

2023 年 4 月 22 日　兰州市图书馆举行了中央广场分馆开馆暨甘肃省非遗传播基地授牌仪式。至此中央广场分馆全面对广大市民开放。

2023 年 5 月 14 日　"甘肃金石篆刻研究院第二届研究员作品

展"在兰州市图书馆开展。

2023 年 5 月 19 日 八路军兰州办事处纪念馆与兰州城市学院马克思主义学院举行了"兰州城市学院马克思主义学院红色实践教学基地""兰州城市学院培黎展览馆馆际交流基地"挂牌仪式。

2023 年 7 月 10 日 由兰州市文化和旅游局、银川市文化旅游广电局等主办的"大河魂——兰州画院美术作品展"在银川美术馆开幕。

2. 酒泉市文化和旅游业活动

2022 年 10 月 6 日 以敦煌研究院名誉院长樊锦诗为原型的沪剧实景电影《敦煌女儿》，在上海大光明电影院成功举行首映活动。该片由上海沪剧院、敦煌研究院等联合出品。

2022 年 11 月 16~18 日 首期酒泉市乡村旅游培训班在敦煌市成功举办。

2023 年 6 月 15 日 全球首部洞窟式沉浸体验剧《乐动敦煌》首演发布会暨"乐动敦煌文旅产业综合体"项目开业仪式在敦煌举行。

3. 嘉峪关市文化和旅游业活动

2022 年 9 月 2 日 由嘉峪关市、酒泉市与江西航空合作执飞的"嘉峪关—郑州"往返航线正式开通，搭建起"如意甘肃"与"老家河南"便利快捷的空中新通道。

2022 年 12 月 15 日 由中共嘉峪关市委宣传部、嘉峪关市文化和旅游局共同举办的"赞颂二十大笔墨绘雄关——嘉峪关市 2022 美术创作精品展"开展。

2022 年 12 月 19 日 经嘉峪关市旅游景区质量等级评定委员会综合评定，嘉峪关·关城里景区达到国家 3A 级旅游景区标准要求，获评为国家 3A 级旅游景区。截至目前，嘉峪关市共有国家 5A 级旅游景区 1 家、国家 4A 级旅游景区 4 家、国家 3A 级旅游景区 3 家。

2023 年 1 月 9 日 甘肃省长城国家文化公园专题培训班在嘉峪

关市开班。

4. 张掖市文化和旅游业活动

2022 年 9 月 28 日　"张掖人游张掖"活动线上启动仪式在张掖市城市运行管理及应急指挥中心举行。

2023 年 1 月 6 日　由甘肃省文化和旅游厅、张掖市人民政府主办的"文化进万家·旅游迎新春"群众文化示范活动在张掖开幕。

2023 年 2 月 23 日　文化和旅游部官网发布了《关于公布文化和旅游市场信用经济发展试点工作验收结果和对典型经验做法给予表扬的通报》，张掖市通过自查自评、省级初审、专家评审、台账校验、监测评估等程序，成功完成了试点验收工作，受到了通报表扬。

5. 金昌市文化和旅游业活动

2022 年 12 月 22 日　"第九届全国大众冰雪季"金昌市永昌县"冰雪激情无限·永昌盛情有约"冬春季冰雪文旅系列活动启动仪式在南坝滑雪场举行。

2023 年 1 月 4 日　2022 年度金昌市博物馆十件大事揭晓。

2023 年 3 月　作为甘肃省级科普教育基地、全国中小学生科普教育基地的火星 1 号基地，于近日被 ICE 营地教育研究院正式收录在《中国营地教育产业名录》。

2023 年 4 月 25 日　金昌市三处文物保护单位被确定为第九批省级文物保护单位。它们分别是：水泉子墓群、圣容寺六体文石刻、金川露天矿旧址。

2023 年 4 月 28 日　金昌市委、市政府主办的 2023 年"中国航天日"全国系列活动火星分会场暨未来火星生活共创大会在金昌火星 1 号基地举办。

6. 武威市文化和旅游业活动

2022 年 9 月 27 日　"图写家山——李江年河西走廊写生作品展"在武威市博物馆开展。

2022 年 12 月 27 日 第二届"天马行空·自在武威"文化旅游创意产品设计大赛暨旅游商品展示展销活动启动仪式在武威市体育馆举行。

2023 年 3 月 29 日 《中国·甘肃乡村旅游发展指数（2022）》发布。武威祁连探秘、沙漠越野、乡村休闲等 3 条户外运动旅游精品线路入选"春风十里陇上乡遇"陇上户外运动旅游精品线路。

2023 年 4 月 16~18 日 "十八少年下凉州·与叶舟同行"大型文学寻根之旅活动在丝路重镇——《凉州十八拍》发生地武威市举办。

2023 年 4 月 21 日 武威市 2023 年寻找"书香陇原·女性领读者"活动在市图书馆正式启动。

2023 年 8 月 13 日 河西走廊第十一届有机葡萄美酒节在武威市开幕。

7. 白银市文化和旅游业活动

2022 年 12 月 28 日 由甘肃省博物馆、白银市文化广电和旅游局主办的甘肃省博物馆国宝省亲系列展览"陇右通衢——文物精品交流展"系列活动在白银市博物馆展开。

2023 年 1 月 11 日 由中共白银市委、白银市人民政府、中国铁路兰州局集团有限公司主办的"黄河之上·多彩白银"冠名动车组列车首发仪式在白银南站举行。

2023 年 6 月 10 日 由兰州市文化和旅游局、会宁县文体广电和旅游局主办的"山水和畅——清代山水画联展"在会宁县博物馆开幕。

8. 定西市文化和旅游业活动

2022 年 9 月 5 日 为进一步加强青岛定西两地文化合作交流，"青定之恋墨彩华章"中国画作品展开展仪式在青岛市美术馆举行。

2022 年 9 月 30 日 于 2022 年 4 月 1 日开工建设的通渭墨香书画

小镇翰墨文化中心（9#楼）喜迎封顶。翰墨文化艺术中心（9#楼）占地面积24289平方米（约合36亩），建筑面积9200平方米。

2022年11月21日　定西市漳县法院积极创新司法为民机制，在漳县遮阳山、贵清山国家4A级旅游景区设立定西市首个旅游巡回法庭。

2022年12月28日　由甘肃省文化和旅游厅、定西市人民政府主办的全省乡村旅游冬春季精品线路发布暨定西冰雪旅游活动启动仪式在定西市渭源县天井峡（渭河东源）景区举行。

2023年1月1日　以"童话牧马滩·全岷总冻员"为主题的岷县牧马滩首届冰雪旅游节开幕。

9.平凉市文化和旅游业活动

2022年9月8日　由平凉市文化广电和旅游局主办，市图书馆等承办的"花好月圆诵中秋·诗香墨韵沁宝塔"主题活动成功举办。

2022年10月28日　由中共泾川县委宣传部、泾川县文旅局主办的"历代诗人咏泾川"全国书法名家邀请展在泾川开幕。

2022年12月至2023年2月　平凉市持续开展2023年元旦及春节群众文化活动，分"庆元旦、贺新春、闹元宵"三个板块，共14项活动。

10.庆阳市文化和旅游业活动

2022年9月　为持续推进党史学习教育走深走实，庆阳市博物馆积极开展党史宣传"进企业，进军营，进养老院，进学校"四进活动。

2022年9月19~21日　庆阳市乡村旅游培训——岐黄周祖文化旅游区产业融合发展培训班在庆城县研学基地举办。

2022年10月　庆阳合水县子午花溪谷旅游景区成功创建为国家3A级旅游景区。

2022年11月13日　庆阳市文旅局委托市旅游景区质量等级评

定委员会召开评审会议，庆城县庆州古城旅游景区、合水县陕甘红军纪念馆、西峰区太一农庄旅游景区和宁县义渠百花园、正洋苹果公园5个旅游景区成功创建为国家3A级旅游景区。

2022年12月10日 由庆阳市陇剧院、庆阳市陇剧研究所创排的大型红色革命历史现代陇剧《南梁忠骨》在庆阳大剧院成功首演。

11. 天水市文化和旅游业活动

2022年8月30日至10月31日 天水市博物馆联合金塔县博物馆推出"金塔问天——趣味航天文化展"。

2022年9月30日至12月30日 天水民俗博物馆特邀定西市博物馆、陇西县博物馆、会宁县博物馆联合举办了"画长人意静——馆藏对联专题展"。

2022年12月 天水市召开文学艺术界联合会第五次代表大会，选举产生了天水市文学艺术界联合会第五届委员会。

2022年12月7日 文化和旅游部公布第四批全国乡村旅游重点村和第二批全国乡村旅游重点镇（乡）名单，天水市秦州区平南镇孙集村获评第四批全国乡村旅游重点村。

2022年12月30日 天水市博物馆开展了"腊八迎春至击鼓庆吉祥"线上直播社教活动。

2023年5月18日 由甘肃省文物局和天水市人民政府主办，天水市文化和旅游局等单位承办的2023年"5·18国际博物馆日"甘肃主会场活动在天水市工业博物馆举行。

12. 陇南市文化和旅游业活动

2022年9月8日 陇南市文广旅局召开陇南文创产品暨"陇南好礼"包装设计大赛评审会。全市申报参与大赛的文创产品有陶器、高山戏系列、金丝猴系列、面塑、紫泥、秦风系列等43类共计199个产品，"陇南好礼"农特产品包装有27个。

2022年9月30日 陇南市文广旅局开发的集陇南十大精品旅游

线路推广、文旅知识问答、文旅消费券免费发放、游客点评、"我为陇南旅游代言"自拍评选等活动于一体的"康养胜地乐享陇南"有奖问答平台上线。

2022年12月29日 陇南市文化广电和旅游局特色旅游名吃大赛评审委员会统筹安排陇南市各县区举办了全市特色旅游名吃大赛。

2022年12月29日 陇南市文广旅局在武都城区举办了2022年陇南青岛啤酒品鉴暨文旅资源甘味品牌推介活动。

13.临夏州文化和旅游业活动

2022年9月13日 喜迎二十大，奋进新时代——"陇风徽韵"两地书法交流展由安徽省芜湖市文联、甘肃省临夏回族自治州文联主办，开两地文艺交流的先河。展出的100幅作品，两地各为50幅。

2022年10月13日 临夏州文物保护研究中心、甘肃省马家窑文化研究会临夏研究基地在临夏州博物馆（临夏州彩陶馆）揭牌。

2022年12月8日 临夏州永靖县"古建修复技艺非遗工坊"、东乡县"喇嘛川木雕工艺非遗工坊"和临夏市"泥彩塑非遗工坊"三家工坊成功入选2022年度甘肃省级非遗工坊。至此，临夏州已有12家省级非遗工坊。

14.甘南州文化和旅游业活动

2023年7月29日 甘肃省文化和旅游厅、甘肃省民族事务委员会、甘南藏族自治州人民政府在"诗意羚城 书香甘南"合作市，举办了"石榴杯"——陇原儿女心向党阅读推广活动。

三 国家和省级荣誉、奖项

2022年9月 甘肃省文化和旅游厅依据《文明旅游示范单位要求与评价》（LB/T 075-2019）标准，在全省范围内开展了2022年度省级文明旅游示范单位评定工作。确定酒泉富康天宝文化旅游有限公司、张掖市富来登旅游商务有限责任公司等 11 家单位为省级文明旅游示范单位。

2022 年 9 月 15 日 文化和旅游部公布了第十七届中国文化艺术政府奖"文华奖"获奖名单，甘肃省话剧院创排的话剧《八步沙》荣获第十七届中国文化艺术政府奖"文华大奖"提名剧目。

2022 年 9 月 15 日 由中国文联、中国民间文艺家协会、浙江省文联等联合主办的第十五届中国民间文艺山花奖颁奖典礼在浙江省杭州市举行。由甘肃省民间文艺家协会组织报送的民间广场鼓舞《凉州攻鼓子》、哈萨克族民歌《牧羊马》双双斩获第十五届中国民间文艺"山花奖·优秀民间艺术表演作品"奖，是甘肃省民间表演艺术近年来在"山花奖"评选活动中取得的最好成绩。

2022 年 10 月 8 日 文化和旅游部办公厅印发通知，发布 2022 年文化和旅游数字化创新实践案例。由甘肃省文化和旅游厅推荐的"景区视频智能分析与综合监测平台"获评数字化创新实践十佳案例，"智慧甘图综合管理平台"获评数字化创新实践优秀案例（共 20 个）。本次入选案例是继 2020 年"一部手机游甘肃"综合服务平台及"甘肃文化旅游大数据交换共享平台"应用获评文化和旅游部信息化发展典型案例后，甘肃又一次以两个优秀案例同时入选数字化创新实践典型案例。

2022 年 10 月 21 日 第二届中国工艺美术博览会"百鹤杯"工艺美术设计创新大赛颁奖典礼在南京举行，甘肃掐丝珐琅画代表性传承人李海明创作的《珐琅敦煌藻井系列（三幅）》荣获"百鹤杯·百鹤奖"。

2022 年 10 月 24 日 文化和旅游部艺术司公布了入选全国地方戏精粹展演参演作品名单，来自全国 21 个省（自治区、直辖市）的 48 部优秀戏曲作品入选。甘肃省陇剧院移植复排的陇剧《司文郎》"闯狱"、甘肃省文化艺术研究院和定西铁堂演艺有限公司联合复排的秦腔《潞安州》双双入选，甘肃省也成为西北五省区入选作品最多的省份。

2022年11月　由国家文物局推荐的"数字敦煌"入选2022年世界互联网大会"携手构建网络空间命运共同体精品案例"，这是在全球网络基础设施建设、网上文化交流、数字经济创新发展、网络安全保障、网络空间国际治理五大领域200余项案例中获选的12项案例之一。

2022年11月12日　第35届中国电影金鸡奖揭晓，以樊锦诗为原型的沪剧实景电影《敦煌女儿》获最佳戏曲片。

2022年11月14日　文化和旅游部印发《文化和旅游部关于公布2021年度文化和旅游领域改革创新十佳案例、优秀案例的通知》，对2021年度文化和旅游领域改革创新十佳案例、优秀案例予以通报表扬。敦煌研究院《秉承莫高精神　坚持价值引领　高质量推进敦煌文化与旅游融合发展》成为甘肃唯一入选的年度文化和旅游领域改革创新案例。

2022年11月17日　根据《国家工业旅游示范基地规范与评价》行业标准，确定甘肃省玉门油田红色旅游景区、金徽矿业旅游景区为国家工业旅游示范基地。文化和旅游部于2023年3月启动了国家工业旅游示范基地申报评定工作。

2022年11月21日　文化和旅游部公共服务司公布了"中国民间文化艺术之乡"建设典型案例名单，甘肃省2021～2023年"中国民间文化艺术之乡"张掖市肃南县明花乡"弘扬传统民俗文化绘就美丽乡村画卷"入选典型案例名单。

2022年11月29日　文化和旅游部艺术司公布入选第十一届全国杂技展演作品名单。甘肃省杂技团新创排的杂技《生命礼赞》成功入选，成为该团继大型杂技剧《敦煌神女》、情景杂技《彩陶情》之后，又一入选全国性展演的杂技作品。

2022 年 12 月 8 日　由中国旅游协会主办的 2022 中国旅游商品大赛（健康主题）获奖名单出炉，甘肃省选送的甘肃"交响丝路·如意甘肃"旅游商品荣获 1 银 2 铜的好成绩。其中，张掖传世经典文化公司"许静手作——与你（玉米）同行"获得银奖，甘肃省博物馆"甘肃省博物馆—家用健身塑形运动文创套装"、金昌镒康铸业有限公司"金镒康——多功能鲜烤铸铁锅系列"获得铜奖，为甘肃旅游商品再添新誉、再获殊荣。大赛组委会还评选甘肃省文化和旅游厅为最佳贡献单位，甘肃省旅游协会获评突出贡献单位。

2022 年 12 月 13 日　2022"全球世界遗产教育创新案例奖"国际分享会在线上举行，现场揭晓 2022"全球世界遗产教育创新案例奖"获奖名单。兰州大学文化行者团队、青年敦煌之友协会申报的案例"乐遗计划——丝绸之路青少年文化培育服务行动"获全球世界遗产教育创新案例"未来之星奖"。

2022 年 12 月 13 日　联合国教科文组织亚太地区世界遗产培训与研究中心、联合国教科文组织联系学校网络国际中心公布 2022"全球世界遗产教育创新案例奖"获奖名单，敦煌研究院陈列中心教育推广部研发的体验类项目"指尖上的敦煌——九色鹿纸影绘本"荣获该奖项的"探索之星"奖。

2023 年 1 月　甘肃省委宣传部、省文明办等 19 部门联合发文，公布了甘肃省第六届学雷锋志愿服务"四个十佳"先进典型暨疫情防控优秀志愿者和志愿服务组织名单。甘肃省文化和旅游厅推荐的兰州大学文化行者团队被评为"最佳志愿服务组织"，甘肃省文化艺术研究院志愿者郭军被评为"疫情防控优秀志愿者"，甘肃省古籍保护中心"中华古籍普查文化志愿服务行动·甘肃行"项目被评为"最佳志愿服务项目"。

2023 年 1 月 15 日　由甘肃省委宣传部、省委网信办、省司法厅共同主办的第二届全省法治动漫微视频作品征集展示活动获奖名单揭晓。甘肃省文化和旅游厅 3 部作品在众多作品中脱颖而出斩获大奖，其中《党员干部"顺便游"红线不能碰》微动漫获得二等奖，《谨防养老投资诈骗》微动漫获得三等奖，《法治建新功》微视频获得三等奖，省文化和旅游厅获得优秀组织奖。

2023 年 2 月 20 日　中国图书馆学会下发文件，公布了 2021 年全民阅读工作组织得力、成效突出的 24 家全民阅读基地和项目名单，甘肃省天水市图书馆被评为全国"全民阅读基地"。

2023 年 2 月 23 日　文化和旅游部官网发布了《关于公布文化和旅游市场信用经济发展试点工作验收结果和对典型经验做法给予表扬的通报》，张掖市受到了通报表扬。

2023 年 2 月 27 日　甘肃省文明办、省文化和旅游厅印发《关于表扬第二届"陇韵书香季"全民阅读系列活动"优秀组织奖""先进个人"的通知》，共表扬全省 99 个"优秀组织奖"、193 名"先进个人"。

2023 年 3 月 26 日　由国家文物局、人力资源和社会保障部、中华全国总工会共同主办的 2022 年全国行业职业技能竞赛——全国文物行业职业技能大赛在山西省太原市圆满闭幕。来自全国 27 个省（自治区、直辖市）的 219 名选手经过同台竞技，共产生一等奖 10 名、二等奖 22 名、三等奖 42 名。甘肃省敦煌研究院李波、付有旭、乔兆广等 3 名选手分别荣获壁画彩塑文物修复师项目一等奖、二等奖和三等奖，甘肃省文物考古研究所张伟荣获金属文物修复师项目三等奖。

2023 年 3 月 27 日　甘肃省杂技团《生命礼赞》获得了"第十一届全国杂技展演优秀节目"奖。

2023 年 3 月 31 日　第 17 届中国义乌文化和旅游产品交易博览会开幕。其间，由文化和旅游部、浙江省人民政府主办的 2023 中国旅游商品大赛同期举办，甘肃省共获得 2 项银奖、2 项铜奖。大赛组委会还授予甘肃省文化和旅游厅优秀贡献奖，授予甘肃省旅游协会突出贡献奖。

2023 年 4 月 10 日　甘肃省文化和旅游厅印发《关于公布"甘肃省第六届图书馆学情报学学术成果评奖"获奖成果名单的通知》，共有 57 项成果获奖，其中一等奖 9 项、二等奖 18 项、三等奖 30 项。

2023 年 4 月 16 日　第七届甘肃戏剧红梅奖大赛在定西大剧院落下帷幕。秦腔《七郎八虎闯幽州》等 5 部作品荣获优秀剧目奖；秦腔《大坪故事》等荣获剧目奖；陇剧《南梁忠骨》等荣获优秀展演剧目；甘肃演艺集团等单位荣获组织奖；王成林等获第七届甘肃戏剧红梅奖大赛表演奖。

2023 年 4 月 23 日　第二届中国（武汉）文化旅游博览会圆满落幕，全国音乐大擂台于当天下午在武汉国际博览中心主舞台成功举办，由甘肃省文化和旅游厅选送的男声独唱《格桑梅朵》获得三等奖，甘肃省文化和旅游厅获得优秀组织奖。

2023 年 5 月 9~11 日　文化和旅游部非物质文化遗产司在云南昆明举办中国非物质文化遗产传承人研修培训计划现场交流活动，其间发布了研培计划 2021~2022 年度绩效考核结果，并向获评优秀成果的 50 家院校颁发荣誉证书。甘肃省陇东学院承办的陇东道情皮影戏传承人研修班获评优秀。

2023 年 5 月 18 日　国家文物局公布了第二十届（2022 年度）全国博物馆十大陈列展览精品推介和 2023 年度"弘扬中华优秀传统文化、培育社会主义核心价值观"主题展览推介结果。甘肃省敦煌研究院"敦煌——千载情缘的故事"荣获全国博物馆十大陈列展览精品推介国际及港澳台合作入围奖，甘肃省博物馆"书·路——甘肃古籍展"、甘肃简牍博物馆"书于简帛"、敦煌市博物馆"横跨欧亚大陆的彩虹——马家窑文化和东西方早期文化交流"等 3 个展览入选 2023 年度"弘扬中华优秀传统文化、培育社会主义核心价值观"

主题展览推介名单。

2023年5月19日　"美好中国，幸福旅程——畅游如意甘肃，共享美好生活"中国旅游日宣传活动在武威市举行，甘肃省文化和旅游厅在活动现场对"国家级、省级文明旅游示范单位"授牌并颁发证书。包括：为获得第二批"国家级文明旅游示范单位"的南梁红色大景区、金徽酒文化生态旅游景区、敦煌鸣沙山・月牙泉景区、酒泉市博物馆，为获得2022年度"省级文明旅游示范单位"的酒泉富康天宝文化旅游有限公司等公司颁发了奖牌和证书。

2023年5月24日　第五届中国歌剧节在浙江省嘉兴市的秀湖音乐厅落下帷幕。闭幕式上，主办方向荣获"优秀剧目"的参演单位进行了授牌。由甘肃省歌剧院、甘肃交响乐团创排的民族歌剧《呼儿嘿哟》荣获优秀剧目。

2023年5月26~28日　由文化和旅游部资源开发司等主办的2023年国内旅游宣传推广培训班在山东省德州市齐河县举办。现场揭晓发布了2022年全国国内旅游宣传推广优秀案例获奖名单，共确定2022年国内旅游宣传推广十佳案例10个、优秀案例34个。其中，甘肃省文化和旅游厅推荐申报的《打造铁旅融合品牌服务"引客入甘"活动》从众多申报案例中脱颖而出，成功入选优秀案例。

2023年5月31日　作为第九届全国优秀儿童戏剧展演入选剧目，新版红色儿童剧《大豆谣》在四川省南充大木偶剧院催泪亮相，该剧也是甘肃唯一入选的作品。

2023年6月16日　文化和旅游部艺术司公布了第十四届全国舞蹈展演参演作品名单。由甘肃省歌舞剧院创排的女子群舞《拓枝舞》、甘南州藏族歌舞剧院创排的男女群舞《藏墙夯舞》成功入选第十四届全国舞蹈展演作品。

2023年6月21日　甘肃省"百千万"创业引领工程"创业达人"评选活动暨第二届文化和旅游行业创新创业大赛圆满落幕。来自文旅融合赋能乡村振兴组、数字文化产业发展创新创业组、文创及旅游商品创新创业组三个赛道的 27 名选手获得一、二、三等奖和优秀奖。其中甘肃陇浆源农业科技有限公司的浆水酸菜产业化发展践行乡村振兴战略项目、甘肃大敦煌影视有限公司的"酒月"虚拟数字人项目、甘肃省丝路洮砚文化产业有限公司洮砚上的丝路文化项目斩获三个赛道一等奖。

2023 年 6 月 25 日 文化和旅游部艺术司公布 2023 第二届黄河流域戏曲演出季入选名单。甘肃省京剧团潘钰,甘肃省陇剧院李歌、李锋、关好翀,甘肃省秦腔艺术剧院李晓晨、赵婧婧、张王博,张掖市七一剧团种妙,定西市百花演出有限公司高育红,平凉市泾河艺术剧院张磊 10 名优秀戏曲演员入选 2023 第二届黄河流域戏曲演出季入选名单。

2023 年 6 月 26 日 甘肃文旅暨非遗文创大赛在敦煌成功举办。按照最佳创意、优秀设计 2 个组别,共评选出非遗薪传奖、非遗青年奖、创新产品奖、优秀文创奖、创意机构奖和最佳组织奖等 6 个奖项。

2023 年 7 月 25 日 由文化和旅游部艺术司、山东省文化和旅游厅等主办的 2023 第二届黄河流域戏曲演出季在山东聊城圆满落幕。甘肃省京剧团潘钰、平凉泾河艺术剧院张磊荣获"2023 第二届黄河流域戏曲演出季表演艺术传承英才"荣誉称号。

2023 年 7 月 29 日 中央宣传部、中央精神文明建设办公室、民政部等 18 家单位和部门联合发出通知,公布了 2022 年度全国学雷锋志愿服务"四个 100"先进典型名单。甘肃省共有 10 个单位、个人、志愿服务项目入选,其中甘肃省古籍保护中心"中华古籍普查文化志愿行动·甘肃行"项目入选 2022 年度全国学雷锋志愿服务"最佳志愿服务项目"。

2023 年 8 月 3 日 文化和旅游部艺术司公布第十五届全国声乐

展演暨全国优秀交响乐作品展演名单。由甘肃省歌剧院（甘肃交响乐团）创排的交响乐《黄河·绿洲》成功入选全国优秀交响乐作品展演；甘肃省歌剧院于博、王文婕、常雅琼和甘肃省歌舞剧院杜丹等4名优秀青年歌唱演员入选第十五届全国声乐展演。

2023 年 8 月 12 日　全国优秀交响乐作品展演举行第五场演出，由甘肃省歌剧院（甘肃交响乐团）创排的《黄河·绿洲》在哈尔滨大剧院（歌剧厅）上演并荣获全国优秀交响乐作品展演优秀作品奖。本次全国优秀交响乐作品展演由文化和旅游部、哈尔滨市人民政府主办，是全国交响乐领域最高规格的政府类艺术盛会。

社会科学文献出版社

皮 书

智库成果出版与传播平台

❖ 皮书定义 ❖

皮书是对中国与世界发展状况和热点问题进行年度监测,以专业的角度、专家的视野和实证研究方法,针对某一领域或区域现状与发展态势展开分析和预测,具备前沿性、原创性、实证性、连续性、时效性等特点的公开出版物,由一系列权威研究报告组成。

❖ 皮书作者 ❖

皮书系列报告作者以国内外一流研究机构、知名高校等重点智库的研究人员为主,多为相关领域一流专家学者,他们的观点代表了当下学界对中国与世界的现实和未来最高水平的解读与分析。

❖ 皮书荣誉 ❖

皮书作为中国社会科学院基础理论研究与应用对策研究融合发展的代表性成果,不仅是哲学社会科学工作者服务中国特色社会主义现代化建设的重要成果,更是助力中国特色新型智库建设、构建中国特色哲学社会科学"三大体系"的重要平台。皮书系列先后被列入"十二五""十三五""十四五"时期国家重点出版物出版专项规划项目;自2013年起,重点皮书被列入中国社会科学院国家哲学社会科学创新工程项目。

权威报告·连续出版·独家资源

皮书数据库
ANNUAL REPORT(YEARBOOK)
DATABASE

分析解读当下中国发展变迁的高端智库平台

所获荣誉

- 2022年，入选技术赋能"新闻+"推荐案例
- 2020年，入选全国新闻出版深度融合发展创新案例
- 2019年，入选国家新闻出版署数字出版精品遴选推荐计划
- 2016年，入选"十三五"国家重点电子出版物出版规划骨干工程
- 2013年，荣获"中国出版政府奖·网络出版物奖"提名奖

皮书数据库　　"社科数托邦"
微信公众号

成为用户

登录网址www.pishu.com.cn访问皮书数据库网站或下载皮书数据库APP，通过手机号码验证或邮箱验证即可成为皮书数据库用户。

用户福利

- 已注册用户购书后可免费获赠100元皮书数据库充值卡。刮开充值卡涂层获取充值密码，登录并进入"会员中心"—"在线充值"—"充值卡充值"，充值成功即可购买和查看数据库内容。
- 用户福利最终解释权归社会科学文献出版社所有。

数据库服务热线：010-59367265
数据库服务QQ：2475522410
数据库服务邮箱：database@ssap.cn
图书销售热线：010-59367070/7028
图书服务QQ：1265056568
图书服务邮箱：duzhe@ssap.cn

社会科学文献出版社 皮书系列
SOCIAL SCIENCES ACADEMIC PRESS (CHINA)

卡号：561152524139
密码：

S 基本子库
SUB DATABASE

中国社会发展数据库（下设 12 个专题子库）

紧扣人口、政治、外交、法律、教育、医疗卫生、资源环境等 12 个社会发展领域的前沿和热点，全面整合专业著作、智库报告、学术资讯、调研数据等类型资源，帮助用户追踪中国社会发展动态、研究社会发展战略与政策、了解社会热点问题、分析社会发展趋势。

中国经济发展数据库（下设 12 专题子库）

内容涵盖宏观经济、产业经济、工业经济、农业经济、财政金融、房地产经济、城市经济、商业贸易等 12 个重点经济领域，为把握经济运行态势、洞察经济发展规律、研判经济发展趋势、进行经济调控决策提供参考和依据。

中国行业发展数据库（下设 17 个专题子库）

以中国国民经济行业分类为依据，覆盖金融业、旅游业、交通运输业、能源矿产业、制造业等 100 多个行业，跟踪分析国民经济相关行业市场运行状况和政策导向，汇集行业发展前沿资讯，为投资、从业及各种经济决策提供理论支撑和实践指导。

中国区域发展数据库（下设 4 个专题子库）

对中国特定区域内的经济、社会、文化等领域现状与发展情况进行深度分析和预测，涉及省级行政区、城市群、城市、农村等不同维度，研究层级至县及县以下行政区，为学者研究地方经济社会宏观态势、经验模式、发展案例提供支撑，为地方政府决策提供参考。

中国文化传媒数据库（下设 18 个专题子库）

内容覆盖文化产业、新闻传播、电影娱乐、文学艺术、群众文化、图书情报等 18 个重点研究领域，聚焦文化传媒领域发展前沿、热点话题、行业实践，服务用户的教学科研、文化投资、企业规划等需要。

世界经济与国际关系数据库（下设 6 个专题子库）

整合世界经济、国际政治、世界文化与科技、全球性问题、国际组织与国际法、区域研究 6 大领域研究成果，对世界经济形势、国际形势进行连续性深度分析，对年度热点问题进行专题解读，为研判全球发展趋势提供事实和数据支持。